新一代
信息技术概论

主　编　王英让　赵京丹
副主编　刘晓娟　李浩

XINYIDAI
XINXI JISHU GAILUN

北京希望电子出版社
Beijing Hope Electronic Press
www.bhp.com.cn

内 容 简 介

本书系统地介绍了新一代信息技术的主要领域,并探讨了这些技术在不同行业中的实际应用和发展前景。全书共分为9个模块,主要内容包括新一代信息技术概述、程序设计基础、现代通信技术、物联网、云计算、大数据、人工智能、信息安全、区块链等。

本书可作为信息技术课程的教材,也可作为相关专业技术人员的参考资料。

图书在版编目(CIP)数据

新一代信息技术概论 / 王英让,赵京丹主编.

北京:北京希望电子出版社,2025.6(2025.7重印). -- ISBN 978-7-83002-926-5

Ⅰ. G202

中国国家版本馆 CIP 数据核字第 2025FQ9301 号

出版:北京希望电子出版社	封面:黄燕美
地址:北京市海淀区中关村大街 22 号	编辑:王小彤
中科大厦 A 座 10 层	校对:龙景楠
邮编:100190	开本:787 mm×1 092 mm　1/16
网址:www.bhp.com.cn	印张:17
电话:010-82620818(总机)转发行部	字数:400 千字
010-82626237(邮购)	印刷:三河市骏杰印刷有限公司
经销:各地新华书店	版次:2025 年 7 月 1 版 2 次印刷

定价:59.90 元

前言

信息技术是经济社会转型发展的主要驱动力，是建设创新型国家、制造强国、网络强国、数字中国、智慧社会的基础支撑。随着信息技术的迅猛发展，我们正处在一个前所未有的数字化转型时代。从现代通信技术到物联网，从云计算到大数据，从人工智能到区块链，新一代信息技术正在深刻改变着我们的生活方式、工作模式以及社会结构。提升国民信息素养，增强个体在信息社会的适应力与创造力，对个人的生活、学习和工作，对全面建设社会主义现代化国家具有重大意义。

信息技术课程是各专业学生必修或限定选修的公共基础课程。学生通过学习本课程，能够增强信息意识，提升计算思维，促进数字化创新与发展能力，树立正确的信息社会价值观和责任感，为其职业发展、终身学习和服务社会奠定基础。

本书依据信息技术课程标准的课程目标、内容标准及相关要求编写而成，分为多个独立但相互关联的模块，每个模块专注于某一特定的信息技术，概括性地介绍其概念、关键技术及应用领域等，主要内容安排如下：

模块1　新一代信息技术概述：本模块首先定义了信息及其特征，然后逐步引入信息技术的概念、关键技术和发展历程，最后重点介绍了包括现代通信技术、物联网、云计算、大数据、人工智能、区块链和虚拟现实在内的新一代信息技术。

模块2　程序设计基础：作为理解和开发信息技术应用的基础，本模块详细讲解了程序设计的基本概念、流程、方法和工具，以及主流的程序设计语言。

模块3　现代通信技术：探讨了现代通信技术的核心概念和发展趋势，深入解析了基础通信网络技术及若干重要的现代通信关键技术，如移动通信、光纤通信、卫星通信、Wi-Fi技术和蓝牙技术等。

模块4　物联网：介绍了物联网的概念、发展历程、体系架构和技术特征，并具体阐述了感知层、网络层和应用层的关键技术，同时展示了物联网在智慧交通系统和智慧工业中的应用实例。

模块5　云计算：概述了云计算的概念、发展历程、分类、特点和体系架构，深入探讨了资源池技术、数据中心技术、虚拟化技术、分布式存储技术和超大规模资源管理技术等关键技术，并简要介绍了几个主流的云计算平台。

模块6　大数据：讲解了大数据的概念、发展历程和结构类型，重点介绍了数据采集、存储、处理、挖掘，以及分析与可视化等关键技术，最后探讨了大数据在电子商务优化及其他领域的应用。

模块7　人工智能：概述了人工智能的概念、发展历程和流派，深入探讨了机器学习、深度学习、计算机视觉、自然语言处理和知识图谱等关键技术，并详细介绍了智能机器人和无人驾驶汽车的应用。

模块8　信息安全：探讨了信息安全的概念、基本属性和等级划分，深入解析了边界防护技术、身份认证技术、访问控制技术和网络攻击防范技术等网络安全技术，以及数据加密、完整性保护、数字签名和数字证书等数据安全技术。

模块9　区块链：介绍了区块链的概念、特征、发展、分类和系统架构，深入探讨了共识算法和智能合约等关键技术，展示了区块链在比特币及其他领域中的应用。

本书通过理论与实践相结合的方式，总结了新一代信息技术的主要领域及其最新进展，详细介绍了各项技术的基本概念和发展历程，深入探讨了关键技术的应用场景和技术实现细节，旨在为学生、技术人员和感兴趣的读者提供一个系统化的学习平台。

本书由宁夏工商职业技术学院王英让和赵京丹担任主编，宁夏工商职业技术学院刘晓娟和宁夏思远信息技术有限公司李浩担任副主编，宁夏工商职业技术学院孟丹、慕静、李浩和银川方达电子系统工程有限公司周琦参与了编写工作。

由于编者水平有限，书中难免存在不足或疏漏之处，恳请广大读者批评指正。

编　者

2025年3月

目 录

模块 1　新一代信息技术概述

- 1.1 信息 2
  - 1.1.1 信息的概念 2
  - 1.1.2 信息的特征 3
  - 1.1.3 信息的处理 4
- 1.2 信息技术 6
  - 1.2.1 信息技术的概念 6
  - 1.2.2 信息技术的关键技术 6
  - 1.2.3 信息技术的发展 10
- 1.3 新一代信息技术 12
  - 1.3.1 现代通信技术 12
  - 1.3.2 物联网 13
  - 1.3.3 云计算 15
  - 1.3.4 大数据 17
  - 1.3.5 人工智能 19
  - 1.3.6 区块链 22
  - 1.3.7 虚拟现实 24
- 拓展阅读 26
- 课后练习 27

模块 2　程序设计基础

- 2.1 程序与程序设计 30
  - 2.1.1 程序的概念 30
  - 2.1.2 程序设计流程 30
  - 2.1.3 程序设计方法 32
  - 2.1.4 程序开发环境 34
  - 2.1.5 算法 36
- 2.2 程序设计语言 39
  - 2.2.1 程序设计语言的定义 39
  - 2.2.2 程序设计语言的分类 40
  - 2.2.3 主流的程序设计语言 47
- 拓展阅读 61
- 课后练习 61

模块 3　现代通信技术

- 3.1 现代通信技术概述 64
  - 3.1.1 现代通信技术的概念 64
  - 3.1.2 现代通信技术的发展 64
- 3.2 基础通信网络技术 71
  - 3.2.1 网络协议与标准化 71
  - 3.2.2 交换与路由技术 72
  - 3.2.3 数字信号处理 73
  - 3.2.4 调制与解调技术 75

3.2.5　多址接入技术 76
3.3　现代通信关键技术 78
　　　3.3.1　移动通信技术 78
　　　3.3.2　光纤通信技术 80
　　　3.3.3　卫星通信技术 82
　　　3.3.4　Wi-Fi技术 83
　　　3.3.5　蓝牙技术 85
　　　3.3.6　终端技术 86
拓展阅读 91
课后练习 91

模块 4　物联网

4.1　物联网概述 94
　　　4.1.1　物联网的概念 94
　　　4.1.2　物联网的发展 95
　　　4.1.3　物联网的体系架构 97
　　　4.1.4　物联网的技术特征 102
4.2　物联网的关键技术 103
　　　4.2.1　感知层关键技术 103
　　　4.2.2　网络层关键技术 105
　　　4.2.3　应用层关键技术 108
4.3　物联网的应用 111
　　　4.3.1　物联网在智慧交通系统中的
　　　　　　应用 111
　　　4.3.2　物联网在智慧工业中的应用 113
拓展阅读 114
课后练习 115

模块 5　云计算

5.1　云计算概述 118
　　　5.1.1　云计算的概念 118
　　　5.1.2　云计算的发展历程 119
　　　5.1.3　云计算的分类 120
　　　5.1.4　云计算的特点 123
　　　5.1.5　云计算的体系架构 125
　　　5.1.6　云计算系统的组成 128
5.2　云计算的关键技术 129
　　　5.2.1　资源池技术 129
　　　5.2.2　数据中心技术 131
　　　5.2.3　虚拟化技术 133
　　　5.2.4　分布式存储技术 134
　　　5.2.5　超大规模资源管理技术 136
　　　5.2.6　云计算平台管理技术 137
5.3　云计算平台 140
　　　5.3.1　Google 云计算平台 140
　　　5.3.2　阿里云计算平台 143
　　　5.3.3　OpenStack 云计算平台 ... 145
拓展阅读 146
课后练习 147

模块 6　大数据

6.1　大数据概述 150
　　　6.1.1　大数据的概念 150

6.1.2 大数据的发展历程 151
6.1.3 大数据的结构类型 152
6.2 大数据的关键技术 154
　　6.2.1 数据采集 155
　　6.2.2 数据存储 158
　　6.2.3 数据处理 160
　　6.2.4 数据挖掘 162

6.2.5 数据分析与可视化 164
6.3 大数据的应用 166
　　6.3.1 基于大数据的电子商务优化 166
　　6.3.2 其他大数据应用领域 169
拓展阅读 173
课后练习 174

模块 7　人工智能

7.1 人工智能概述 176
　　7.1.1 人工智能的概念 176
　　7.1.2 人工智能的发展历程 176
　　7.1.3 人工智能的流派 178
7.2 人工智能的关键技术 180
　　7.2.1 机器学习 180
　　7.2.2 深度学习 185
　　7.2.3 计算机视觉 188

7.2.4 自然语言处理 191
7.2.5 知识图谱 194
7.3 人工智能的应用 197
　　7.3.1 智能机器人 197
　　7.3.2 无人驾驶汽车 201
拓展阅读 204
课后练习 205

模块 8　信息安全

8.1 信息安全概述 208
　　8.1.1 信息安全的概念 208
　　8.1.2 信息安全的基本属性 208
　　8.1.3 信息安全等级划分 209
8.2 网络安全技术 211
　　8.2.1 边界防护技术 211
　　8.2.2 身份认证技术 218
　　8.2.3 访问控制技术 220

8.2.4 网络攻击防范技术 222
8.3 数据安全技术 228
　　8.3.1 数据加密技术 228
　　8.3.2 数据完整性保护机制 233
　　8.3.3 数字签名技术 236
　　8.3.4 数字证书技术 239
拓展阅读 241
课后练习 241

模块 9　区块链

9.1 区块链概述 244

9.1.1 区块链的概念 244

  9.1.2 区块链的特征 245
  9.1.3 区块链的发展 245
  9.1.4 区块链的分类 246
  9.1.5 区块链的系统架构 247
 9.2 区块链的关键技术 249
  9.2.1 共识算法 249
  9.2.2 智能合约 251
 9.3 区块链的应用 255
  9.3.1 比特币 255
  9.3.2 区块链在其他领域的应用 258
 拓展阅读 260
 课后练习 260

参考答案 262

参考文献 264

模块 1

新一代信息技术概述

模块导读 ▲

新一代信息技术是指在信息和通信技术领域中，随着科技的进步和发展而出现的一系列新技术、新应用和服务模式。这些技术不仅推动了传统产业的升级转型，还催生了许多新兴产业，深刻改变了人们的生活方式和社会经济结构。本模块旨在为学生提供一个新一代信息技术全景视图，如现代通信技术、物联网、云计算、大数据、人工智能、区块链、虚拟现实等前沿技术。通过对本模块的学习，学生可以了解这些技术是如何改变我们的生活和社会的，为后续深入学习打下坚实的基础。

1.1 信 息

信息是所有信息技术的基础，是人们认识世界、改造世界的资源，它深刻影响着人们理解自然和社会的方式。

1.1.1 信息的概念

信息的本质及其定义在人类历史中一直是一个深邃且多维的问题。随着社会的进步和技术的发展，特别是进入信息时代以来，对信息的理解已经从日常语言中的宽泛概念演进为科学理论中的核心议题之一。

作为现代科学的重要组成部分，信息概念的形成和发展经历了漫长的过程。直到20世纪30年代，信息才开始被严肃地作为一个科学概念来探讨。真正意义上将信息纳入科学研究范畴的是美国科学家克劳德·香农（C.E. Shannon），他在1948年提出了信息论，标志着信息科学的诞生。

香农的信息论提供了一个里程碑式的定义：信息即不确定性的消除量。具体而言，当接收者接收到一条消息后，原先存在的不确定性（即对于某一事件或状态的不了解）会因此减少。信息量则可以通过概率统计的方法来衡量，它反映了信息能够降低不确定性的程度。这一定义不仅适用于通信领域，也为其他学科提供了理解信息的基础框架。

在更广泛的意义上，信息是指所有可以传播的内容，包括但不限于消息、情报、知识等。它是人类认知和决策的基础，通过获取和解析来自自然和社会的不同信息，人们得以区分事物、理解环境并做出合理判断。此外，信息还扮演着推动社会进步和发展的重要角色，在现代社会中，信息不仅是经济活动的关键要素，也是文化传承、科技创新和社会治理不可或缺的一部分。

当今世界正处于信息化社会之中，信息已经与半导体技术、微电子技术、计算机技术、通信技术、网络技术等深度融合，并催生了全新的产业和服务模式。信息管理、信息安全、信息经济学等新兴学科不断涌现，反映出信息在当代社会结构中的核心地位。

1.1.2 信息的特征

作为现代社会的核心资源，信息具有多维度的特征，在探讨信息的本质时，不同学科和个人有着不同的视角。然而，无论从哪个角度出发，信息都展现出一系列共同的特征。这些特征不仅揭示了信息的基本属性，也反映了其在现代社会中的重要地位和作用。

1. 社会性与应用价值

信息的价值体现在其社会应用中。只有当信息经过人们的加工、筛选和组合，并通过特定形式表现出来时，它才真正具备使用价值。信息的社会性意味着它是人类活动和社会交往的重要组成部分，反映了社会结构和文化背景。

2. 传递性与时空属性

空间传递（通信）：信息可以在不同地理位置之间进行传递，这依赖于各种媒介和技术手段，如语言、表情、动作、报刊、书籍、广播、电视、电话以及互联网等。

时间传递（存储）：信息可以通过记录和保存的方式跨越时间维度，使得过去的知识和经验能够被未来的人们所利用。这种传递性确保了信息的存在意义和持久价值。

3. 共享性与依附性

共享性：信息的传播和共享是其价值实现的基础。信息不会因为分享而减少，反而会随着更多人的参与而增值。

依附性：信息不能独立存在，必须依托某种载体来表达和传递。同一信息可以借助不同的载体形式呈现出来。例如，某手机品牌的新品发布消息可以通过电视、广播或网络等多种渠道传达给公众。

4. 普遍性与无处不在

信息广泛存在于自然界和社会生活的各个角落，从交通信号灯到课堂铃声，再到日常交流中的文件收发等，其构成了我们认知世界和互动交流的基础。信息的普遍性和即时性促进了人与人之间的联系和协作，推动了社会的进步和发展。

5. 时效性与动态变化

信息的有效性通常受限于时间范围，即它仅在特定时间段内保持其价值。例如，错过招聘会通知的小明失去了一次就业机会，这表明信息的时效性至关重要。及时获取和处理最新信息有可能极大地影响个人决策和社会运转。

6. 可再生性与转化能力

信息可以通过再处理和转换产生新的形式和内容。例如，人造卫星拍摄的图像经由计算机分析后，可以转化为有关天气状况、环境质量等方面的具体信息。这种可再生性不仅增加了信息的多样性和丰富度，也拓展了其应用领域。

7. 可压缩性与高效表达

为了提高信息传递效率，人们通常寻求用最少的信息量来准确描述事物的主要特征。信息的可压缩性允许我们在不影响其核心含义的前提下简化表述，从而更快速有效地沟通复杂概念。

1.1.3 信息的处理

信息处理是指一系列与信息的收集、传递、加工/记忆以及应用相关的活动。随着信息技术的发展，这些过程变得越来越复杂且高效，尤其在计算机系统的辅助下，信息处理已经成为现代社会不可或缺的一部分。

人类处理信息的过程，如图1-1所示。

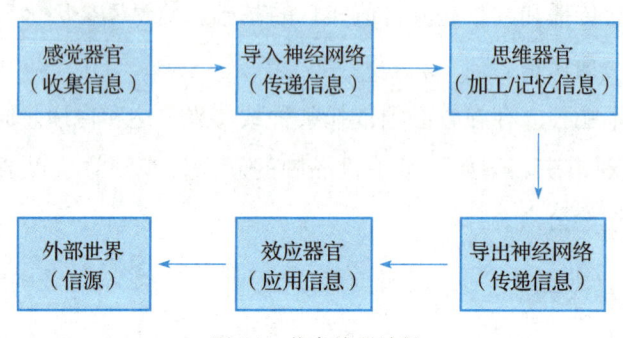

图1-1 信息处理过程

1. 信息的收集

信息的收集是信息处理的第一步，它涉及通过各种方式感知、测量、获取和输入信息。这一阶段的任务是从外部世界或特定环境中提取有用的数据，确保后续处理能够基于准确、完整的原始资料进行。常见的信息收集手段包括但不限于下列几种。

- 感知：通过感觉器官（如视觉、听觉等）直接观察和感受。
- 测量：使用仪器设备对物理量或其他参数进行定量测定。

- 获取：从已有文献、数据库或网络资源中检索所需信息。
- 输入：将收集到的信息录入系统，准备进一步处理。

2. 信息的传递

信息传递指的是将收集到的信息从一个地方传输到另一个地方，或者从一个时间点转移到另一个时间点。有效的信息传递保证了信息能够在适当的时间和地点被适当的人接收和理解。信息的传递方式主要包括以下几种。

- 邮寄：通过邮政服务寄送纸质文件或实物。
- 出版：发行书籍、期刊、报纸等印刷品。
- 电报、电话：利用电信技术进行即时通信。
- 广播、电视：通过媒体平台向公众发布新闻和娱乐内容。
- 互联网：借助数字网络实现全球范围内的信息共享。

3. 信息的加工/记忆

信息的加工/记忆涉及对收集到的信息进行组织、分析和转换，使其更易于理解和应用。这一步骤不仅包括简单的分类和计算，还涵盖了深层次的数据挖掘、模式识别和知识发现等活动。具体任务包括以下几种。

- 分类：按照一定的标准对信息进行归类整理。
- 计算：执行数学运算以得出新的结论或指标。
- 分析：深入探究数据背后的意义和趋势。
- 综合：整合多个来源的信息形成整体视图。
- 转换：改变信息的表现形式或格式。
- 检索：快速定位特定信息项。
- 管理：维护信息库的有效性和安全性。

4. 信息的存储

信息存储是指将经过加工处理后的信息保存下来，以便日后查询和再利用。良好的存储机制可以确保信息的安全性、完整性和可访问性。常见的存储方法有以下几种。

- 书写：用笔记录在纸张上。
- 摄影：拍摄照片捕捉瞬间影像。
- 录音：录制声音文档保存语音信息。
- 录像：摄制视频片段记录动态场景。
- 电子存档：使用计算机硬盘、光盘、云存储等数字化媒介。

5. 信息的应用

最终，信息处理的结果需要应用于实际问题的解决或决策支持之中。信息的应用体现在以下几个方面。

- 控制：根据信息反馈调整系统运行状态或行为。
- 显示：通过图形界面、报告等形式直观呈现信息内容。
- 决策：基于充分的信息依据制订行动计划或策略。
- 创新：激发新思路和解决方案的产生。

信息处理是一个涵盖广泛、层次分明的过程，它贯穿于信息生命周期的各个环节。现代信息技术的发展极大地提升了信息处理的能力和效率，使得人们能够更好地认识世界、改造世界，并推动社会不断向前发展。通过上述五个方面的协同作用，信息处理不仅为个人提供了便利，也为组织和社会创造了巨大的价值。

1.2 信息技术

随着人类社会的发展，信息量急剧增加，从简单的语言交流到复杂的科学数据，信息的获取、传递、存储和应用变得日益重要。面对海量的信息，人们需要有效的手段来管理和利用这些信息，信息技术应运而生。信息技术提供了必要的工具和方法，提高了信息处理的速度和效率，推动了信息的有效利用，使人们能够更快、更广泛地获取和分享知识。

1.2.1 信息技术的概念

信息技术（Information Technology，IT）是以数字技术为基础，以计算机为核心，采用电子技术（包括激光技术）进行信息的收集、传递、加工/记忆、存储、分析和应用等操作的一类技术，旨在扩展人类信息器官功能，以协助人们更高效地进行信息处理操作。它涵盖了通信、广播、计算机、互联网、微电子、遥感遥测、自动控制和机器人等多个领域，构成了现代社会信息处理的基础架构。

1.2.2 信息技术的关键技术

信息技术的关键技术主要包括传感技术、通信技术、计算机和人工智能技术、控制技术等几个方面。

1. 传感技术

传感技术是人类感觉器官功能的延伸，它是一门多学科交叉的现代科学与工程技术，专注于从自然信源获取信息，并对其进行处理（变换）和识别。从仿生学的角度来看，如果将计算机视为处理和识别信息的"大脑"，通信系统视为传递信息的"神经系统"，那么传感器则相当于"感觉器官"。这种类比生动地展示了传感技术在信息技术体系中的重要地位。

传感技术已广泛应用于多个关键领域，包括但不限于航天、航空、国防科研、信息产业、机械制造、电力供应、能源管理、机器人技术和家用电器等。可以说，传感技术几乎渗透到了每一个行业和技术环节，成为现代科技不可或缺的一部分。

传感技术涉及以下几个核心方面。

- 传感器（换能器）：这是传感技术的核心组件，负责从环境中捕捉物理量、化学量或生物量的信息。传感器种类繁多，涵盖了各种感知需求。
- 光学传感器：如数码照相机收集可见光波段的信息等。
- 声学传感器：如手机麦克风录制声波信息等。
- 红外和紫外传感器：用于检测人眼无法直接观察到的光波信息。
- 超声和次声传感器：捕捉超出人类听觉范围的声音信号。
- 其他敏感元件：还包括嗅敏、味敏、光敏、热敏、磁敏、湿敏以及综合敏感元件，能够提取那些人类感觉器官无法感知的各种有用信息。

传感器捕获的数据需要经过处理和分析，以转化为有意义的信息。这一步骤涉及数据的转换、过滤、增强以及模式识别等操作，最终确保信息的准确性和可用性。整个传感技术生命周期包括从概念设计到实际应用的各个环节，每个阶段都需要严格的质量控制和技术评估，以保证最终产品的性能和可靠性。

通过使用各类传感器，传感技术显著延长和扩展了人类收集信息的功能。这些传感器不仅限于模仿人类的感觉器官，还能够探测到更广泛的信息源，提供超越人类感官极限的数据。例如，视觉扩展方面，利用红外、紫外传感器，可以捕捉到肉眼看不见的光谱信息；听觉扩展方面，超声和次声传感器能够记录下人耳无法听到的声音频率；触觉、嗅觉和味觉扩展方面，特殊的敏感元件可以感知温度、湿度、气味、味道等细微变化，为环境监测、食品安全等领域提供重要支持。

传感技术不仅是现代信息技术的一个重要组成部分，也是推动各行各业技术创新和发展的重要力量。它通过模拟和扩展人类的感觉器官，实现了对复杂环境的精确感知和高效信息处理，从而为科学研究、工业生产和社会生活带来了巨大的便利。

2.通信技术

通信技术是传导神经网络功能的延伸，其核心作用在于传递、交换和分配信息，克服空间上的限制，从而让人们能够更高效地利用信息资源。从仿生学的角度来看，如果将计算机视为处理和识别信息的"大脑"，传感技术视为"感觉器官"，那么通信技术则相当于"神经系统"，负责信息的传输和流通。

通信技术研究的是如何以电磁波、声波或光波的形式，通过电脉冲将信息从发送端（信源）传输到一个或多个接收端（信宿）。这一过程涉及以下几个关键技术环节。

- 信号传输：信息以电磁波、声波或光波等形式在媒介中传播。
- 信号处理：这是通信技术中的一个重要环节，包括过滤、编码和解码等操作，确保信息的准确性和完整性。

现代通信技术已经发展出多种形式，每种技术都有其独特的优势和应用场景。

- 数字通信：采用数字信号进行信息传输，具有更高的可靠性和保密性。
- 卫星通信：利用人造卫星作为中继站，实现全球范围内的远距离通信。
- 微波通信：使用微波频段进行点对点或点对多点的无线通信，适用于高速数据传输。
- 光纤通信：通过光纤电缆传输光信号，提供极高的带宽和传输速率，广泛应用于长途通信和互联网骨干网。
- 量子通信：基于量子力学原理，提供理论上不可破解的安全通信方式，是未来通信技术的重要发展方向。

通信技术的普及应用是现代社会的一个显著标志。随着通信技术的迅速发展，信息传递的速度和效率得到了极大提升，使地球上任何地点之间的信息交流变得快速便捷。各种信息媒体（如数字、声音、图形、图像等）能够以综合业务的方式进行传输，满足了多样化的需求。从传统的电话、电报、收音机、电视到如今无处不在的移动通信，这些新的、人人可用的现代通信方式极大地提高了数据和信息的传递效率。

通信技术深入每个人的日常生活中，不仅改变了人们的生活方式，还推动了经济全球化和社会信息化进程，带来了极其深刻的社会变化。

3.计算机和人工智能技术

计算机和人工智能技术是思维器官功能的延伸，旨在更好地加工和再生信息。计算机技术（包括硬件和软件技术）和人工智能技术共同构成了这一领域的主要内容，它们使人们能够更高效地处理复杂的信息任务。从仿生学的角度来看，如果将传感技术和通信技术分别视为"感觉器官"和"神经系统"，那么计算机和人工智能技术则相当于"大脑"，负责信息的深度处理和决策。

计算机技术是指在计算领域中所运用的技术方法和技术手段，具有明显的综合特性，它与多个学科紧密结合。例如，微电子技术为计算机提供高性能的芯片和电路；现代通信技术确保计算机之间的高效数据交换；网络技术支持分布式计算和云计算等新型计算模式；数学提供算法理论基础，优化计算过程。

当前，计算机技术的研究和应用领域已经产生了显著的变化。计算机的功能正逐步从简单的信息处理和数据处理过渡到更高层次的知识处理阶段，知识库将取代传统的数据库，成为存储和管理知识的核心结构。另外，自然语言理解、图像识别、手写输入等人机对话方式逐渐成为输入输出的主要形式，这些技术使得人机交互更加自然、直观，达到了更高的智能水平。

人工智能（Artificial Intelligence，AI）是研究、开发用于模拟、延伸和扩展人的智能的理论、方法、技术及应用系统的一门新兴技术。作为计算机科学的一个重要分支，AI致力于让计算机模拟人类的某些思维过程和智能行为，如学习、推理、思考、规划等。AI不仅模仿人类智能，还帮助人们更深入地理解自身的智能机制，最终揭示智能的本质与奥秘。近年来，实现人工智能的技术手段，如深度学习、大数据分析、神经网络等，都取得了突飞猛进的进展。这些技术推动了AI从实验室走向实际应用，使其在计算机领域内得到了愈加广泛的关注。

AI已在机器人、决策系统、控制系统和仿真系统等多个领域中得到广泛应用。可以预见的是，随着技术的不断进步，AI将在更多领域替代甚至超越人类的能力，特别是在需要高度精确性和快速响应的任务中。

计算机技术与人工智能的结合，不仅加快了信息处理的速度，也提升了信息处理的质量，促进了信息资源的有效利用，成为现代社会不可或缺的一部分。未来，随着技术的不断演进，计算机和人工智能技术将继续引领信息技术领域的创新与发展。

4.控制技术

控制技术是效应器官功能的延长，其核心作用在于根据输入的指令（决策信息）对外部事物的运动状态实施干预，即信息施效。从仿生学的角度来看，如果将传感技术和通信技术分别视为"感觉器官"和"神经系统"，计算机和人工智能技术视为"大脑"，那么控制技术则相当于"效应器官"，负责执行具体的动作和操作。

所谓控制，直观地说，是指施控主体对受控客体的一种能动作用。这种作用能够使得受控客体根据施控主体的预定目标而动作，并最终达到目标。作为一种作用，控制至少需要以下必要元素。

- 施控主体：发出指令或决策信息的一方。

- 受控客体：接受指令并根据指令进行动作的一方。
- 传递者：将指令由施控主体传递到受控客体的媒介或系统。

在《中国制造2025》中，智能制造核心信息设备与控制技术密不可分。计算机控制技术是计算机技术与控制理论、自动化技术与智能技术相结合的产物。它不仅提高了生产效率和产品质量，还推动了制造业向智能化、网络化方向发展。

计算机的应用极大地促进了控制理论的发展，尤其在工业自动化领域。先进控制理论和计算机技术的进步共同推动了工业机器人的智能化应用。具体表现为：

- 工业机器人：通过集成传感器、控制器和执行器，工业机器人能够在复杂的制造环境中自主完成任务，如焊接、装配、搬运等。
- 智能控制系统：利用人工智能算法优化控制策略，使系统具备自适应能力，能够在动态环境中自动调整参数以实现最优性能。

智能控制是一种无须人工干预就能自主驱动智能机器实现其目标的过程，是用机器模拟人类智能的重要领域。智能控制技术的研究和应用水平是一个国家科学技术和工业技术水平的重要指标。近年来，随着人工智能的发展，自动控制系统正逐步向更高层次的智能控制演进。例如，智能机器人的研制和应用水平不断提高，广泛应用于医疗、农业、物流等多个行业，展示了极高的灵活性和适应性；自主驾驶车辆通过融合感知、决策和执行模块，实现了高度自动化的交通解决方案；智能家居结合物联网技术，提供了便捷、安全的生活环境管理方案。

控制技术不仅是现代信息技术的重要组成部分，也是推动社会进步和发展的重要力量。它实现了对外部世界的精确干预和高效管理，为科学研究、工业生产和日常生活带来了巨大的便利和价值。未来，随着计算机技术、人工智能和自动化技术的不断进步，控制技术将继续引领信息技术领域的创新与发展，特别是在智能制造、智能机器人等领域中将发挥关键作用。

1.2.3 信息技术的发展

信息技术自人类文明诞生以来经历了5次重大变革，每一次变革都极大地改变了信息的获取、传递、存储和应用方式。

1. 信息技术的发展历程

第一次信息技术革命：语言的使用。

- 标志：人类从猿进化到人的重要里程碑。
- 影响：语言的产生使得信息可以在有限的时空范围内进行表达和传递，但受限于听觉和视觉的距离。

第二次信息技术革命：文字的发明。
- 标志：文字的发明使得信息能够长时间存储，并跨越时空障碍。
- 影响：促进了信息存储技术的发展，为知识积累提供了坚实的基础。

第三次信息技术革命：造纸术和印刷术的发明。
- 标志：这两项发明极大地扩展了信息记录、存储、传递和使用的范围。
- 影响：确保了知识的可靠积累和广泛传播，成为信息存储与传播手段的一次重要革命。

第四次信息技术革命：电报、电话、广播、电视的发明和普及。
- 标志：实现了信息的实时传送和远距离通话，打破了信息交流的时空限制。
- 影响：提高了信息传播效率，进一步推动了信息存储和传播手段的进步。

第五次信息技术革命：计算机、网络等现代信息技术的综合使用。
- 标志：始于20世纪中叶，这次革命不仅改变了信息传播方式，还革新了信息处理手段。
- 影响：使信息数字化成为可能，催生了信息产业，正在对人类社会发展产生深远的影响。

2.信息技术的发展方向

随着现代信息技术的不断进步，信息产业呈现出多元化发展的态势，主要包括以下几个方面。

- 信息材料技术：涉及半导体、微电子等领域的研发与制造，如半导体集成电路、高温超导材料、光电元件、纳米材料、智能芯片、生物芯片、生物传感器等。
- 计算机硬件和软件技术：包括高性能计算设备的研发，如并行处理计算机、光学计算机、神经网络计算机等；以及智能化软件系统的开发，如自动翻译系统、人工仿真系统、计算机集成制造系统等。
- 通信技术：现代通信技术正朝着网络化、数字化和宽带化的方向发展，不断提升信息传输的速度和质量，以支持全球范围内的即时通信和数据交换。
- 信息应用技术：应用领域涵盖了多个方面，包括但不限于电视会议、远程教学、电子出版、电子银行、电子货币和电子商务等，这些技术正在改变着人们的生活和工作方式。

信息技术的发展历程见证了人类社会从原始的信息交流手段逐步迈向高度发达的信息处理和传播体系。每一次信息技术革命都在某种程度上重塑了社会结构和经济模式，而未来信息技术的发展将继续推动科技的进步和社会变革。

1.3 新一代信息技术

随着信息技术的进步，信息的处理方式不断改进，新一代信息技术在继承和发展传统信息技术的基础上，通过技术创新和跨行业融合，引领了信息技术的新一轮变革。

新一代信息技术不仅仅是指信息领域某些分支技术（如集成电路、计算机、无线通信等）的纵向升级，更重要的是指信息技术整体平台和产业的代际变迁。这一变迁不仅仅是技术层面的进步，更涵盖了商业模式的创新和社会经济结构的深刻变革。

新一代信息技术涵盖了现代通信技术、物联网、云计算、大数据、人工智能和区块链等多个方面，它们相互关联、彼此促进，在智能化、数字化的时代背景下，极大提升了社会生产力和发展水平。

1.3.1 现代通信技术

现代通信技术（Modern Communication Technology）是信息与通信技术深度融合的结果，它通过先进的网络基础设施和多样化的信息传递手段，实现了高效、可靠、安全的数据传输。现代通信技术不仅改变了人们的沟通方式，也为各行各业带来了前所未有的发展机遇。随着5G、光纤通信等新一代通信技术的普及，现代通信技术将继续赋能各个行业，推动数字技术与实体经济的深度融合，创造更多可能性。

1. 现代通信技术的主要特征

现代通信技术的主要特征如下：

- 高速率大容量：现代通信技术支持更高的数据传输速率和更大的网络容量，能够满足大量用户同时在线的需求，支持高清视频流媒体、大规模物联网设备连接等多种应用场景。
- 低延迟高可靠性：新技术（如5G等）提供了极低的延迟和高度可靠的连接，这对于实时应用（如自动驾驶、远程医疗手术等）至关重要。
- 广泛覆盖：通过卫星通信、微波中继站、小型基站等技术手段，现代通信技术不断扩展网络覆盖范围，即使在偏远地区也能实现稳定连接，促进了全球信息资源的均衡分配和社会经济的整体发展。
- 安全性增强：现代通信技术采用更先进的加密技术和认证机制，确保了数据传输的安全性和隐私保护，为金融交易、国家安全等敏感领域提供了坚强保障。

- 智能化与自动化：借助人工智能和机器学习算法，现代通信网络可以自我优化和管理，自动调整资源配置以应对不同的流量需求，提高网络效率和服务质量。

2. 现代通信技术的应用领域

现代通信技术深刻影响了多个行业，催生了便捷、高效的新型服务模式。

（1）工业互联网

现代通信技术为制造业提供了智能制造解决方案，通过传感器网络、机器人自动化生产线等实现生产过程的数字化监控和管理，提高了生产效率和产品质量。

（2）智能交通

利用车联网（V2X）、无人驾驶汽车等技术，现代通信技术改善了城市交通系统，降低了交通事故发生率，提升了出行体验。

（3）智慧医疗

远程医疗会诊、电子健康记录共享等功能得益于现代通信技术的支持，患者可以在家中接受专业医疗服务，医生也可以更好地跟踪和管理患者的健康状况。

（4）智慧城市

现代通信技术助力智慧城市建设，包括智能电网、环境监测、公共安全等领域，提高了城市管理效率和服务水平，使得城市环境更加宜居。

（5）金融科技

移动支付、区块链等金融服务创新依赖于现代通信技术所提供的快速、安全的数据传输通道，使得金融交易更加便捷和透明。

（6）教育与培训

在线教育平台和虚拟现实/增强现实教学工具的发展离不开现代通信技术的支持，它们打破了时空限制，提供了更加互动和个性化的学习体验。

1.3.2 物联网

物联网（Internet of Things，IoT），其通过信息传感设备如传感器网络、射频标签阅读装置、条形码与二维码设备、全球定位系统等，以及基于物与物通信模式的短距离无线自组织网络，将物体连接至互联网，形成一个巨大的智能网络。物联网的核心在于实现"物物相连"，使系统能够自动、实时地对物体进行识别、定位、追踪、监控并触发相应事件。物联网不仅扩展了互联网的应用范围，还为各行各业带来了智能化管理和自动化操作的新可能。

1. 物联网的主要特征

物联网的主要特征如下：

● 数字化与虚拟化：利用RFID技术、传感器、二维码等手段，随时获取物体属性信息，使其成为可识别、寻址、交互和协同的智能实体。

● 泛在网络：通过电信网络与互联网融合，实现信息的可靠传递，支持各种类型的数字化和智能化物体接入网络，形成广域覆盖的互联体系。

● 信息感知与交互：采用先进的信息采集、筛选、压缩、交融、汇集等技术，实现高效的信息感知，并促进用户与内容、用户与网络之间的互动交流。

● 信息处理与服务：借助云计算、人工智能等智能计算技术，对海量数据进行分析处理，实施智能化控制，提供基于"物物互联"的新型信息化服务。

2. 物联网的应用领域

通过将各种信息传感设备连接到互联网，物联网实现了物体之间的智能化识别、定位、跟踪和监控，极大地提升了多个行业的效率和智能化水平。以下是物联网在各领域中的具体应用。

（1）智能家居

智能家电、照明系统、温控设备等可以通过手机或其他终端远程控制，提供便捷的生活体验；家庭安防系统能够实时监测并预警异常情况，提升居住安全性。

（2）智能城市

物联网技术应用于交通管理（如智能信号灯、停车管理系统等）、环境监测（如空气质量、水质检测等）、公共设施维护等方面，提升了城市管理的效率和服务质量。

（3）工业自动化

工厂中的传感器和执行器可以实时收集数据并进行分析，优化生产流程，提高生产效率；预测性维护减少了设备故障时间，降低了维护成本。

（4）农业与畜牧业

精准农业利用传感器监测土壤湿度、温度、光照等条件，实现灌溉、施肥的自动化管理；牲畜健康监测系统可以帮助农场主及时了解牲畜健康状况，提高养殖效率。

（5）医疗保健

可穿戴设备和远程监控系统使患者能够居家接受持续健康监测，医生可以远程获取患者的生理数据，及时调整治疗方案；智能药盒提醒患者按时服药，确保治疗效果。

（6）物流与供应链管理

通过RFID标签和GPS追踪技术，企业可以实时掌握货物的位置和状态，优化库存管理和运输路线规划，减少丢失率和延误。

（7）能源管理

智能电网利用物联网技术监控电力消耗，优化能源分配，减少浪费；智能家居系统可以根据用户的使用习惯自动调整电器的工作模式，降低能耗。

（8）环境保护

物联网传感器网络用于监测自然生态系统的变化，如森林火灾预警、海洋污染监控等，为环保部门提供及时的数据支持，帮助采取有效的保护措施。

1.3.3 云计算

云计算（Cloud Computing）是一种通过互联网提供按需访问共享资源和服务的技术模式，用户可以随时随地便捷地获取所需的计算能力，而无须关心底层硬件设施的具体情况。云计算的核心理念是将计算资源作为服务来提供，具有高度的灵活性和可扩展性，使得计算能力像水电一样成为一种基础设施，按使用量计费。

1. 云计算的关键特点

云计算的关键特点如下：

- 自助服务：用户可以根据自身需求自动配置计算资源，无须与服务提供商进行交互。
- 无处不在的网络访问：支持多种客户端平台（如移动电话、笔记本电脑等）通过统一标准机制访问云中资源。
- 资源共享池：通过多租户模式动态分配物理和虚拟资源，提高资源利用率。
- 快速弹性：能够迅速调整资源配置以适应负载变化，确保服务的连续性和响应速度。
- 计量付费：根据实际使用的资源量进行计费，增强了透明度，提高了服务效率。

2. 云计算的应用领域

云计算通过互联网提供按需访问共享资源和服务的能力，极大地改变了企业的IT架构和个人用户的技术使用方式。以下是云计算在各领域中的具体应用。

（1）企业级应用

- 软件即服务（SaaS）：企业可以通过云平台直接使用各种应用程序，如办公软件、客户关系管理（CRM）、人力资源管理系统等，无须自行安装和维护，降低了IT成本并提高了灵活性。

- 平台即服务（PaaS）：开发者可以利用云平台提供的开发工具、数据库管理和测试环境，快速构建、部署和扩展应用程序，缩短产品上市时间。
- 基础设施即服务（IaaS）：企业可以根据需求灵活租用计算资源（如服务器、存储、网络等），实现资源的弹性伸缩，提高运营效率。

（2）大数据处理与分析

云计算提供了强大的数据存储和处理能力，支持大规模数据分析任务，如实时数据流处理、机器学习模型训练等。企业和科研机构可以利用云平台进行复杂的数据挖掘和预测分析，从中提取有价值的信息。

（3）灾难恢复与备份

通过云计算，企业可以将重要数据备份到云端，确保在发生自然灾害或硬件故障时能够迅速恢复业务。云备份服务不仅减少了本地存储的压力，还提高了数据的安全性和可靠性。

（4）协作与通信

云协作工具（如Google Workspace、Microsoft 365等）允许团队成员在任何地方实时合作编辑文档、共享文件和沟通交流，提升了工作效率和团队协作能力。

视频会议和在线聊天工具也依赖于云计算提供的稳定连接和高带宽支持，使得远程工作和分布式团队成为可能。

（5）教育与培训

在线教育平台利用云计算技术提供丰富的课程内容和互动教学工具，学生可以随时随地学习；教师则可以方便地管理课堂、批改作业和评估学生表现。

职业培训机构也可以通过虚拟实验室和模拟环境为学员提供实践操作的机会，降低培训成本。

（6）医疗健康

医疗机构可以利用云计算安全地存储和管理患者的电子病历、影像资料等敏感信息，确保数据的完整性和隐私保护。

远程医疗服务借助云计算实现了医生与患者之间的高效沟通，包括视频问诊、远程监控等，改善了偏远地区居民的就医条件。

（7）金融科技

金融机构采用云计算来处理海量交易数据、实施风险管理和合规性检查，提高了金融服务的速度和准确性。

移动支付、在线理财等新兴金融应用也依赖于云计算提供的强大后台支持，确保交易的安全性和稳定性。

（8）游戏与娱乐

云游戏平台让用户无须高性能硬件即可流畅运行大型游戏，降低了玩家的设备门槛。

流媒体服务提供商利用云计算优化视频传输，提供高质量的视听体验，满足用户对高清（如4K甚至8K）内容的需求。

1.3.4 大数据

大数据（Big Data）是指那些规模庞大、增长迅速且类型多样化的信息资产，这些数据集通常无法用传统的软件工具在合理时间内完成捕捉、管理和处理。大数据技术的战略意义在于从海量数据中提取有价值的信息，通过专业化处理实现数据增值。

大数据与云计算密切相关，二者共同构成了新一代信息技术的重要组成部分，推动了数据驱动型决策的发展。

1. 大数据的典型特征

大数据的典型特征如下：

- 数据量大：起始计量单位至少达到PB级别以上，涵盖TB、EB乃至ZB级别的数据集合。
- 类型繁多：包含结构化、半结构化和非结构化数据，如交易记录、社交媒体帖子、视频流等。
- 价值密度低：虽然数据总量巨大，但真正有价值的信息相对稀少，需要强大的算法和技术来进行提炼。
- 速度快且时效高：强调实时或近实时的数据处理能力，确保数据分析结果及时有效。

2. 大数据的应用领域

大数据技术通过处理和分析海量、多样化的信息资产，为企业和社会带来了深刻的洞察力和决策支持能力。以下是大数据在各领域的具体应用。

（1）商业智能与市场分析

- 客户行为分析：企业可以利用大数据分析消费者的购买历史、浏览记录等信息，了解客户需求和偏好，制定个性化的营销策略，提升客户满意度和忠诚度。
- 市场趋势预测：通过对社交媒体、新闻报道、行业报告等多源数据的综合分析，企业能够及时捕捉市场动态，提前布局新产品开发或调整销售计划。

(2) 金融风险管理

● 信用评分与贷款审批：金融机构借助大数据模型评估个人和企业的信用状况，优化贷款审批流程，降低违约风险。

● 欺诈检测：通过实时监控交易数据，结合机器学习算法识别异常模式，有效防范信用卡诈骗、保险欺诈等非法活动。

(3) 医疗健康

● 个性化医疗：基于患者的基因组数据、病历记录和生活习惯等多维度信息，医生可以为患者提供定制化的治疗方案，提高诊疗效果。

● 疾病预防与公共卫生监测：大数据可以帮助卫生部门追踪传染病传播路径，预测疫情暴发趋势，采取针对性防控措施；同时用于慢性病管理，改善公众健康水平。

(4) 智能制造与供应链优化

● 生产过程优化：制造商可以通过传感器收集生产线上的各种参数（如温度、压力、振动等），运用大数据分析优化生产工艺，减少废品率和能源消耗。

● 供应链管理：企业利用大数据跟踪原材料采购、库存水平、物流运输等环节，实现供应链可视化，确保物资供应稳定、高效。

(5) 智慧城市

● 交通管理：大数据应用于智能交通系统，如路况监测、信号灯控制、停车引导等，缓解城市拥堵问题，提升出行效率。

● 环境监测与资源管理：通过部署大量传感器网络，政府可以实时获取空气质量、水质、噪声等环境指标，科学规划城市发展，合理分配水资源和能源。

(6) 教育与培训

● 学习分析：通过收集学生的学习行为数据（如在线课程的参与度、作业完成情况等），帮助教师了解学生的学习习惯和进度，以便提供个性化的辅导和支持。

● 教学改进：分析大规模的教学数据以识别有效的教学策略和方法，支持教育工作者不断优化课程设计和教学内容。

● 预测学生成绩：利用历史数据预测学生的学术表现，提前发现可能遇到困难的学生，并采取干预措施。

● 资源管理：对教育资源（如教材、实验室设备等）的使用情况进行数据分析，提高资源配置效率，确保资源的有效利用。

(7) 农业与食品供应链

● 精准农业：利用无人机、卫星遥感等手段收集农田土壤湿度、作物生长情况等数据，结合大数据分析指导灌溉、施肥作业，提高产量和质量。

- 作物预测与管理：利用历史数据和机器学习算法预测作物产量，帮助农户做出更加科学的种植决策，包括最佳播种时间、品种选择等。
- 食品安全追踪：从农场到餐桌，利用大数据实现对食品来源、加工过程、运输条件等信息的全程追踪，确保食品安全，快速定位问题源头，降低食源性疾病的风险。
- 供应链透明化：借助大数据技术，供应链各环节的信息更加透明，不仅有助于增强消费者信任，也能促进整个行业向更加可持续的方向发展。

（8）公共安全与应急响应

- 风险评估与预测：通过整合多源数据（如历史事件、气象数据、社交媒体信息等），识别潜在的安全威胁或灾害发生的可能性。
- 资源管理与调度：分析医疗资源、紧急物资储备及分布情况，优化资源配置，提高应急响应效率。
- 舆情监控：监控社交媒体、新闻报道等公开渠道的信息，及时了解公众情绪和社会动态，预防社会不稳定因素。
- 损害评估：灾害发生后，利用卫星图像、无人机拍摄等获取的数据进行快速准确的损失评估，支持恢复重建工作。

1.3.5 人工智能

人工智能（Artificial Intelligence，AI）是指研究、开发用于模拟、延伸和扩展人的智能的理论、方法、技术和应用系统的一门学科。AI旨在让计算机具备类似于人类的认知能力，如学习、推理、思考、规划等，从而执行过去只有人才能完成的任务。

1. 人工智能的主要学派

人工智能的主要学派如下：
- 符号主义：基于逻辑推理，强调知识表示、获取及使用。
- 连接主义：模仿人脑神经网络的工作原理，注重并行计算和自适应学习。
- 行为主义：关注感知–行动循环中的智能行为模拟，探索机器人控制等领域。

2. 人工智能（AI）的应用领域

人工智能通过模拟、延伸和扩展人类智能，已经在多个行业中展现出巨大的潜力和应用价值。以下是AI在各领域中的具体应用。

（1）医疗健康

- 疾病诊断与治疗：AI系统可以通过分析医学影像（如X光片、CT扫描等）、病理切片等数据辅助医生进行更准确的诊断；基于患者的基因信息和病历，提供个性化的治疗方案。

● 药物研发：利用机器学习算法加速新药研发过程，预测化合物的有效性和安全性，缩短研发周期并降低成本。

● 健康管理：智能穿戴设备实时监测用户的生命体征，结合AI分析为用户提供健康建议和预警，预防慢性病的发生。

（2）金融科技

● 风险管理：AI模型可以评估个人或企业的信用状况，优化贷款审批流程，降低违约风险；同时用于检测异常交易行为，防范金融欺诈。

● 投资顾问：智能投顾平台根据用户的财务目标、风险偏好等因素推荐合适的投资组合，并自动调整以适应市场变化。

● 客户服务：聊天机器人能够处理常见的客户咨询，提高服务效率，减少人力成本。

（3）智能制造

● 质量控制：AI视觉系统实时监控生产线上的产品，自动识别缺陷并发出警报，确保产品质量。

● 预测性维护：通过对设备运行数据的持续分析，提前预测故障发生的时间点，安排适当的维护计划，减少停机时间。

● 自动化生产：机器人和自动化系统可以在复杂环境中执行精确任务，如焊接、装配等，提高生产效率和灵活性。

（4）零售与电子商务

● 个性化推荐：电商平台利用AI分析用户的浏览历史、购买记录等数据，为每位顾客量身定制商品推荐，提升购物体验。

● 库存管理：通过预测销售趋势，帮助企业合理规划库存水平，避免积压或缺货现象。

● 虚拟助手：在线客服机器人即时响应消费者的疑问，提供 7×24 h 不间断的服务支持。

（5）交通与物流

● 自动驾驶：无人驾驶汽车依靠传感器融合、计算机视觉和深度学习等技术实现安全行驶，改变未来出行方式。

● 智能交通管理：AI优化城市交通流量分配，改善道路拥堵状况；智能调度系统提高公共交通工具的运营效率。

- 物流配送：无人机、无人车等新型配送工具借助AI导航技术完成最后1公里的货物派送，提升物流速度和服务水平。

（6）教育与培训

- 个性化学习体验：AI可以根据每个学生的学习进度和风格，自动调整学习材料和活动，提供定制化的学习路径和建议，增强学习效果。
- 智能辅导系统：开发虚拟导师或聊天机器人，能够实时回答学生的问题，提供即时反馈，甚至进行一对一辅导，不受时间和地点限制。
- 自动化评估与反馈：使用自然语言处理技术自动评分学生的书面作业或考试答案，并提供详细的改进建议，减轻教师的工作负担。
- 模拟与实践训练：在职业培训中，AI驱动的模拟器可以为学习者提供真实的操作环境，如飞行模拟器、手术模拟软件等，让学员在安全的环境中练习技能。

（7）农业与食品供应链

- 自动化设备：无人驾驶拖拉机、播种机器人和收割机器人的使用，可以减少对人工劳动的依赖，提高作业精度和效率。这些设备能够根据实时数据调整操作参数，以优化生产过程。
- 智能养殖：在畜牧业中，AI可用于监控动物的健康状况、行为模式和生活环境，及时发现疾病或异常情况，从而采取措施防止疾病传播。
- 库存和物流优化：AI可以根据销售数据、市场趋势和天气预报等因素，预测需求变化，优化库存管理和配送路线，减少浪费和成本。
- 质量控制：在食品加工过程中，AI可以用来检测产品的质量，比如通过视觉识别技术检查水果和蔬菜的新鲜度、大小和颜色是否达标，保证产品的一致性和高质量。

（8）公共安全与应急响应

- 智能预警系统：使用机器学习算法分析大数据集，提供更精确的风险预警，比如自然灾害预警或犯罪热点预测。
- 自动化决策支持：实时处理突发事件相关数据，自动推荐最佳应对策略，例如优化救援队伍的调度方案或确定最有效的疏散路线。
- 搜索与救援：利用AI驱动的机器人和无人机执行危险环境下的搜索和救援任务，同时使用图像识别技术寻找生命迹象。
- 虚假信息过滤：AI技术用于识别并过滤社交媒体上的虚假信息，防止误导公众造成不必要的恐慌，维护社会稳定。

AI的发展不仅促进了单个领域的创新，也催生了跨学科的合作机会，为解决复杂问题提供了新的思路和方法。

1.3.6 区块链

区块链（blockchain）是一种去中心化的分布式账本技术，最初由中本聪提出，用于支撑比特币这一加密货币系统。它通过密码学保障数据的安全性和不可篡改性，实现了多个参与方之间的信任协作。区块链不仅解决了传统金融体系中存在的信任问题，还为各行各业提供了全新的解决方案，推动了社会价值体系的重构。

1. 区块链的主要特征

区块链的主要特征如下：

- 去中心化：区块链不依赖单一的中央服务器或机构来管理和验证交易，而是通过网络中的多个节点共同维护一个分布式的账本，确保系统的透明度和抗审查能力。
- 不可篡改：每一笔交易记录一旦被确认并添加到区块链中，就几乎不可能被更改或删除，这保证了数据的真实性和完整性，增强了用户对系统的信任。
- 全程留痕：所有交易活动都被详细记录下来，形成一条完整的历史链条，任何参与者都可以追溯历史记录，增加了操作的透明度和可审计性。
- 集体维护：区块链上的所有节点都参与到账本的维护工作中，通过共识算法达成一致意见，确保系统的一致性和可靠性。
- 公开透明：区块链的账本是公开可见的，任何人都可以查看其中的数据，但同时又保护了个人隐私，只有授权人才能访问敏感信息。

2. 区块链的应用领域

区块链作为一种去中心化、不可篡改的分布式账本技术，已经在多个行业中展现出其独特的优势和应用潜力。以下是区块链在各领域中的具体应用。

（1）金融服务

- 跨境支付与结算：通过区块链技术实现快速、低成本的国际转账，减少中间环节，提高资金流转效率。
- 证券交易：简化股票、债券等金融产品的发行和交易流程，确保透明度和安全性，降低市场操作风险。
- 保险理赔：智能合约自动执行理赔程序，加快赔付速度，减少欺诈行为，提升客户满意度。
- 信用评分：基于区块链的数据共享平台可以更全面地评估个人或企业的信用状况，优化贷款审批流程。

（2）供应链管理
- 产品溯源：从原材料采购到最终销售的全流程记录，确保产品质量和来源的真实性，防止假冒伪劣商品流入市场。
- 物流追踪：实时监控货物运输状态，优化库存管理和配送路线规划，提高供应链透明度和响应速度。
- 合同管理：利用智能合约自动处理供应商与买家之间的协议，简化流程，降低成本。

（3）知识产权保护
- 版权登记：各类创作者可以通过区块链注册作品版权，确权过程更加便捷、高效，有效打击侵权行为。
- 专利管理：企业可以将专利信息上链，便于查询和验证，促进技术创新和技术转让。

（4）医疗健康
- 电子病历管理：安全存储患者的医疗记录，确保数据完整性和隐私保护，方便医生跨机构调阅病历资料。
- 药品防伪：从生产到流通的每个环节都进行记录，确保药品的真实性和安全性，防止假药进入市场。

（5）政府与公共服务
- 选举投票：构建透明、公正的电子投票系统，防止选票造假，增强选举结果的可信度。
- 土地登记：简化不动产产权登记流程，确保土地所有权信息准确无误，减少纠纷。
- 公共记录管理：如出生证明、婚姻登记等重要文件的数字化管理，提高行政效率和服务质量。

（6）能源行业
- 电力交易：支持分布式能源网络中的点对点电力交易，让用户直接购买邻居多余的太阳能发电量，促进清洁能源的使用。
- 碳排放跟踪：记录企业的碳足迹，帮助企业遵守环保法规，推动绿色经济发展。

（7）慈善事业
- 捐款透明化：捐赠者可以通过区块链平台实时查看善款流向，确保资金用于预期目的，增加公众信任感。
- 项目管理：利用智能合约自动分配资源，确保慈善项目的顺利实施，提高运作效率。

（8）媒体与娱乐

● 内容分发网络（CDN）：通过区块链优化视频流媒体服务，减少延迟和带宽成本，提供更好的用户体验。

● 数字资产交易：为虚拟物品、游戏道具等数字资产创建安全可靠的交易平台，保障用户权益。

区块链的特点决定了它在金融、供应链管理、知识产权保护等方面拥有广泛的应用前景，有助于打破传统业务流程中存在的不平等现象和"数据孤岛"问题，构建更加公开透明的社会价值体系。

1.3.7 虚拟现实

虚拟现实（Virtual Reality，VR）是指利用计算机技术模拟出一个逼真的三维空间虚拟世界，用户可以沉浸其中并与之进行自然交互，仿佛置身于真实环境中。VR技术通过创建高度仿真的视觉、听觉、触觉等感官体验，打破了物理世界的限制，为用户提供了一种全新的交互方式和体验模式。

1. 虚拟现实的主要特征

虚拟现实的主要特征如下：

● 沉浸性：指虚拟环境的逼真程度，理想的虚拟环境应让用户真假难辨，获得与真实环境相同的视觉、听觉、触觉、嗅觉等感官体验。例如，在VR游戏中，玩家可以完全沉浸在游戏场景中，感受到身临其境的效果。

● 交互性：用户与虚拟环境之间能够进行沟通和交流，并得到与真实环境一样的响应。用户在真实世界中的任何动作都可以在虚拟环境中完整体现。例如，用户可以用手直接抓取虚拟环境中的物体，不仅有触摸感，还能感受到物体的质量、温度等信息，被抓取的物体会随着手的移动而移动。

● 自主性：虚拟环境中的物体可以根据操作者的要求进行自主运动。例如，当受到力的作用时，物体能够沿着力的方向移动或翻倒，表现出真实的物理特性。

● 实时性：VR系统需要具备高实时性的特点，确保用户的动作和反应能够在极短的时间内得到反馈，从而提供流畅自然的交互体验。低延迟是保证用户体验的关键因素之一。

● 多感知通道集成：集成多种感知通道（如视觉、听觉、触觉等），使用户能够在多个层面上感受到虚拟环境的真实性。除了视觉上的逼真显示外，还可以通过耳机提供立体声效果，或者使用触觉设备模拟触感。

2.虚拟现实的应用领域

虚拟现实技术通过创建逼真的三维环境，让用户沉浸其中并与之互动，已经在多个行业中展现出巨大的潜力和应用价值。以下是VR在各领域中的具体应用。

（1）娱乐与游戏

- 沉浸式游戏体验：VR为玩家提供了前所未有的沉浸感，使他们仿佛置身于游戏世界中，增强了游戏的真实性和趣味性。
- 虚拟电影院：用户可以在家中享受私人影院般的观影体验，选择不同的座位视角，甚至与朋友一起观看电影。

（2）教育与培训

- 虚拟实验室：学生可以通过VR模拟实验操作，减少昂贵设备的使用成本和安全隐患，同时提高学习效果。
- 历史重现与远程课堂：教师可以带领学生"穿越"到历史场景中进行实地考察，或通过VR平台实现跨区域的教学互动。
- 职业培训：如飞行员、外科医生等高风险职业的培训，VR可以提供安全可控的模拟环境，帮助学员积累实践经验。

（3）医疗健康

- 心理治疗：用于暴露疗法治疗恐惧症、创伤后应激障碍（PTSD）等心理疾病，让患者在一个受控环境中逐步面对自己的恐惧。
- 手术规划与预演：医生可以在术前利用VR技术对复杂手术进行模拟演练，优化手术方案，降低实际操作中的风险。
- 康复训练：为术后恢复或残障人士设计个性化的康复程序，通过游戏化的方式激励患者坚持锻炼。

（4）房地产与建筑设计

- 虚拟看房：客户无须亲自到场即可在线参观尚未建成的房子或建筑项目，节省时间和成本。
- 设计方案展示：设计师可以通过VR更直观地向客户展示设计方案，便于修改和完善，提升沟通效率。

（5）工业制造

- 产品设计与原型测试：工程师可以在虚拟环境中快速构建和评估新产品原型，减少物理样品制作的时间和费用。
- 生产线工人培训：新员工可以通过VR熟悉工作流程和安全规程，提前适应工作环境，缩短上岗周期。

(6) 旅游与文化遗产保护
- 虚拟旅游：游客即使身处异地也能通过VR游览著名景点或历史遗迹，享受接近实地考察的体验。
- 文化遗址保存：将重要的文化遗产数字化存档，防止因自然或人为因素造成的破坏，同时也为学术研究提供了宝贵的资料。

(7) 军事与国防
- 战斗模拟训练：士兵可以在虚拟战场上进行各种战术演练，增强实战能力，同时降低了实弹演习的成本和危险性。
- 武器系统开发：通过VR模拟新型武器系统的性能测试，加速研发进程，并确保其可靠性和安全性。

(8) 零售与市场营销
- 虚拟试衣间：顾客可以在网上购物时通过VR试穿衣服或配饰，获得更加真实的购物体验，增强购买意愿。
- 品牌体验活动：企业可以通过VR举办虚拟发布会、展览等活动，吸引消费者关注并传递品牌形象。

新一代信息技术凭借其强大的连接能力、智能处理功能、数据分析能力和沉浸式体验，在各个行业中提供了创新解决方案，极大地提升了社会运行效率和个人生活品质。随着技术的不断发展和完善，未来这些技术将继续深度融合，带来更多前所未有的变革和机遇，引领我们进入一个更加智能化、数字化的时代。

拓展阅读

在新一代信息技术蓬勃发展的当下，无数科研人员为推动我国科技进步默默奉献。"两弹一星"元勋们在艰苦的环境中，凭借坚定的信念与无畏的勇气，突破重重技术封锁，成功研制出核弹、导弹和人造卫星，为新中国国防安全奠定坚实基础。如今，在5G通信、芯片研发等领域，众多科研工作者秉持同样的爱国情怀，日夜钻研。面对国外技术壁垒，他们毫不退缩，以振兴民族科技为己任。华为公司的科研团队，在5G技术研发过程中，遭遇诸多困难，但他们一心只为让中国通信技术引领世界，历经无数次试验，终使我国5G技术处于全球领先地位。这种为国家科技崛起而拼搏的精神，正是新一代信息技术从业者应传承与发扬的。我们应从先辈们的事迹中汲取力量，在学习新一代信息技术知识时，心怀国家，为实现科技强国梦努力奋进。

课后练习

一、选择题

1. 以下哪一项不是信息的主要特征？（   ）

   A. 社会性与应用价值　　　　　　　B. 不变性与静态特性

   C. 共享性与依附性　　　　　　　　D. 传递性与时空属性

2. 根据信息技术的发展历程，下列哪一项标志着第五次信息技术革命？（   ）

   A. 文字的创造，使信息能够长时间存储，并跨越时间和地理界限传递

   B. 造纸术和印刷术的发明，极大地扩展了信息记录、存储、传递和使用的范围

   C. 计算机、网络等现代信息技术的综合使用，不仅改变了信息传播方式，还革新了信息处理手段

   D. 语言的使用，使信息可以通过语音和文字在有限的时空范围内进行表达和传递

3. 以下哪一项不是大数据的典型特征？（   ）

   A. 数据量大，起始计量单位至少达到PB级别以上

   B. 类型繁多，包含结构化、半结构化和非结构化数据

   C. 价值密度高，所有数据都具有显著的价值

   D. 强调实时或近实时的数据处理能力，确保数据分析结果及时有效

4. 关于人工智能的主要学派，下列哪一项描述最符合"连接主义"的特点？（   ）

   A. 基于逻辑推理，强调知识表示、获取及使用

   B. 模仿人脑神经网络的工作原理，注重并行计算和自适应学习

   C. 关注感知–行动循环中的智能行为模拟，探索机器人控制等领域

   D. 强调通过符号规则进行问题求解，适用于明确逻辑关系的场景

5. 以下哪一项不是区块链技术的主要特征？（   ）

   A. 去中心化：不依赖单一的中央服务器或机构来管理和验证交易

   B. 不可篡改：每一笔交易记录一旦被确认并添加到区块链中，就几乎不可能被更改或删除

   C. 实时更新：所有节点上的账本数据实时同步更新，确保信息的一致性

   D. 公开透明：区块链的账本是公开可见的，任何人都可以查看其中的数据

二、简答题

1. 简述现代通信技术的主要特征,并举例说明其在实际应用中的优势。
2. 请解释什么是物联网,并列举其在不同领域中的三个具体应用场景。

模块 2

程序设计基础

模块导读

  程序设计是信息技术的核心技能之一，它不仅是开发软件的关键，也是理解和应用其他信息技术的前提。无论是构建网站、开发移动应用还是进行数据分析，编程能力都是不可或缺的。本模块将带学生走进编程的世界，理解基本的编程概念和逻辑，掌握基本的编程知识，了解编程语言的种类和用途。

2.1 程序与程序设计

学习程序设计不仅仅是为了掌握一门具体的技术技能，更重要的是获得一种全新的思维方式——计算思维。这种思维方式能够显著增强我们的逻辑思维能力和解决问题的能力，使我们更好地应对各种挑战。同时，程序设计作为连接不同知识领域的桥梁，有助于实现自动化操作，提高工作效率，促进跨学科学习与应用，为个人的职业生涯规划注入更多可能性。

2.1.1 程序的概念

程序是指一系列指令，用于指导计算机执行特定任务。每条指令代表一个具体的操作步骤，这些指令按照一定的顺序排列，形成一个完整的操作序列。当计算机接收到这些指令时，会依照预定的流程逐一执行，从而实现预期的功能或解决特定的问题。

2.1.2 程序设计流程

程序设计是指使用某种程序设计语言编写代码，以驱动计算机完成特定功能的过程。其目的是将解决问题的方法转化为计算机可以理解和执行的形式。

这一过程通常包括五个主要步骤：问题描述、算法设计、程序设计（即编码）、调试运行以及编写程序文档。

1. 问题描述

定义明确的问题陈述是程序设计的第一步。这一步骤的核心在于获得对要解决的问题的完整和确切的理解。必须清晰地确定程序的输入和输出要求，包括输入的数据类型、格式及其范围，以及预期的输出结果和其表现形式。只有在充分理解问题的基础上，才能确保最终开发出的程序能够准确无误地实现预定目标。

2. 算法设计

一旦明确了问题，接下来就需要设计具体的解题思路——即算法。算法是由一系列规则和步骤组成的逻辑流程，用于指导如何从给定的输入到达所需的输出。在瑞士计算机科学家Niklaus Wirth看来,"程序＝算法＋数据结构",突显了算法在程序设计中的核心地位。为了有效地表达算法,可以采用多种描述方法,如自然语言、传统流程图、N-S流程图、伪代码或直接用计算机语言描述。

3. 程序设计

当问题描述和算法设计完成后,下一步就是将这些抽象的概念转化为具体的程序代码。这需要开发者具备一定的编程语言技能,并选择合适的开发环境和平台。不同编程语言各有特点,因此选择适合当前问题的语言至关重要。编码过程实际上是将算法转换为计算机可执行指令的过程,有时也被称为"翻译"。在此阶段,开发者会通过编辑器将程序代码输入到计算机中,进行必要的编辑操作,并将其保存为源文件。现代集成开发环境(IDE)通常自带编辑器,简化了这一过程。

4. 调试运行

编写好的源程序并不能直接被计算机执行,除非它是机器语言程序。因此,需要使用相应的编译器或解释器将源代码转换成计算机能够理解和执行的形式。调试是这个过程中不可或缺的一部分,它涉及对程序语法和逻辑结构的检查。调试往往是一个反复迭代的过程,要求开发者耐心细致地排查错误,并积累经验。无论是编译型语言还是解释型语言,调试都是确保程序正确性和性能的关键环节。

5. 编写程序文档

随着软件规模的不断扩大和复杂度的增加,编写详尽的文档变得尤为重要。良好的文档不仅有助于团队成员之间的沟通协作,也为后续的维护和升级提供了重要依据。文档应当记录程序的设计思想、实现细节以及任何修改的历史。注释作为代码内部的一种特殊形式的文档,可以帮助其他开发者(甚至是未来的自己)更好地理解代码的功能。此外,在软件工程实践中,每个开发阶段都应有相应的文档规范,以保证项目的透明度和可追溯性。

程序设计是一个系统化的流程,涵盖了从问题分析到最终产品发布的各个环节。每个步骤都是相互关联且不可分割的整体,共同构成了成功的程序设计实践。掌握并遵循这一流程,不仅能提高程序的质量和可靠性,还能显著提升开发效率和团队合作效果。

程序设计不仅是实现自动化处理的基础,也是培养计算思维的一个重要途径。通过程序设计,学习者不仅可以掌握一种新的沟通方式——与计算机对话的语言,还能锻炼逻辑推理能力和问题解决技巧。这种思维方式有助于更高效地处理复杂问题,并在各个领域中应用信息技术来提升工作效率和创新能力。

2.1.3 程序设计方法

在探讨程序设计方法时，我们将重点放在三个关键领域：软件工程、面向过程程序设计及面向对象程序设计。这些方法不仅指导了软件的开发流程，还深刻影响了软件的质量、效率和可维护性。

1. 软件工程

程序设计是软件工程的重要组成部分，但软件工程的范畴远超程序设计本身。

软件工程是一门指导计算机软件开发和维护的工程学科，旨在通过结合经过时间验证的管理技术和当前最优的技术方法，经济、高效地开发高质量的软件并确保其有效维护。

（1）软件工程的本质特性

软件工程的本质特性包括：

- 关注大型程序构造：专注于复杂系统的构建。
- 控制复杂性：通过结构化的方法降低系统的复杂度。
- 适应变化：考虑到软件生命周期内的频繁变更需求。
- 强调团队合作：和谐协作是成功的关键。
- 用户支持：确保软件能够有效地支持其最终用户。
- 跨文化产品创造：认识到软件通常是由一种文化背景的人为另一种文化背景的人创建的。

（2）软件工程的核心要素

自1968年正式提出"软件工程"这一术语以来，研究者们提出了众多关于软件工程的原则或"信条"。巴利·玻姆（B. W. Boehm）在其1983年的论文中总结出7条基本原理，这些原理被认为是确保软件产品质量和开发效率不可或缺的核心要素。

- 分阶段的生命周期计划：确保每个开发阶段都有明确的目标和标准。
- 坚持进行阶段评审：定期评估项目进展，及时发现问题。
- 实行严格的产品控制：对所有交付物进行严格的版本管理和质量保证。
- 采用现代程序设计技术：应用最新的编程语言和技术框架。
- 结果应能清楚地审查：所有的文档和代码都应该是透明且易于理解的。
- 开发小组的人员应该少而精：组建高效的团队，以提高生产力。
- 承认不断改进软件工程实践的必要性：持续优化开发流程和技术。

2. 面向过程程序设计

面向过程程序设计采用结构化技术来完成软件开发的各项任务，并使用适当的工具或环境支持这些技术的应用。该方法将软件生命周期划分为若干个阶段，按顺序依次完成每个阶段的任务。

（1）面向过程程序设计的特点

面向过程程序设计的特点如下：

- 阶段性开发：每个阶段的任务相对独立，便于分工协作，降低了整个项目的复杂性。
- 逐步具体化：前一阶段的任务完成后，后一阶段的工作会使解决方案更加具体，增加实现细节。
- 严格的标准和审查：每个阶段的开始和结束都有严格的标准，必须经过正式的技术和管理审查才能进入下一阶段。
- 高质量文档：每个阶段都能生成最新式的、高质量的文档资料，以保障最终产品的完整性和准确性。

面向过程程序设计的优势在于它提高了软件开发的成功率和生产率，尤其适用于某些类型的软件开发。不过，它的局限性在于主要关注数据或行为之一，未能同时兼顾两者。

3.面向对象程序设计

面向对象程序设计是一种更接近人类思维方式的程序设计范式，它将数据和行为视为同等重要的元素，强调两者的紧密结合。

（1）面向对象程序设计的核心概念

面向对象程序设计的核心概念包括：

- 对象作为统一的软件构件：每个对象都是数据及其操作行为的封装体，复杂对象由简单对象组合而成。
- 类的概念：类定义了一组具有相同属性和行为的对象，提供了数据和操作的模板。
- 继承机制：通过基类与派生类的关系形成层次结构，支持从一般到特殊的演绎思维过程。
- 消息传递与封装性：对象之间仅通过发送消息互相联系，对象的所有私有信息都被封装在内部，外界无法直接访问。

（2）面向对象程序设计的主要优点

面向对象程序设计的主要优点包括：

- 模拟人类思维方式：使描述问题的问题空间与求解方案的解空间在结构上保持一致。
- 简化开发和维护：通过对象分类和支持归纳思维过程，降低了软件的复杂性，提高了可理解性和可维护性。
- 促进软件重用：对象的独立性和封装性使得它们可以在不同项目中重复利用，继承性和多态性进一步增强了这一点。

程序设计方法不局限于编写代码本身，还包括如何系统地规划、组织和管理整个开发过程。软件工程、面向过程程序设计以及面向对象程序设计各自提供了一套独特的原则和实践，帮助开发者构建出既符合功能需求又具备良好性能和可靠性的软件系统。掌握这些方法论，对于提升软件质量和开发效率至关重要。

2.1.4 程序开发环境

1. 软件开发环境概述

软件开发环境（Software Development Environment，SDE）是在基本硬件和数字软件基础上构建的一组工具，旨在支持系统软件和应用软件的工程化开发与维护。SDE根据开发的不同阶段可以分为前端开发环境、后端开发环境、软件维护环境以及逆向工程环境等。这些环境通常通过对功能齐全的基础环境进行裁剪定制来实现。

2. 软件开发环境的构成

软件开发环境主要由两大部分组成：工具集和集成机制，二者之间的关系类似于插件及对应的插槽。

（1）工具集

工具集包含一系列支持特定过程模型和开发方法的工具。例如：

● 支持瀑布模型及数据流方法的分析工具、设计工具、编码工具、测试工具和维护工具。

● 支持面向对象方法的OOA（Object-Oriented Analysis）、OOD（Object-Oriented Design）和OOP（Object-Oriented Programming）工具。

● 独立于具体模型和方法的界面辅助生成工具和文档出版工具。

● 各类管理类工具和针对特定领域的应用类工具。

（2）集成机制

集成机制为工具的集成及用户软件的开发、维护和管理提供统一的支持，主要包括以下三个部分。

● 环境信息库：作为核心组件，用于存储与系统开发相关的信息，并促进信息交流与共享。它保存两类信息：一是开发过程中产生的关于被开发系统的资料，如分析文档、设计文档、测试报告；二是环境提供的支持信息，包括文档模板、系统配置、过程模型和可复用构件。

● 过程控制和消息服务器：负责按照具体的软件开发流程要求选择并组合适当的工具，确保各工具间的通信与协同工作。

- 环境用户界面：提供统一且具有一致视感的操作界面，涵盖整个环境及其各个部件和工具的界面控制，从而保证环境使用的高效性和易学性。

较完善的SDE还应具备如下一些功能。

- 维护软件开发的一致性和完整性。
- 提供配置管理和版本控制。
- 支持数据的多种表示形式及其自动转换。
- 实现信息的自动检索与更新。
- 提供项目控制和管理功能。
- 支持不同的方法学。

3. 常见的开发环境实例

（1）Turbo C

Turbo C是由Borland公司推出的一款早期C语言编译器，以其快速高效的编译性能和易于学习使用的IDE著称。它能够在资源有限的环境中运行，甚至兼容DOS操作系统，几乎适用于所有计算机平台。尽管Turbo C在现代开发中已不再常用，但它仍然是教育领域了解IDE历史的重要工具。

（2）Visual C++

Visual C++是微软推出的C++编译器，尤其是Visual C++ 6.0版本，在很长一段时间内都是软件开发的重要工具之一。它不仅提供了强大的编译能力，还包括了丰富的调试和支持工具。随着.NET框架的发展，Visual C++逐渐演变为.NET平台的一部分，继续为开发者服务。

（3）Visual Studio

Visual Studio是微软的旗舰级开发工具包，集成了从UML建模到代码管控在内的几乎所有软件开发生命周期所需的工具。自1998年发布以来，Visual Studio经历了多次迭代升级，不断引入新的特性和改进，成为支持大型团队协作开发的强大平台。特别是从Visual Studio.NET开始，微软通过CLR（Common Language Runtime）实现了跨语言支持，极大地提高了开发效率。

（4）Eclipse

Eclipse是一款开源的集成开发环境，最初由IBM开发，现已发展成为一个活跃的社区项目。它以其高度可扩展性和丰富的插件生态闻名，广泛应用于Java及其他编程语言的开发。Eclipse因其标准化的工作流程、内置的测试和调试功能而受到开发者的青睐。

（5）PyCharm

PyCharm是JetBrains公司专门为Python开发者打造的专业IDE，提供社区版和专业版两个版本。PyCharm以其智能代码补全、直观的项目导航、错误检查和修复等功能深受开发者喜爱。专业版更是增加了远程开发、数据库支持等高级特性，进一步提升了用户体验。其安装过程简单明了，建议安装在非系统盘以优化性能。

选择合适的开发环境对于提高软件开发效率至关重要。不同类型的开发环境各有特点，开发者可以根据自身需求和技术栈选择最适合自己的工具集。

2.1.5 算法

在选定合适的开发环境和编程语言之后，进入程序设计的具体环节。程序设计不仅依赖于正确的语法和良好的编码习惯，更关键的是要有一个清晰有效的解题思路，即算法。算法是解决问题的核心，它决定了程序的效率与质量。

1. 算法的概念

算法（Algorithm）是指对问题求解方案的准确而完整的描述，是一系列解决问题的清晰指令。算法代表着用系统的方法描述解决问题的策略机制，它是软件的灵魂，直接决定了所实现软件性能的优劣。无论是操作系统、编译系统还是应用系统中的软件，都必须通过具体的算法来实现其功能。

著名计算机科学家尼古拉斯·沃斯（Niklaus Wirth）提出了一个经典公式：程序＝数据结构＋算法。后来有专家对此公式进行了补充，认为程序还应包括程序设计方法和语言工具及环境的选择。这意味着，一个好的程序不仅是算法和数据结构的结合，还需要采用合适的程序设计方法，并选择恰当的语言工具和开发环境。

2. 算法的特性

算法是一系列清晰定义的指令，旨在解决特定问题或执行计算任务。为了确保算法的有效性和实用性，它必须具备以下基本特性。

（1）可行性

算法中的每一步骤都应是可执行的基本操作，这些操作基于已知且有效的规则或方法，并能在有限的时间内完成。这意味着，算法设计者需要保证算法的每一个步骤都能够通过现有的技术手段实现，不会涉及无法实现的操作或无穷无尽的过程。

（2）确切性

确切性体现在两个方面。

单义性：算法中的每个步骤都应当有明确无误的定义，避免任何歧义或二义性的存在。这样可以确保算法在任何情况下都能按照预定的方式进行，从而保障其一致性和可靠性。

一致性：对于相同的输入，算法应该总是产生相同的输出。这一特性保证了算法的可预测性和可重复性，使得算法能够在不同的运行环境中保持稳定的行为模式。

（3）有穷性

有穷性指的是算法必须在有限的时间内结束，即它必须能够在执行了一定数量的步骤后终止。这里的"有限"不仅指步骤的数量，还包括这些步骤所需时间的有限性。一个理想的算法应该能够在合理的时间范围内给出结果，过长的执行时间会降低其实用价值。

（4）输入

算法通常接受零个或多个输入，这些输入是在算法启动之前提供的数据，它们构成了算法处理的基础。输入的数据形式多样，可能是具体的数值、一组数据集或者是一个初始状态等。输入的质量和准确性直接影响到算法的输出结果；不充分或错误的输入可能导致算法无法正确执行甚至失败。

（5）输出

每个算法至少有一个输出，用于表示对输入数据处理后的结果。输出同样可以采取多种形式，如计算结果、决策结论、状态变化等。有效的输出是衡量算法成功与否的关键指标之一，没有输出的算法是没有意义的，因为它未能提供解决问题的具体答案或信息。

3. 算法的表示方法

算法是对解题步骤的精确描述，其表示方法多种多样，旨在清晰地传达算法思想。以下是几种主要的算法表示方法。

（1）自然语言

自然语言是人们日常交流所使用的语言，如汉语、英语等。使用自然语言描述算法通俗易懂，无须专门训练。然而，自然语言存在歧义性，可能导致算法描述的不确定性，且对于复杂算法难以清晰表达，也不利于直接转换为计算机程序。

（2）流程图

流程图使用图形符号来表示算法的基本控制结构和步骤，如起止框、输入/输出框、处理框、判断框和流向线等。流程图不依赖于具体计算机程序设计语言，有助于在不同环境下进行程序设计。它是描述算法的常用工具，能够直观地展示算法的逻辑流程。

（3）计算机程序设计语言

计算机程序设计语言是算法的最终表示形式，用于在计算机上执行算法。用自然语言或流程图描述的算法需要转换为具体的计算机程序设计语言编写的程序。这种表示方法直接且精确，因为算法本身就是为在计算机上执行而设计的。

(4) 伪代码

伪代码使用类似于程序语言的语法来描述算法的步骤，但不是真正的编程语言。它结合了自然语言和程序语言的特点，既易于理解又具有一定的精确性。伪代码可以让算法的逻辑更加清晰，方便程序实现。

此外，还有图形化方法、数学表示、表格等其他算法表示方法。在选择算法的表示方法时，应根据算法的性质、复杂度以及读者的需求来确定。通常，会先使用自然语言或流程图来描述算法的基本思路，再使用伪代码或编程语言来细化算法的实现细节。这些表示方法各有优缺点，应根据具体情况灵活选择。

4. 算法的类型

算法是解决特定问题的一系列步骤或规则的集合，根据问题的性质和求解方法的不同，算法可以分为多种类型。以下是几种常见的算法类型。

(1) 穷举法

穷举法（枚举法）是通过列出所有可能的候选解，并逐一检验它们是否满足问题的条件，从而找到问题的解。这种方法简单直观，但当候选解的数量非常大时，计算成本会非常高，因此在实际应用中较少使用。

(2) 归纳法

归纳法是从个别事物或现象中概括出一般性结论的推理方法。在科学研究中，归纳法常用于通过观察、研究个别事实，并对它们进行总结来发现新的定律或公式。

(3) 演绎法

演绎法是从一般性前提出发，通过逻辑推导得出具体结论的论证方法。它常用于从已知的理论或公理出发，推导出新的结论或定理。

(4) 递归法

递归法是一种通过函数调用自身来解决问题的算法。它通常用于解决那些可以分解为相似子问题的复杂问题。递归算法需要满足两个条件：一是问题具有可借用的类同自身的子问题描述的性质；二是必须有一个终止处理或计算的准则。

(5) 分治法

分治法是一种将大问题划分为若干个小问题分别求解，然后再合并各个子问题的解来得到原问题解的算法。这种方法常用于解决规模较大的问题，通过将问题分解为更小的子问题来简化求解过程。

(6) 回溯法

回溯法是一种试探性的搜索算法，它按照选优条件向前搜索，当发现当前选择不可能导致有效解时，就退回一步重新选择。回溯法通过剪枝技术来避免无效的探索，从而提高搜索效率。这种方法常用于解决组合优化问题、图论问题等领域。

每种算法类型都有其独特的优点和适用范围，选择合适的算法类型对于高效解决问题至关重要。在实际应用中，需要根据问题的性质和求解需求来选择合适的算法类型，并结合具体问题进行优化和改进。

5.算法的评价标准

评估一个算法的好坏，主要考虑以下几个方面。

- 正确性：确保算法能够按照预期的功能要求正确运行，并对各种边界条件下的输入都能给出合理的输出。
- 可读性：好的算法应该结构清晰、易于理解和维护，有助于团队协作和后续优化。
- 健壮性：即使面对异常输入或环境变化，也能保持稳定性和一致性，表现出较强的容错能力和适应能力。
- 复杂度：衡量算法的时间复杂度（Time Complexity）和空间复杂度（Space Complexity），即算法执行所需的时间和存储资源，以判断其效率。

算法是程序设计中不可或缺的一部分，它不仅影响着程序的性能，也关系到开发效率和用户体验。掌握不同类型的算法及其应用场景，对于提高编程技能和解决实际问题至关重要。

2.2 程序设计语言

程序设计语言是人类与计算机之间沟通的桥梁，用于编写能够被计算机理解和执行的指令序列。根据不同的分类标准，程序设计语言可以分为多种类型。

2.2.1 程序设计语言的定义

程序设计语言是为了完成特定的工作或任务而由人们设计开发的语言。它不同于自然语言（如汉语、英语等），后者是在长期的社会实践中自然形成的交流工具，用于人类之间的沟通和信息传递。程序设计语言通过精确的语法和语义规则，指导计算机执行预定的任务。这些语言提供了结构化的方式，使程序员能够表达算法和数据处理逻辑，并将它们转化为计算机可以理解和执行的指令序列。

2.2.2 程序设计语言的分类

1. 根据执行方式分类

根据程序代码如何被计算机执行，程序设计语言可以分为编译型语言和解释型语言。这两种类型的语言在开发流程、性能特点和应用场景上有着显著的区别。

（1）编译型语言

编译型语言是指所有程序代码在运行前必须先通过编译器转换为机器语言。编译器会一次性地将整个源代码翻译成与之等价的目标代码，然后链接生成可执行文件。这个过程通常包括预处理、编译、汇编和链接四个阶段，最终产生一个独立的二进制文件或库文件，可以直接由操作系统加载并执行。

编译型语言的特点如下：

- 高效执行：编译后的程序以机器码形式存在，直接由CPU执行，因此具有较高的运行效率。
- 独立性强：一旦编译完成，程序可以在没有原始源代码的情况下独立运行，适合分发给用户或部署到生产环境。
- 静态错误检测：编译过程能够发现并报告更多的静态错误（如类型检查等），从而减少运行时错误的可能性。
- 优化机会：编译器可以在编译过程中进行多种优化，如内联函数调用、循环展开等，进一步提升性能。
- 跨平台限制：编译后的程序通常是针对特定平台的，如果需要在不同操作系统或硬件架构上运行，则需要重新编译。

编译型语言示例

- C/C++：广泛应用于系统编程、嵌入式系统、游戏开发等领域。
- Rust：强调安全性和并发性，适用于高性能应用和服务端开发。
- Go：谷歌开发的语言，以其简洁快速的编译速度著称，适合构建微服务架构。
- Fortran：历史悠久的科学计算语言，特别适合数值分析和工程仿真。
- Ada：主要用于航空、国防等对可靠性要求极高的领域。

（2）解释型语言

解释型语言允许逐条执行语句，无须事先编译整个程序。解释器会在运行时读取源代码，即时将其转换为中间表示形式（Intermediate Representation，IR）或字节码（Bytecode），再由虚拟机或解释器逐行解释执行。这种方式使得开发更加灵活，但也带来了性能上的折衷。

解释型语言的特点如下：
- 快速迭代：开发周期短，调试方便，适合快速原型开发和实验性项目。
- 低入门门槛：不需要单独的编译步骤，降低了初学者的学习成本和技术壁垒。
- 动态特性：支持动态类型、反射等功能，增强了灵活性，但可能导致运行时错误增加。
- 跨平台优势：许多解释型语言依赖于虚拟机或解释器，因此可以在多个平台上运行相同的代码，只需确保解释器可用。
- 内存管理：一些解释型语言内置垃圾回收机制，简化了开发者的工作，但也可能影响性能。
- 集成开发环境（IDE）支持：提供了丰富的工具链，如调试器、交互式shell等，有助于提高生产力。

解释型语言示例：
- Python：因其简洁易学而广受欢迎，广泛应用于Web开发、数据科学、自动化脚本等多个领域。
- JavaScript：前端开发的核心语言，近年来也扩展到了服务器端（Node.js），成为全栈开发的重要组成部分。
- Ruby：以优雅的语法和强大的元编程能力著称，尤其适合Web应用开发。
- PHP：虽然常被认为是"传统"的Web开发语言，但它仍然是全球众多网站背后的动力源泉。
- Perl：早期互联网时代的主力语言之一，擅长文本处理和系统管理任务。
- SQL：结构化查询语言，用于数据库管理和操作，尽管它不是典型的通用编程语言，但在数据处理方面不可或缺。

值得注意的是，现代编程语言的发展趋势是融合编译型和解释型的优点。例如，Java采用"一次编写，到处运行"的理念，源代码首先编译成字节码（.class文件），然后由Java虚拟机（JVM）解释执行，这种方式结合了编译型语言的性能优势和解释型语言的跨平台特性。

2. 根据开源状态分类

根据是否公开源代码，程序设计语言可以分为开源语言和闭源语言。这两种类型的语言在透明度、社区支持、使用成本以及商业支持等方面存在显著差异。

（1）开源语言

开源语言是指其源代码是公开的，用户可以自由查看、修改和分发。这种开放性促进了社区合作和技术共享，鼓励开发者共同改进和完善语言及其相关工具。

开源语言的特点如下：
- 社区活跃：拥有庞大的开发者社区，这些社区成员不仅贡献代码，还提供文档、教程和支持资源。例如，GitHub 等平台上大量的开源项目吸引了全球范围内的参与者。
- 丰富的第三方库：由于开源语言通常有广泛的社区支持，因此存在大量高质量的第三方库和框架，加速了开发进程并降低了重复"造轮子"的成本。如 Python 的 PyPI 仓库、Ruby 的 RubyGems 等。
- 高安全性和透明度：任何人都可以审查代码，这有助于发现潜在的安全漏洞或性能瓶颈。开源项目往往经过多方审核，提高了整体的质量和可靠性。
- 免费使用：大多数开源语言本身是免费提供的，减少了开发者的初始投入和长期维护成本。虽然有些高级功能或服务可能会收费，但基本使用通常是无成本的。
- 教育与学习资源丰富：开源语言的学习资料非常丰富，包括官方文档、在线课程、论坛讨论等，非常适合初学者入门和进阶学习。
- 促进创新：开源环境鼓励技术创新，许多新技术和新理念首先出现在开源项目中，并逐渐影响整个行业的发展方向。

例如，前述提到的 Java、Python、Ruby、PHP、Rus、Go 等，都是开源的编程语言。

（2）闭源语言

闭源语言是指其源代码受版权保护，不允许随意访问或修改。这类语言通常由特定公司或组织维护和发行，旨在保护知识产权和确保技术的独特性。

闭源语言的特点如下：
- 商业支持和服务更稳定可靠：闭源语言通常伴随着专业的技术支持团队，能够为用户提供及时有效的帮助。对于企业来说，这意味着更高的服务质量和更低的风险。
- 专有技术和敏感应用：某些闭源语言可能包含专有的算法或技术，这些技术不适合公开分享。此外，在涉及国家安全、金融交易等敏感领域的应用中，闭源语言可能更为合适，因为它们提供了更强的数据保护措施。
- 严格的许可协议：用户必须遵守严格的许可协议，不能自由分发修改后的版本。这保证了原始开发者对产品的控制权，同时也限制了一些形式的二次开发。
- 质量保障：闭源语言通常由专业团队进行严格测试和优化，确保其稳定性和安全性。虽然开源项目也可以达到很高的质量标准，但在某些情况下，闭源产品可能更符合企业的高标准要求。
- 定制化服务：一些闭源语言提供商可以根据客户需求提供定制化的解决方案，满足特定业务场景下的特殊需求。

闭源的编程语言主要有以下几种。
- MATLAB：广泛应用于工程计算、数据分析和算法开发等领域，尤其在学术界和工业界享有盛誉。
- Mathematica：一个强大的数学软件系统，集成了符号计算、数值分析等多种功能，常用于科研和教学。
- LabVIEW：一种图形化编程语言，主要用于测量和自动化控制，特别是在实验仪器和工业自动化方面。
- Delphi：基于Object Pascal的集成开发环境（IDE），曾广泛应用于Windows应用程序开发，现在仍然有一定市场份额。
- 嵌入式系统专用语言：如某些厂商提供的专用于特定硬件平台的编程语言，通常为了保证系统的稳定性和安全性而保持闭源状态。

现代编程语言的发展趋势是融合开源和闭源的优点。一些语言采用双重许可策略，允许用户选择不同的授权方式。例如，MySQL数据库既提供GPL（GNU通用公共许可证）版本，也提供商业许可证版本。

也有某些语言的核心部分可能是闭源的，但外围工具或扩展模块则是开源的，从而兼顾了商业利益和技术共享的需求。

此外，越来越多的闭源语言开始通过非营利性的开源基金会来管理和推动其发展，如Apache基金会、Linux基金会等。这种方式既保证了项目的持续发展，又增强了公众的信任度。

3.根据抽象层次分类

根据语言对硬件细节的抽象程度，程序设计语言可以分为低级语言和高级语言。这两种类型的语言在控制硬件的能力、编程复杂度以及开发效率等方面存在显著差异。

（1）低级语言

低级语言是指那些与特定计算机架构紧密相关的语言，如机器语言和汇编语言等。它们的操作非常接近底层硬件，提供了极大的控制力但也增加了复杂性。低级语言使得程序员可以直接操作CPU寄存器、内存地址和其他硬件资源，因此适合需要精细硬件控制的应用场景。

低级语言的特点如下：
- 执行效率极高：由于直接对应于硬件指令集，低级语言编写的程序通常具有极高的运行速度和较低的资源消耗。
- 学习曲线陡峭：编写和调试低级语言代码需要深入了解计算机体系结构，包括指令集、寄存器组织、内存管理等概念，这对初学者来说是一个挑战。
- 硬件依赖性强：每种处理器架构都有自己的机器语言和汇编语言，这意味着为一种硬件平台编写的代码很难移植到其他平台上。

- 错误难以检测：由于缺乏高级语言中的类型检查和其他静态分析工具，低级语言中的错误往往更难发现和修复。
- 适用于特定领域：尽管现代软件开发大多使用高级语言，但在某些特定领域（如操作系统内核、驱动程序、嵌入式系统等）中，低级语言仍然是不可或缺的选择。

低级语言示例：

- 机器语言（第一代语言）：最原始的程序设计语言，由二进制代码构成，直接由 CPU 解释执行。例如，一条加法指令可能是 00101100 00001010。机器语言难以理解和记忆，几乎只用于学术研究或历史文献中。
- 汇编语言（第二代语言）：用助记符表示每一条机器指令，如 ADD A, 10 表示将累加器 A 中的值加上 10。汇编语言相对容易理解，但仍需掌握大量硬件细节；广泛应用于嵌入式系统、实时控制系统等领域中。

（2）高级语言

高级语言是一种更接近自然语言和数学表达式的抽象语言。它们不依赖于特定的计算机硬件，具有更强的功能和更高的可读性。高级语言通过引入抽象层来简化编程任务，使开发者能够专注于解决问题而非处理硬件细节。

高级语言的特点如下：

- 编程简单直观：语法更加贴近人类思维习惯，易于学习和使用，降低了入门门槛。
- 提供丰富的库和框架：内置了大量的标准库和第三方库，涵盖了从文件 I/O 到网络通信等各种功能，极大提高了开发效率。
- 跨平台能力：许多高级语言支持跨平台开发，即一次编写代码可以在多个操作系统或硬件平台上运行，减少了重复劳动。
- 安全性增强：高级语言通常包含类型检查、异常处理等机制，有助于减少运行时错误并提高程序的健壮性。
- 模块化和重用性：支持函数、类、模块等结构，便于代码复用和维护；面向对象编程（详见下节）更是提升了这一特性。
- 生产力提升：高级语言提供的高级特性和工具链（如 IDE、调试器）大幅提升了开发者的生产力，缩短了开发周期。

高级语言示例：

- 面向过程的语言：如 C 语言、Pascal（早期教育中常用的编程语言，强调结构化编程思想）等。
- 面向对象的语言：如 C++、Java、Python 等。
- 非过程化的数据库查询语言：如 SQL 语言，即结构化查询语言，用于管理和操作关系型数据库，是数据处理和分析的重要工具。

此外，现代编程语言的发展趋势是融合低级语言和高级语言的优点，出现了诸如中间语言、嵌入式高级语言、领域特定语言等。

- 中间语言：某些语言采用中间表示形式（如.NET框架中的CIL，Java中的字节码等），既保持了高级语言的抽象性，又可以通过即时编译（JIT）技术获得接近低级语言的性能。
- 嵌入式高级语言：一些高级语言提供了专门针对嵌入式系统的优化版本，如Ada、Rust等，这些语言在保证安全性和可靠性的同时，也提供了良好的硬件访问接口。
- 领域特定语言（DSL）：为了满足特定领域的特殊需求，出现了许多DSL，它们结合了高级语言的易用性和低级语言的精确控制能力。

4.根据设计范式分类

根据编程风格或设计哲学的不同，程序设计语言可以按照设计范式分为三类：面向过程编程（Procedural Oriented Programming，POP）、面向对象编程（Object-Oriented Programming，OOP）和函数式编程（Functional Programming，FP）。

（1）面向过程编程

面向过程编程强调过程或函数的重要性，程序围绕一系列操作步骤构建。每个函数负责一个特定的任务，通过调用这些函数来实现复杂的逻辑。这种方法学将问题分解为多个子任务，并分别编写函数来处理这些子任务。

面向过程编程的特点如下：

- 结构清晰，容易理解：程序通常由一系列独立但相互关联的函数组成，易于阅读和维护。
- 适用于小型项目或任务驱动的应用：对于相对简单的应用，面向过程的方法足够高效且直观，减少了不必要的抽象层。
- 代码复用性有限：虽然可以通过函数库提高复用性，但在大型项目中，重复代码和维护成本可能会增加。
- 全局状态管理困难：由于变量和数据结构往往暴露在全局范围内，难以管理和追踪程序的状态变化。
- 开发效率较高：对于熟悉该范式的开发者来说，快速开发和迭代较为容易。

例如，C语言、Pascal都是面向过程编程的程序设计语言。

（2）面向对象编程

面向对象编程以对象为核心，对象是数据（属性）和行为（方法）的封装体。程序通过创建和操作对象来解决问题，利用类、继承、多态等机制增强代码复用性和灵活性。面向对象编程旨在模拟现实世界的模型，使得程序更易于理解和扩展。

面向对象编程的特点如下：
- 模拟现实世界模型，便于扩展和维护：通过类和对象的概念，程序能够更好地反映实际业务逻辑，提高了可读性和可维护性。
- 支持模块化设计，提高了代码的可重用性和可维护性：OOP鼓励将功能划分为独立的对象或类，从而降低了耦合度并增强了组件间的独立性。
- 封装性：对象内部的数据被隐藏起来，只能通过公开的方法访问，保证了数据的安全性和一致性。
- 继承性：子类可以从父类继承属性和方法，减少了重复代码，促进了代码重用。
- 多态性：同一接口可以有不同的实现方式，增加了灵活性，尤其是在处理复杂层次结构时非常有用。
- 学习曲线较陡：尽管OOP提供了强大的工具，但对于初学者来说，掌握其概念和模式可能需要更多时间和实践。

例如，C++、Java、Python、Ruby都是面向对象编程的程序设计语言。

(3) 函数式编程

函数式编程基于数学函数的概念，避免了命令式编程中的状态变更和副作用。函数可以直接作为参数传递或返回值。这种编程风格强调纯函数、不可变性和高阶函数的应用，致力于提供简洁优雅的解决方案。

函数式编程的特点如下：
- 强调不可变性和纯函数，有助于并发编程：函数式编程中的数据通常是不可变的，这意味着一旦创建就不会改变。纯函数是指相同的输入总是产生相同的输出，且没有副作用。这不仅简化了调试过程，还非常适合并行和分布式计算环境。
- 提供简洁优雅的解决方案，尤其适合处理复杂计算问题：通过使用递归、映射、过滤等高级函数，函数式编程可以写出更加简洁和表达力强的代码，特别是在处理列表、集合等数据结构时表现出色。
- 减少副作用，提升代码可靠性：由于函数式编程避免了对共享状态的直接操作，减少了潜在的错误来源，如竞态条件等问题。
- 学习和思维转换成本：对于习惯于命令式编程的开发者来说，转变到函数式编程思维可能需要一定的时间适应。
- 性能优化挑战：虽然函数式编程提供了很多理论上的优势，但在某些情况下，它可能导致额外的内存开销或性能下降，特别是在频繁创建临时对象的情况下。

函数式编程示例：
- Haskell：纯粹的函数式编程语言，以其严格的类型系统和惰性求值机制闻名。
- Lisp：最早的函数式编程语言之一，以其灵活的宏系统和元编程能力著称。

- Erlang：专为构建高可用性分布式系统的语言，擅长处理并发任务。
- Scala：结合了面向对象和函数式编程特性的混合型语言，适用于构建大规模应用程序。

三种范式的编程语言对比，如表2-1所示。

表2-1 三种范式的编程语言对比

设计范式	面向过程编程	面向对象编程	函数式编程
核心概念	函数、过程	类、对象、继承、多态	纯函数、不可变性、高阶函数
适用场景	小型项目、任务驱动应用	大型项目、复杂系统、GUI应用	数据处理、算法实现、并发编程
优点	结构清晰、易于理解	模拟现实世界、易于扩展维护	并发友好、代码简洁、减少副作用
缺点	全局状态管理困难、代码复用性有限	学习曲线较陡、性能开销	性能优化挑战、思维转换成本
示例语言	C、Pascal	C++、Java、Python、Ruby	Haskell、Lisp、Erlang、Scala

程序设计语言的发展历程反映了从低级到高级、从具体到抽象的趋势，旨在提高编程效率、简化开发流程并适应不断变化的技术需求。了解不同类型的程序设计语言及其特性，对于选择合适的技术栈至关重要。无论是追求极致性能的低级语言，还是注重生产力和易用性的高级语言，不论是遵循传统过程导向的方法，还是采用现代面向对象或函数式编程范式，每种语言都有其独特的应用场景和技术优势。掌握多种编程语言的基础知识，不仅有助于提升个人技能水平，还能更好地应对各种实际项目中的挑战。

2.2.3 主流的程序设计语言

由于不同的领域有不同的需求和技术挑战，不同的编程语言为了特定的目的而被设计出来，以解决特定类型的问题或适应特定的应用场景。这些语言不仅覆盖了广泛的编程需求，而且各自具有独特的优势，在不同的应用场景中发挥着重要作用。

下文简要介绍几种主流语言的具体情况，它们各自具有独特的特点和广泛的应用领域。

1. Python语言

（1）Python语言简介

Python是一种高级编程语言，最初由荷兰程序员吉多·范罗苏姆（Guido van

Rossum）于1991年发布。它设计的初衷是强调代码的可读性和简洁性，旨在让开发者能够用更少的代码表达复杂的逻辑。Python的语法清晰直观，接近自然语言和数学表达式，这使得它成为初学者入门的理想选择，同时也深受专业开发者的喜爱。随着版本的不断迭代更新，Python已经发展成为一个功能强大且灵活多变的编程平台，广泛应用于各个技术领域。

（2）Python语言的特点

Python语言的特点如下：

- 易学易用：Python的语法设计直观，减少了复杂符号，使代码易于阅读和编写。它拥有大量标准库和第三方库，涵盖文件操作、网络通信等多种功能，简化开发过程。此外，Python可在Windows、macOS和Linux上运行，确保了程序的广泛兼容性和移植性。

- 强大的社区和生态系统：Python拥有一个庞大且活跃的开发者社区，能够提供丰富的学习资源和技术支持。无论是Web开发（如Django、Flask）、数据科学（如NumPy、Pandas），还是机器学习（如TensorFlow、PyTorch），Python都有相应的框架和工具来满足需求。

- 多范式编程支持：Python支持面向对象编程，允许构建模块化和可重用的代码；同时也支持函数式编程风格，如高阶函数和递归等特性，增加了编程灵活性。它的动态类型系统无须声明变量类型，提高了编程效率，并在运行时进行类型检查以保障代码安全。

- 高效开发与快速迭代：作为解释型语言，Python无须编译步骤，代码可以立即执行，非常适合原型开发和实验性项目。它还提供了多种集成开发环境（IDE），如PyCharm、VS Code以及调试工具等，帮助提高开发效率并减少错误。

（3）Python语言的应用领域

Python语言的应用领域如下：

- Web开发：Python拥有多个成熟的Web框架，如Django和Flask等，简化了Web应用程序的创建过程，提供了安全、高效的解决方案。此外，Python也被广泛用于编写服务器端脚本，处理HTTP请求、数据库交互等任务。

- 数据科学与机器学习：借助于Pandas、Matplotlib等库，Python成为数据科学家进行数据分析和可视化的首选工具。在机器学习领域，Python占据主导地位，拥有诸如Scikit-Learn、TensorFlow、Keras、PyTorch等强大的库和框架，支持算法实现、模型训练和评估。

- 自动化与脚本编写：Python的简单语法和强大的库使其成为编写自动化脚本的理想选择，可用于文件操作、进程控制、网络配置等方面。它也常用于编写单元测试、集成测试以及CI/CD流水线中的各种任务。

- 游戏开发：对于小型游戏或教育目的，Python提供了如Pygame这样的库，降低了游戏开发的门槛。Python 还被用于开发游戏引擎中的辅助工具，如关卡编辑器、资源管理器等。

● 网络爬虫与数据抓取：Python 强大的库（如BeautifulSoup、Scrapy）使得从网页中提取信息变得轻而易举，广泛应用于市场研究、新闻聚合等领域。

● 教育与科研：由于其易于学习的特点，Python 是许多大学和培训机构教授编程课程的首选语言。它在生物学、物理学、经济学等多个学科的研究中发挥着重要作用，特别是在数值计算、模拟仿真等方面。

2. Java语言

（1）Java语言简介

Java语言是一种广泛使用的高级编程语言，最初由Sun Microsystems的James Gosling于1995年发布。它的设计目标是"一次编写，到处运行"（Write Once, Run Anywhere），强调跨平台兼容性、面向对象和安全性。Java的语法与C++类似，但简化了许多复杂的特性，使其更易于使用。Java不仅适用于企业级应用开发，还在安卓移动应用开发中占据主导地位。随着Java技术栈的不断扩展，它已成为构建大型分布式系统和服务端应用程序的重要工具。

（2）Java语言的特点

Java语言的特点如下：

● 跨平台支持：Java程序可以在任何安装了Java虚拟机（JVM）的平台上运行，实现了真正的跨平台能力。

● 面向对象：Java 是纯面向对象的语言，所有代码都必须在类中定义，这有助于创建模块化、可重用的软件组件。

● 强类型系统：Java 使用静态类型检查，在编译时检测类型错误，提高了代码的安全性和可靠性。

● 自动内存管理：内置垃圾回收机制自动管理内存分配和释放，减少了开发者手动处理内存的工作量。

● 丰富的API库：Java 提供了广泛的API，涵盖了从基本的数据结构到网络通信、图形界面等多个方面。

● 强大的社区和生态系统：Java 拥有一个庞大且活跃的开发者社区，提供了大量的学习资源和技术支持。此外，Java 生态系统包括多个框架和工具链，如Spring、Hibernate、Maven等，极大地方便了Web开发、数据库操作和其他任务。

● 高性能：通过即时编译器（JIT）优化字节码执行效率，使得Java程序在实际运行中表现出色。

- 安全性：Java 设计时考虑到了安全问题，提供了沙箱环境、加密API等功能来保护应用程序免受恶意攻击。

（3）Java语言的应用领域

Java语言的应用领域如下：

- 企业级应用开发：Java 广泛应用于构建企业级Web应用、ERP系统、CRM系统等，特别是Java EE（现Jakarta EE）提供了强大的相关功能。
- 安卓应用开发：作为Android官方支持的编程语言之一，Java 是开发原生安卓应用的主要选择。
- 大型系统和微服务架构：Java 的高并发处理能力和稳定的性能表现使其成为构建大型分布式系统和服务端微服务的理想选择。
- 嵌入式系统和物联网（IoT）：Java ME（Micro Edition）版本专门为资源受限设备设计，适用于智能家电、车载系统等领域。
- 云计算和大数据处理：Java 在Hadoop、Spark等大数据处理框架中扮演重要角色，同时也支持云平台上的各种应用和服务。
- 金融服务和银行系统：Java 的稳定性和安全性使其成为金融行业开发核心业务系统的首选语言。
- 教育和科研：Java 易于学习且功能全面，常用于计算机科学教育，并在某些科研项目中用于模拟仿真和数据分析。

3. JavaScript语言

（1）JavaScript语言简介

JavaScript是一种广泛应用于Web开发的高级编程语言，最初由Netscape公司的Brendan Eich于1995年创建，旨在为网页添加交互性。随着网络技术的发展，JavaScript不仅限于浏览器端，还扩展到了服务器端（如Node.js）和其他环境。它是一种解释型、动态类型的语言，支持面向对象编程（OOP）、函数式编程和事件驱动编程等多种范式。JavaScript的设计目标是让开发者能够快速构建响应式的用户界面，并与其他Web技术（如HTML和CSS）无缝集成。如今，JavaScript已成为Web开发的核心技术之一，并且在前后端开发、移动应用、桌面应用等多个领域都有广泛应用。

（2）JavaScript语言的特点

JavaScript语言的特点如下：

- 跨平台和无处不在：JavaScript 可以在几乎所有现代浏览器中运行，无须额外安装插件或软件。此外，通过Node.js，JavaScript 还可以在服务器端执行，实现了全栈开发的可能性。

- 动态类型系统：变量不需要事先声明类型，可以随时改变其值和类型，这使得代码编写更加灵活，但也要求开发者注意潜在的类型错误。
- 事件驱动编程：JavaScript 天然支持异步操作和事件处理机制，非常适合构建交互式用户界面和实时应用。
- 丰富的库和框架：拥有庞大的生态系统，包括 React、Vue、Angular 等前端框架，以及 Express、Next.js 等后端框架，极大地简化了 Web 应用的开发过程。
- 与 DOM 紧密集成：JavaScript 可以直接操作 HTML 文档对象模型（DOM），动态修改页面内容和样式，实现复杂的用户交互效果。
- 异步编程支持：引入了回调函数、Promise、async/await 等机制来处理异步任务，避免了"回调地狱"问题，提高了代码的可读性和维护性。
- 模块化编程：ES6（ECMAScript 2015）引入了模块化特性，允许将代码分割成独立的文件，便于组织和管理大型项目。
- 社区和生态系统：JavaScript 拥有一个庞大且活跃的开发者社区，提供了大量的学习资源和技术支持。NPM（Node Package Manager）作为全球最大的包管理器，为开发者提供了数以百万计的开源库和工具。
- 高性能和优化：现代浏览器和 Node.js 中的 JavaScript 引擎（如 V8）对性能进行了大量优化，使得 JavaScript 程序能够高效运行，特别是在处理大量数据和复杂逻辑时表现出色。

（3）JavaScript 语言的应用领域

JavaScript 语言的应用领域如下：

- 前端 Web 开发：JavaScript 是构建动态网站和单页应用程序（SPA）的核心技术，常用于实现用户界面交互、表单验证、AJAX 请求等功能。流行的前端框架如 React、Vue 和 Angular 进一步提升了 Web 应用的开发效率和用户体验。
- 后端 Web 开发：通过 Node.js、JavaScript 可以用于服务器端开发，构建高效的 API、微服务架构和实时应用。Express、Koa 等框架简化了 Node.js 应用的开发过程。
- 移动应用开发：借助 React Native、Ionic 等框架，JavaScript 可以用于开发跨平台的移动应用，实现一次编写、多平台运行的目标。
- 桌面应用程序：使用 Electron 框架，JavaScript 可以创建跨平台的桌面应用程序，结合 HTML 和 CSS 提供丰富的用户界面。
- 游戏开发：Phaser、Three.js 等库使 JavaScript 成为 Web 游戏开发的重要工具，适用于 2D 和 3D 游戏的创建。
- 物联网（IoT）开发：通过 Johnny-Five、Node-RED 等工具，JavaScript 可以用于控制 Arduino、Raspberry Pi 等硬件设备，开发智能家居、智能城市等物联网应用。

- 自动化和脚本编写：JavaScript 可以用于编写自动化脚本，处理文件操作、网络请求等任务，特别是在 DevOps 和持续集成/持续部署（CI/CD）环境中。

4. C 语言

（1）C 语言简介

C 语言是一种高级编程语言，最初由丹尼斯·里奇（Dennis Ritchie）于 1972 年在贝尔实验室为 UNIX 操作系统开发。它的设计目标是提供一种接近硬件的低级语言特性，同时保持一定的抽象层次以提高代码的可移植性和效率。C 语言以其简洁的语法、高效的性能和广泛的适用性而闻名，成为许多现代编程语言的基础。它广泛应用于系统软件、嵌入式系统、驱动程序开发等领域中，并且至今仍然是计算机科学教育中的重要组成部分。

（2）C 语言的特点

C 语言的特点如下：

- 高效能：C 语言编译后的代码运行速度非常快，几乎可以与汇编语言媲美，这使得它特别适合需要高性能的应用场景。
- 低级硬件访问：提供了直接操作内存地址、指针运算等功能，允许开发者精细控制硬件资源，适用于编写操作系统内核、设备驱动等底层软件。
- 简洁明了的语法：尽管功能强大，但 C 语言的语法相对简单，关键字较少，表达力强，易于学习和掌握。
- 跨平台支持：虽然 C 语言本身没有内置的跨平台机制，但其标准库确保了大部分代码可以在不同平台上编译和运行，只要针对特定平台进行少量修改即可。
- 丰富的库支持：拥有标准库（如 stdio.h、stdlib.h），并且可以通过第三方库扩展功能，涵盖从文件 I/O 到网络通信等多个方面。
- 模块化编程：支持函数定义和调用，有助于构建结构化的程序，促进代码重用和维护。
- 静态类型系统：采用编译时类型检查，增强了程序的安全性和稳定性。
- 手动内存管理：开发者需要显式地分配和释放内存，虽然增加了复杂度，但也赋予了对内存使用的完全控制权。

（3）C 语言的应用领域

C 语言的应用领域如下：

- 系统软件开发：C 语言是操作系统（如 Linux 等）、编译器和其他系统工具的主要实现语言之一，因其能够直接与硬件交互而备受青睐。

- 嵌入式系统：由于其高效的性能和对硬件的良好支持，C语言常用于微控制器、传感器节点等资源受限环境下的开发。
- 游戏开发：特别是对于那些需要优化性能的游戏引擎和图形库，C语言提供了必要的灵活性和控制力。
- 驱动程序开发：C语言被广泛用于编写各种硬件设备的驱动程序，因为它可以直接访问硬件寄存器并执行底层操作。
- 实时系统：在航空电子、工业自动化等领域，C语言因其确定性的行为和快速响应时间而得到应用。
- 网络安全工具：C语言常用于开发网络安全相关的工具和应用程序，如防火墙、入侵检测系统等。

5. C++语言

（1）C++语言简介

C++是一种高级编程语言，由丹麦计算机科学家比雅尼·斯特劳斯特卢普（Bjarne Stroustrup）于20世纪80年代在贝尔实验室开发。它最初是作为C语言的扩展而设计的，增加了面向对象编程（OOP）的功能。C++继承了C语言的高效性和灵活性，并在此基础上引入了类、继承、多态等现代编程概念。随着标准的不断演进（如C++11、C++14、C++17、C++20等），C++已经发展成为一个功能强大且灵活的语言，广泛应用于系统软件、游戏开发、高性能计算和嵌入式系统等领域。

（2）C++语言的特点

C++语言的特点如下：

- 高效的性能：C++编译后的代码运行速度极快，接近汇编语言的效率，适用于对性能要求极高的应用场景。
- 面向对象编程（OOP）：支持类、对象、继承、封装、多态等OOP特性，允许开发者构建模块化、可重用且易于维护的代码。
- 泛型编程：通过模板机制实现泛型编程，使得代码可以更加通用和灵活，减少重复代码量。
- 多重范式支持：除了OOP之外，还支持过程化编程、函数式编程以及元编程等多种编程范式，提供了更大的编程灵活性。
- 直接硬件访问：保留了C语言中指针操作和内存管理的能力，允许程序员直接与硬件交互，适用于编写驱动程序和嵌入式系统。
- 强大的标准库：C++标准库（STL）提供了丰富的容器、算法和迭代器，极大地简化了复杂数据结构的操作和算法实现。

● 静态类型系统：采用编译时类型检查，增强了代码的安全性和稳定性，同时支持类型推导（如 auto 关键字等），提高了编码效率。

● 手动内存管理与智能指针：虽然仍需手动管理部分内存，但引入了智能指针（如 std::shared_ptr、std::unique_ptr 等），帮助自动管理动态分配的内存，减少了内存泄漏的风险。

● 跨平台支持：C++ 可以在多种操作系统上编译和运行，尽管需要针对不同平台进行适当的调整，但它仍然是跨平台开发的强大工具。

（3）C++ 语言的应用领域

C++ 语言的应用领域如下：

● 系统软件开发：C++ 广泛应用于操作系统内核、文件系统、网络协议栈等底层组件的开发，因其能够高效地管理和控制硬件资源。

● 游戏开发：许多主流游戏引擎（如 Unreal Engine、Unity 的 C++ 部分等）都是用 C++ 编写的，它提供了必要的性能优化空间和对图形 API 的精细控制。

● 高性能计算：在科学计算、金融建模等领域，C++ 用于实现高效的数值算法和大规模数据处理任务。

● 嵌入式系统：由于其对硬件的良好支持和高效的性能，C++ 常用于微控制器、物联网设备和其他资源受限环境下的开发。

● 实时系统：C++ 在航空电子、工业自动化等需要确定性行为和快速响应时间的领域中得到应用。

● 桌面应用程序：使用 Qt、MFC 等框架，C++ 可以创建跨平台的桌面应用程序，提供丰富的用户界面功能。

● 金融服务和银行系统：C++ 的稳定性和高性能使其成为金融行业开发核心业务系统的常用选择。

6. C# 语言

（1）C# 语言简介

C# 是一种面向对象的高级编程语言，由微软公司于 2000 年推出，作为 .NET 框架的一部分。它结合了 C++ 的强大功能和 Java 的简洁性，旨在提供一种现代、类型安全且高效的编程语言，特别适用于 Windows 平台上的应用开发。C# 设计之初就考虑到了与 .NET 框架的紧密集成，支持多种编程范式，包括面向对象编程（OOP）、泛型编程和函数式编程。随着版本的不断更新（如 C# 7.0、8.0、9.0 等），C# 已经成为构建企业级应用、Web 服务、移动应用和游戏的重要工具，并且通过 .NET Core 实现了跨平台支持。

（2）C#语言的特点

C#语言的特点如下：

● 强大的面向对象编程（OOP）：C# 支持类、继承、封装、多态等OOP特性，允许开发者创建模块化、可重用且易于维护的代码。

● 丰富的语言特性：引入了LINQ（Language Integrated Query）、异步编程（async/await）、扩展方法、Lambda表达式等现代编程特性，提高了代码的表达力和灵活性。

● 类型安全和内存管理：C# 是强类型语言，编译时进行严格的类型检查，确保程序的安全性和可靠性。它还提供了自动垃圾回收机制，减少了手动管理内存的需求。

● 与.NET框架紧密集成：C# 与.NET框架无缝对接，可以直接使用.NET提供的大量库和服务，如ASP.NET用于Web开发、Entity Framework用于数据库操作等。

● 跨平台支持：通过.NET Core，C# 应用可以运行在Windows、macOS和Linux等多个平台上，扩大了其适用范围。

● 快速开发与调试工具：Visual Studio等IDE为C# 提供了优秀的开发环境，包括智能感知、代码重构、单元测试等功能，极大地提高了开发效率。

● 性能优化：C# 编译后的代码执行效率高，适合构建高性能的应用程序。此外，即时编译器（JIT）可以在运行时对代码进行优化，提升性能表现。

（3）C#语言的应用领域

C#语言的应用领域如下：

● 企业级应用开发：C# 广泛应用于构建复杂的业务应用程序，特别是那些需要与SQL Server或其他数据库紧密集成的企业系统。借助ASP.NET Core，可以轻松开发高效、可扩展的Web应用程序和服务。

● Web 开发：ASP.NET框架使C# 成为构建动态网站和Web服务的理想选择，支持RESTful API、MVC架构等多种Web开发模式。

● 移动应用开发：通过Xamarin或MAUI（Multi-platform App UI），C# 可以用于开发iOS、Android和Windows Phone的原生应用，实现一次编写、多平台运行的目标。

● 游戏开发：C# 是Unity游戏引擎的主要编程语言之一，广泛应用于2D和3D游戏开发，以及虚拟现实（VR）和增强现实（AR）项目。

● 桌面应用程序：使用Windows Forms或WPF（Windows Presentation Foundation），可以创建具有丰富用户界面的Windows桌面应用程序。

● 云计算和微服务：Azure云服务平台与C# 和.NET框架高度兼容，方便开发者构建、部署和管理云端应用和服务。

● 金融服务和银行系统：C# 的稳定性和安全性使其成为金融行业开发核心业务系统的常用选择，尤其是在Windows环境中。

7. SQL语言

(1) SQL语言简介

SQL（Structured Query Language，结构化查询语言）是一种专门用于管理和操作关系型数据库的标准编程语言。它最初由IBM的研究人员在20世纪70年代开发，并于1986年成为国际标准。SQL设计的初衷是为了解决数据存储、检索和管理的问题，提供一种简单而强大的方式来与关系型数据库进行交互。无论是小型应用还是大型企业系统，SQL都是访问和管理数据的核心工具。随着数据库技术的发展，SQL不断演进，增加了更多功能，如事务处理、存储过程、触发器等，广泛应用于各种数据库管理系统（DBMS），如MySQL、PostgreSQL、Oracle、Microsoft SQL Server等。

(2) SQL语言的特点

SQL语言的特点如下：

- 标准化：SQL是ISO/IEC和ANSI认可的标准语言，确保了不同数据库产品之间的兼容性和互操作性。

- 声明式语言：与命令式编程语言不同，SQL是一种声明式语言，用户只需说明想要获取的数据，而不必详细描述如何获取这些数据，简化了复杂的查询操作。

- 数据定义和操纵：SQL提供了丰富的语句来定义（CREATE、ALTER、DROP）、查询（SELECT）、插入（INSERT）、更新（UPDATE）和删除（DELETE）数据，涵盖了从创建表到执行复杂查询的所有方面。

- 数据控制和安全：通过GRANT和REVOKE语句，可以对数据库对象设置权限，实现细粒度的安全控制。

- 事务支持：SQL支持事务处理，确保多个操作要么全部成功完成，要么全部回滚，保证了数据的一致性和完整性。

- 优化查询性能：现代数据库管理系统提供了查询优化器，能够自动选择最有效的执行计划，提高查询效率。

- 跨平台支持：SQL可以在几乎所有主流操作系统上运行，适用于不同的硬件架构和软件环境。

- 集成性强：SQL能够与其他编程语言无缝集成，如通过ODBC、JDBC等接口与Java、Python、C#等语言结合使用，方便构建复杂的应用程序。

(3) SQL语言的应用领域

SQL语言的应用领域如下：

- 关系型数据库管理：SQL是管理和操作关系型数据库的核心工具，用于创建、维护和查询数据库中的表格、视图和其他对象。

- 数据分析和报表生成：通过编写复杂的查询和聚合函数，SQL 可以高效地分析大量数据，生成统计报告，支持商业智能（BI）和决策支持系统（DSS）。
- Web应用程序后端开发：在Web开发中，SQL 通常用于处理来自前端的请求，执行数据的增删改查操作，特别是与PHP、Python、Node.js等服务器端语言配合使用时。
- 企业级应用开发：SQL 在构建企业级应用中扮演重要角色，特别是在需要处理大量交易和并发访问的情况下，如银行系统、ERP系统等。
- 移动应用后端服务：对于移动应用来说，SQL 数据库常常作为后端存储解决方案，提供稳定可靠的数据支持。
- 嵌入式系统和物联网（IoT）：轻量级SQL数据库（如SQLite等）广泛应用于嵌入式设备和物联网项目中，用于本地数据存储和管理。
- 大数据处理：尽管NoSQL数据库在某些场景下更具优势，但SQL 仍然是处理结构化数据的主要手段，尤其是在Hadoop生态系统的组件（如Hive等）中。

8. HTML

（1）HTML简介

HTML（Hyper Text Markup Language，超文本标记语言）是用于创建网页的标准标记语言。它最初由Tim Berners-Lee于1990年发明，并在接下来的几年中迅速成为互联网的基础技术之一。HTML的设计初衷是为了让信息能够在全球范围内轻松共享，通过简单的标签结构定义网页的内容和布局。随着Web技术的发展，HTML不断更新版本（如HTML5等），增加了多媒体支持、图形绘制、地理定位等功能，使得Web页面更加丰富和互动。如今，HTML是前端开发的核心组成部分，与CSS（串联样式表）和JavaScript一起构成了现代Web应用的三大支柱。

（2）HTML的特点

HTML的特点如下：

- 简单易学：HTML 使用直观的标签语法，易于理解和学习，非常适合初学者入门Web开发。
- 跨平台兼容性：HTML 文件可以在任何安装了Web浏览器的设备上查看，包括桌面电脑、平板电脑和智能手机，确保内容的广泛可访问性。
- 标准化和一致性：作为W3C（World Wide Web Consortium）制定的标准，HTML提供了一套统一的规范，保证了不同浏览器之间的兼容性和一致性。
- 丰富的标签库：HTML 拥有大量预定义的标签，用于描述文档结构（如标题、段落、列表）、多媒体元素（如图片、视频等）、表单控件等，简化了复杂页面的构建过程。
- 语义化标记：HTML5引入了许多具有语义意义的新标签（如<article>、<section>、

<header>、<footer>等），有助于提高搜索引擎优化（SEO）效果并增强无障碍访问体验。

● 动态内容支持：结合CSS和JavaScript，HTML可以创建交互式和动态的Web页面，实现复杂的用户界面和功能。

（3）HTML的应用领域

HTML的应用领域如下：

● 静态网站开发：HTML是构建静态网站的基本工具，用于编写网页的内容和结构，配合CSS进行样式设计。

● 动态网站开发：与服务器端语言（如PHP、Node.js等）和数据库系统集成，HTML可以生成动态内容，响应用户的请求并提供个性化服务。

● Web应用程序开发：通过与JavaScript框架（如React、Vue、Angular等）结合，HTML成为构建单页应用（SPA）和其他复杂Web应用的重要组成部分。

● 移动Web开发：HTML5支持触摸事件、地理位置API等功能，适用于开发响应式设计的移动Web应用，确保在各种屏幕尺寸上的良好表现。

● 游戏开发：借助Canvas API和WebGL技术，HTML可以用于开发基于浏览器的游戏，如2D或3D图形渲染、动画效果等。

● 内容管理系统（CMS）开发：HTML是许多CMS平台（如WordPress、Joomla等）的基础，用于创建和管理网站内容。

● 电子商务平台：HTML结合其他Web技术，广泛应用于在线商店、支付网关集成等电子商务解决方案中，支持复杂的业务逻辑和交易处理。

9. PHP语言

（1）PHP语言简介

PHP（Hypertext Preprocessor）是一种广泛应用于Web开发的服务器端脚本语言，最初由Rasmus Lerdorf于1994年创建。PHP的设计初衷是为了简化网页中动态内容的生成，但它已经发展成为一个功能强大的编程语言，适用于构建各种类型的Web应用。PHP最初是作为个人主页工具（Personal Home Page Tools）而命名，后来演变为递归缩写"PHP: Hypertext Preprocessor"。它可以直接嵌入HTML代码中，易于学习和使用，尤其适合快速开发动态网站。PHP拥有庞大的用户基础和活跃的社区支持，与MySQL等数据库系统紧密集成，成为Web开发中的重要技术之一。

（2）PHP语言的特点

PHP语言的特点如下：

● 服务器端脚本语言：PHP是专门为Web开发设计的语言，可以在服务器上执行，生成动态HTML页面，并响应客户端请求。

- 跨平台支持：PHP 可以在多种操作系统上运行，包括 Windows、macOS 和 Linux，确保了程序的广泛兼容性和移植性。
- 丰富的库和框架：PHP 拥有大量内置函数和第三方库，以及成熟的框架（如 Laravel、Symfony、CodeIgniter 等），这些工具极大地简化了 Web 应用的开发过程。
- 与数据库的良好集成：PHP 提供了对多种数据库系统的直接支持，特别是 MySQL，使得数据存储和检索变得轻而易举。
- 动态类型系统：变量不需要事先声明类型，可以随时改变其值和类型，这增加了编程灵活性，但也需要开发者注意潜在的类型错误。
- 模块化和扩展性强：PHP 支持通过扩展模块来增加新的功能，允许开发者根据需求定制环境。

（3）PHP 语言的应用领域

PHP 语言的应用领域如下：

- 动态网站和 Web 应用开发：PHP 是构建动态网站的核心技术之一，广泛用于内容管理系统（CMS）、电子商务平台（如 WordPress、Magento 等）和其他基于 Web 的应用程序。
- 内容管理系统（CMS）：PHP 是许多知名 CMS 平台的基础，如 WordPress、Joomla、Drupal 等，这些平台使非技术人员也能轻松创建和管理网站。
- 电子商务解决方案：PHP 常用于开发在线商店和支付网关集成，如 PrestaShop、OpenCart 等，支持复杂的业务逻辑和交易处理。
- 论坛和社交网络：PHP 被广泛应用于论坛软件（如 phpBB 等）和社会化网络平台（如 Facebook 早期版本等），支持用户互动和社区建设。
- API 和微服务架构：通过 Slim、Lumen 等微框架，PHP 可以用于构建轻量级 API 和服务端点，支持现代 Web 应用的微服务架构。
- 移动后端开发：PHP 可以作为移动应用的后端服务器，提供 RESTful API 接口，处理来自 iOS 和 Android 设备的数据请求。
- 企业级应用开发：结合 Zend Framework 或 Symfony 等高级框架，PHP 也适用于构建复杂的企业级应用，满足大型组织的需求。

10. Go 语言

（1）Go 语言简介

Go（又称 Golang）是由 Google 的 Robert Griesemer、Rob Pike 和 Ken Thompson 于 2007 年设计并于 2009 年发布的开源编程语言。它旨在解决 C++ 和 Java 等传统系统级编程语言中存在的问题，如编译速度慢、并发模型复杂等。Go 的设计目标是提供一种简单、高效且易于使用的编程语言，特别适合构建网络服务和分布式系统。Go拥有简洁的语法、内置的垃圾回收机制以及强大的标准库，能够快速开发高性能的应用程序。随着云计算和微服务架构的发展，Go已经成为后端开发和DevOps工具链中的重要成员。

(2) Go语言的特点

Go语言的特点如下：

- 高效的性能：Go 是编译型语言，编译后的二进制文件执行速度快，接近C/C++的效率，适用于对性能要求极高的应用场景。
- 简洁明了的语法：Go 的语法设计非常简洁，关键字较少，表达力强，减少了不必要的符号和结构，使代码更加直观易读。
- 内置并发支持：Go 提供了轻量级线程（Goroutines）和通道（Channels），使得编写并发程序变得简单而安全，非常适合处理高并发任务。
- 快速编译：Go 编译器优化良好，编译速度极快，有助于提高开发效率，尤其在大型项目中表现出色。
- 静态类型系统：采用编译时类型检查，增强了程序的安全性和稳定性，同时支持类型推导（如:=操作符等），提高了编码效率。
- 跨平台支持：Go 可以在多种操作系统上编译和运行，包括Windows、macOS和Linux，确保了程序的广泛兼容性和移植性。
- 丰富的标准库：Go 提供了一个庞大且高质量的标准库，涵盖了从网络通信到文件I/O、加密等多个方面，简化了开发过程。
- 自动内存管理：内置垃圾回收机制自动管理内存分配和释放，减少了开发者手动处理内存的工作量，同时也保证了程序的稳定性和安全性。

(3) Go语言的应用领域

Go语言的应用领域如下：

- 网络服务和API开发：Go 强大的并发处理能力和高效的性能使其成为构建RESTful API和服务端应用程序的理想选择，特别是在需要处理大量并发请求的情况下。
- 微服务架构：由于其出色的并发模型和快速的启动时间，Go 广泛应用于微服务架构中，支持服务间的高效通信和负载均衡。
- 云计算和容器化：Go 是Kubernetes、Docker等云原生技术的核心语言之一，非常适合开发与容器管理和编排相关的工具和服务。
- 分布式系统：Go 内置的并发支持和网络库使其成为构建分布式系统的有力工具，如数据库、消息队列等。
- 命令行工具（CLI）开发：Go 的简洁语法和快速编译特性使得它非常适合开发

高效、可靠的命令行工具，满足各种自动化需求。
- 物联网（IoT）和嵌入式系统：Go 的高效性能和较小的运行时开销使其能够在资源受限的设备上运行，适用于开发物联网设备和嵌入式系统。
- 游戏服务器开发：Go 的高并发处理能力和低延迟特性使其成为开发游戏服务器的理想选择，支持多人在线游戏的实时互动。

拓展阅读

阿兰·图灵，这位伟大的计算机科学先驱，在"二战"期间，凭借卓越的智慧设计出计算机雏形，用于破解德军密码，为盟军胜利做出不可磨灭的贡献。他不仅在技术上实现了巨大突破，更在面对战争困境时，展现出非凡的担当。在国内，也有许多程序设计领域的楷模。王选院士致力于汉字激光照排系统研究，当时国外技术先进，国内排版印刷面临巨大挑战。王选院士带领团队，攻坚克难，经过多年努力，成功研制出汉字激光照排系统，使我国印刷业告别铅与火，迎来光与电的时代。他的创新精神和对国家文化传承的责任感，激励着每一位程序设计学习者。在学习程序设计基础时，我们要以他们为榜样，培养创新思维，勇于探索未知，用所学知识为国家信息化建设添砖加瓦，肩负起推动我国程序设计领域进步的使命。

课后练习

一、选择题

1. 以下哪一项不是面向对象程序设计的核心概念？（　　）

   A. 对象作为统一的软件构件，每个对象都是数据及其操作行为的封装体

   B. 类的概念，类定义了一组具有相同属性和行为的对象，提供了数据和操作的模板

   C. 继承机制，通过基类与派生类的关系形成层次结构，支持从一般到特殊的演绎思维过程

   D. 算法是一系列清晰定义的指令，旨在解决特定问题或执行计算任务

2. 关于软件开发环境（SDE）的构成，下列哪一项描述最符合"集成机制"的功能？（   ）

   A. 包含一系列支持特定过程模型和开发方法的工具，如分析工具、设计工具等

   B. 提供统一且具有一致视感的操作界面，涵盖整个环境及其各个部件和工具的界面控制

   C. 作为核心组件，用于存储与系统开发相关的信息，并促进信息交流与共享

   D. 负责按照具体的软件开发流程要求选择并组合适当的工具，确保各工具间的通信与协同工作

3. 以下哪一项不是算法必须具备的基本特性？（   ）

   A. 可行性：算法中的每一步骤都应是可执行的基本操作，并能在有限的时间内完成

   B. 确切性：算法中的每个步骤都应当有明确无误的定义，避免任何歧义或二义性的存在

   C. 复杂性：算法应该尽可能复杂，以展示其高级性和技术难度

   D. 输出：每个算法至少有一个输出，用于表示对输入数据处理后的结果

4. 关于程序设计语言的分类，下列哪一项描述最符合"解释型语言"的特点？（   ）

   A. 所有程序代码在运行前必须先通过编译器转换为机器语言，然后链接生成可执行文件

   B. 允许逐条执行语句，无须事先编译整个程序，开发周期短，调试方便

   C. 编译后的程序以机器码形式存在，直接由CPU执行，因此具有较高的运行效率

   D. 通常由特定公司或组织维护和发行，旨在保护知识产权和确保技术的独特性

5. 关于Python的特点，下列哪一项描述最符合其优势？（   ）

   A. Python是一种编译型语言，代码执行效率极高

   B. Python拥有强大的社区和生态系统，提供了丰富的学习资源和技术支持

   C. Python主要用于嵌入式系统开发，因其对硬件的良好支持而受到青睐

   D. Python的语法复杂且严格，确保了代码的高度安全性和可靠性

二、简答题

1. 简述程序设计语言的定义及其与自然语言的主要区别。

2. 简述程序设计语言的分类方式，并列举语言实例。

模块 3

现代通信技术

模块导读

现代通信技术是实现信息快速、可靠传输的保障。本模块内容覆盖移动通信、光纤通信、卫星通信等关键通信技术,解释它们的工作原理及应用途径。通过学习,学生可以了解到这些技术如何支持高带宽需求的服务,并为未来可能出现的新技术做好应对准备。

3.1 现代通信技术概述

随着信息技术的迅猛发展，现代通信技术已经成为连接全球信息社会的关键桥梁。它不仅极大地改变了人们的日常生活方式，也深刻影响了各行各业的运作模式。

3.1.1 现代通信技术的概念

现代通信技术是指一系列利用电子、光子、微波等手段来实现信息有效传输、交换和处理的技术集合，包括但不限于有线通信、无线通信、光纤通信、卫星通信等多种形式。这些技术通过不同的物理媒介（如电缆、无线电波、光纤等）来传送声音、图像、数据等各种类型的信息。现代通信技术的核心目标是确保信息能够在不同地点之间快速、准确且安全地传递，同时尽可能降低延迟并提高带宽利用率，以满足日益增长的信息交流需求。

3.1.2 现代通信技术的发展

现代通信技术的发展历程见证了人类社会从工业时代向信息时代的转变，其不断创新和进步不仅推动了全球化进程，也促进了数字经济的蓬勃发展。以下是现代通信技术发展的几个关键阶段及其重要特点。

1. 早期通信技术的基础建设

早期通信技术的基础建设（包括电话网络的建立和无线电通信的兴起）不仅为现代社会提供了重要的通信手段，还激发了后续一系列的技术创新和变革。这些基础性的进步为现代通信技术的蓬勃发展奠定了不可或缺的基石。

（1）电信网络的建立

自19世纪末以来，电话网络的建设为现代通信技术奠定了坚实的基础。这一时期的技术进步和基础设施建设不仅改变了人们的沟通方式，也为后续通信技术的发展铺平了道路。

- 电话的发明与普及：1876年，亚历山大·格拉汉姆·贝尔（Alexander Graham Bell）获得了电话专利，标志着电话时代的开始。最初的电话系统是基于点对点连接的私人线路，主要用于商业间通信和政府机构间的通信。随着技术的进步，公共交换电话网络（PSTN）逐渐形成，使得普通家庭也能接入电话服务。

- 电话交换机技术：早期的接线员手动操作的交换机被逐步取代，机械式步进制交换机、纵横制交换机相继出现，提高了通话效率和服务范围。特别是20世纪中叶电子交换机（ESS）的应用，实现了自动化拨号和长途呼叫处理，大幅提升了电话网络的容量和可靠性。
- 长途电话服务的兴起：通过铺设海底电缆和建设微波中继站，长途电话服务得以实现。AT&T等公司在美国建立了广泛的长途电话网络，并与其他国家合作，构建了国际电话链路。这使得全球范围内的语音通信成为可能，促进了跨国贸易和人际交流。
- 电话网络标准化：为了确保不同地区和运营商之间能够互联互通，各国制定了统一的技术标准。例如，ITU-T（国际电信联盟电信标准化部门）发布了一系列关于电话信号传输、编码解码器（CODEC）等方面的规范，保障了全球通信的一致性和兼容性。

(2) 无线电通信的兴起

20世纪初，无线电报和广播技术的发明开启了无线通信的新纪元，极大地扩展了信息传播的范围和速度。

- 无线电报的发明：意大利工程师古列尔莫·马可尼（Guglielmo Marconi）在1895年成功进行了首次无线电报传输实验，随后于1901年完成了跨越大西洋的无线电报通信。无线电报最初用于军事和航海领域，帮助船只之间以及船岸之间保持联系，在救援行动和战争指挥中发挥了重要作用。
- AM/FM广播的普及：20世纪20年代，美国KDKA电台播出了世界上第一个正式的商业广播节目，标志着广播时代的到来。AM（调幅）广播迅速流行开来，成为大众获取新闻的主要渠道之一。到了20世纪30年代，FM（调频）广播问世，提供了更高的音质和更清晰的接收效果，进一步丰富了听众的选择。
- 短波无线电的应用：短波频段具有远距离传播的能力，能够在地球表面反射多次，因此适用于洲际通信。它被广泛应用于国际广播、外交工作保密通信以及无线电爱好者之间的交流。二战期间，短波无线电更是成为盟军情报传递的重要方式。
- 移动无线电通信的萌芽：除了固定站点外，车载和便携式无线电设备也开始出现。警察、消防等部门率先采用这些设备进行紧急情况下的快速响应和协调工作。民用信息方面，汽车收音机的普及让人们可以在旅途中收听广播节目，便捷地获取信息。
- 技术创新与法规制定：随着无线电通信技术的快速发展，各国纷纷出台了相关法律法规，以管理频率分配、防止干扰并维护国家安全。同时，国际组织如ITU也致力于协调全球无线电频谱资源，确保不同国家和地区之间的和谐使用。

2. 数字化转型与互联网的诞生

从模拟信号到数字信号的转变以及互联网的发展是现代信息技术进步的重要里程碑。它们共同塑造了一个高度互联、信息丰富且互动频繁的新时代，从个人生活到全球经济结构，深刻影响了人类社会的各个方面。

(1) 模拟信号到数字信号的转变

自20世纪70年代开始，通信技术经历了从模拟信号到数字信号的重大转变。这一时期的数字化转型不仅显著提高了通信质量，还为数据处理和传输带来了革命性的变化，主要表现在以下方面：

- 通信质量提升：模拟信号容易受到噪声干扰，导致通话质量和数据传输的不稳定。相比之下，数字信号通过二进制编码（0和1），能够在更长距离内保持高保真度，降低了传输中的错误率。

- 数据压缩技术：数字化使得复杂的数据压缩算法成为可能。例如，JPEG、MP3等格式能够高效地压缩图像和音频文件，大大减少了对于存储空间和传输带宽的需求，促进了多媒体内容的广泛传播。

- 加密与安全：数字通信支持高级加密标准（AES）、公钥基础设施（PKI）等安全协议，确保了信息传输的安全性和隐私保护。这在金融交易、政府通信等敏感领域尤为重要。

- 网络互连性：数字信号易于转换成不同格式并通过多种媒介传输，如光纤、无线电波等，增强了各种通信系统之间的互操作性。数字交换机和路由器的出现也极大地简化了网络架构，提高了效率。

- 成本效益：随着集成电路和微处理器的发展，数字设备的成本大幅下降，性能却不断提升，使得数字化解决方案更加经济可行。这推动了个人电脑、移动电话等消费电子产品的大规模普及。

(2) 互联网的出现与发展

1969年ARPANET（Advanced Research Projects Agency Network）的创建标志了互联网的起源。作为美国国防部高级研究计划署的一个实验项目，ARPANET最初是为了实现学术机构和军事部门之间的资源共享而设计的。自那时以来，互联网经历了快速的发展和演变，主要表现在以下方面：

- TCP/IP协议的标准化：20世纪80年代初，ARPANET采用了传输控制协议/因特网协议（TCP/IP），这一关键决策为全球网络互联奠定了基础。TCP/IP定义了一套规则，使得不同类型的计算机网络可以相互通信，从而实现了真正的"网络之网"。

- 万维网（WWW）的发明：1989年，蒂姆·伯纳斯–李（Tim Berners-Lee）在欧洲核子研究中心（CERN）提出了万维网的概念，并于1991年发布了第一个网页浏览器和服务器软件。WWW通过超文本标记语言（HTML）、统一资源定位符（URL）和超文本传输协议（HTTP），使信息以链接的方式组织起来，极大地简化了用户访问和分享信息的过程。

● 浏览器技术的进步：早期的浏览器如Mosaic、Netscape Navigator和Internet Explorer推动了图形界面的应用，使互联网变得更加直观易用。随后，Firefox、Chrome等现代浏览器不断引入新功能和技术，如标签页浏览、插件支持、JavaScript引擎优化等，进一步提升了用户体验。

● 宽带接入的普及：随着DSL、电缆调制解调器、光纤到户（FTTH）等宽带技术的发展，互联网连接速度显著提高，支持高清视频流媒体、在线游戏等高带宽需求的应用，改变了人们的娱乐方式和工作模式。

● 移动互联网的兴起：智能手机和平板电脑的普及，结合4G/5G移动网络的推广，使得随时随地接入互联网成为现实。移动应用商店如Apple App Store和Google Play提供了海量的应用程序，涵盖了生活服务、社交网络、在线教育等多个领域，深刻影响了人们的日常生活和社会交往。

● 云计算和服务平台：亚马逊AWS、微软Azure、谷歌云等云服务平台的崛起，为企业和个人提供了强大的计算能力和存储资源，降低了信息技术的成本门槛，促进了创新创业和数字经济的发展。

● 社交媒体与全球化交流：Facebook、Twitter、微信等社交媒体平台的出现，打破了地域限制，让人们能够即时分享信息、表达观点并与身处世界各地的人建立联系。这种全球化的交流方式不仅改变了人们的社交习惯，也对政治、文化等领域产生了深远的影响。

3. 蜂窝移动通信系统的发展

蜂窝移动通信系统的演进见证了从模拟语音通话到支持高清视频流媒体、自动驾驶等复杂应用的巨大飞跃，每一代新技术的推出都带来了显著的速度提升、延迟降低和应用场景扩展。

（1）1G

1G（第一代移动通信系统）于20世纪80年代初问世，标志着移动电话新时代的开始。它采用频分多址（FDMA）技术，使用模拟信号进行语音传输，主要用于提供基本的语音通话服务。由于技术和基础设施的限制，1G系统的通话质量和覆盖范围相对有限，设备体积较大且耗电量高。尽管如此，1G为后续移动通信技术的发展奠定了基础，代表性标准包括美国的AMPS（Advanced Mobile Phone System）和欧洲的NMT（Nordic Mobile Telephone）。这些早期系统开启了移动电话的新纪元，但只能提供基础的语音服务。

(2) 2G

2G（第二代移动通信系统）在20世纪90年代初推出，引入了数字信号传输技术，如时分多址（TDMA）和码分多址（CDMA），实现了数字化通信。除了语音通话外，2G还支持短信服务（SMS），用户可以发送简短的文字信息。此外，它开始支持低速率的数据业务，如WAP浏览，为后续移动互联网的发展奠定了基础。最具代表性的标准是GSM（Global System for Mobile Communications），这一标准成为全球最广泛使用的移动通信标准之一。2G大大提高了通信质量和服务范围，降低了成本，使得移动电话更加普及，并促进了国际漫游。

(3) 3G

3G（第三代移动通信系统）于2001年由日本率先商用，采用了宽带码分多址（WCDMA）等技术，支持更高的数据传输速率，最高可达2 Mbps，能够提供多媒体服务，如视频通话、在线音乐等。除了传统的语音和短信外，3G还支持图片分享、电子邮件、即时通信等多种应用。主要标准包括UMTS（Universal Mobile Telecommunications System）及其衍生版本HSPA（High-speed Packet Access），后者进一步提升了数据传输速度。3G开启了移动互联网时代，智能手机开始兴起，用户可以通过手机访问更丰富的网络内容和服务，极大地丰富了移动通信的应用场景。

(4) 4G

4G（第四代移动通信系统）于2011年前后正式商用，采用正交频分多址（OFDMA）技术，支持高达1 Gbps的下行速率和50 Mbps的上行速率，显著降低了网络延迟。4G实现了端到端的IP化，所有业务均通过IP协议承载，简化了网络结构并提高了效率。它可以流畅播放高清甚至超高清视频，支持在线游戏、云存储等高带宽需求的应用，并为智能家居、智慧城市等领域提供了坚实的技术基础。最具影响力的4G标准是LTE（Long Term Evolution），其改进版LTE-Advanced进一步提升了性能。4G推动了移动互联网的广泛应用，催生了短视频平台、直播电商等新兴业态，并为智能设备的大规模互联创造了条件。

(5) 5G

5G（第五代移动通信系统）于2020年前后正式商用，带来了前所未有的通信能力和应用场景。5G的理论峰值下载速度可达几十Gbps，上传速度也大幅提升，足以支持虚拟现实（VR）、增强现实（AR）、8K视频等极致体验。其空口延迟可降至1毫秒以内，这对于需要实时响应的应用如远程手术、无人驾驶车辆至关重要。5G每平方公里可支持多达100万个设备的同时连接，为物联网、工业自动化等场景下的海量设备互联创造了条件。

5G支持灵活部署，能够适应不同场景的需求，涵盖毫米波频段（mmWave）、中频段（Sub-6 GHz）以及低频段等多种频率资源。网络切片技术可以根据不同应用场景动态分配网络资源，确保服务质量。边缘计算则将计算能力下沉至网络边缘，减少数据传输距离，提高处理速度，从而实现更快速的数据处理和更低的延迟。

5G不仅改变了个人用户的通信方式，更为各行各业带来了前所未有的发展机遇。它推动了智能制造、智慧医疗、智能交通等领域的深度变革，使得这些行业能够利用高速率、低延迟和大规模连接的优势，开发出更多创新应用和服务。通过提供一个更加智能、高效、安全的通信平台，5G正在引领新一轮的技术革命，塑造未来社会的发展方向。

4.新一代通信技术的突破

新一代通信技术正在以惊人的速度发展，不断打破传统限制，开拓全新的应用场景。从5G到6G，再到光纤通信和卫星通信的进步，每一项技术创新都在为构建一个更加智能、高效、安全的全球通信网络贡献力量。

（1）6G

展望未来，6G（第六代移动通信）及其后续版本将进一步拓展通信技术的边界。6G不仅将继续提升速率、降低延迟，还将探索新的频段和技术领域。

- 太赫兹频段：6G有望利用太赫兹波段（300 GHz至3 THz），这一频段具有极宽的带宽，理论上可以实现Tbps级别的数据传输速率，适用于超高分辨率视频传输、全息通信等前沿应用。

- 量子通信：量子密钥分发（QKD）等量子通信技术将为6G提供无与伦比的安全性保障，确保信息传输过程中不会被窃取或篡改。

- 智能反射面（IRS）：通过部署大量智能反射面，6G可以动态调整无线信号传播路径，优化覆盖范围和信号质量，减少多径效应带来的干扰。

- 空天地一体化网络：6G将整合地面基站、高空平台站（HAPS）以及卫星系统，构建一个无死角覆盖的全球通信网络，尤其在偏远地区和应急情况下发挥重要作用。

（2）光纤通信的持续演进

光纤通信作为骨干网络的主要组成部分，经历了从单模光纤到多芯光纤、空分复用（SDM）等技术的不断演进，极大提升了长距离通信的数据传输速率和稳定性。

- 多芯光纤：传统单模光纤只能在一个核心中传输光信号，而多芯光纤可以在多个并行的核心中同时传输数据，大大增加了同一根光纤的信息承载量。这种技术特别适合数据中心之间的高速互联和长途干线通信。

- 空分复用（SDM）：通过在同一根光纤中使用不同的空间模式进行数据传输，SDM技术进一步增加了光纤通信的容量。它可以通过多种方式实现，例如采用多芯光纤或多模光纤中的不同模式。

- 灵活网格技术：为了更高效地利用频谱资源，光纤通信引入了灵活网格技术，允许根据实际流量需求动态调整信道宽度，从而最大化带宽利用率。
- 相干接收技术：相干检测方法能够在接收端恢复发送信号的相位和振幅信息，即使是在长距离传输后也能保持较高的误码率性能。这项技术对于提升超长距离海底电缆系统的传输距离和可靠性至关重要。

（3）卫星通信的新进展

低轨道卫星星座（LEO）的发展，如SpaceX的Starlink计划，旨在构建全球覆盖的宽带互联网服务，填补地面网络难以到达地区的通信空白。这些新进展包括但不限于以下几个方面：

- 全球覆盖：LEO卫星由于其较低的轨道高度（约500～2 000公里），能够提供更快的信号传输速度和更低的延迟，相比传统的地球同步轨道（GEO）卫星更具优势。它们通过组网形成密集的卫星群，确保地球上任何位置都能获得稳定的互联网接入。
- 快速部署与更新：相较于传统的大型通信卫星，LEO卫星体积小、重量轻，发射成本较低且频率较高，便于快速部署和迭代升级。SpaceX已经成功发射了数千颗Starlink卫星，并计划在未来几年内完成整个星座的建设。
- 农村及偏远地区接入：对于那些基础设施薄弱或地理环境恶劣的地区，LEO卫星通信提供了一种经济高效的解决方案，使更多人能够享受到高速互联网服务，促进数字包容性和教育公平。
- 灾害应急通信：在自然灾害或其他紧急情况下，地面通信设施可能遭到破坏，此时LEO卫星通信可以迅速建立临时网络，为救援行动提供关键的支持。
- 商业与科研应用：除了提供普通用户的互联网接入外，LEO卫星还服务于航空航海导航、遥感监测、科学研究等多个领域，推动相关产业的发展和技术进步。

现代通信技术的发展有助于缩小城乡之间、发达国家与发展中国家之间的数字鸿沟，让更多人享受到信息技术带来的便利和发展机遇。通过推广普惠金融、远程教育等应用，可以有效促进社会公平和经济均衡发展。

随着全球对环境保护的关注度不断提高，通信行业也开始重视节能减排。新一代通信技术在设计之初就考虑到了能效比的问题，采用了更加环保的材料和技术方案，致力于构建低碳、高效的通信基础设施。

现代通信技术的发展不仅是技术本身的进步，更是整个社会经济发展的重要驱动力。从早期的电话网络到今天的5G、卫星通信乃至未来的6G，每一项技术创新都在不断地影响着我们的生活方式。展望未来，通信技术将继续向着更快、更智能、更安全的方向迈进，为人类创造更加美好的生活。

3.2　基础通信网络技术

基础通信网络技术涵盖了支撑通信系统运行的基础架构和技术，为整个通信系统的稳定性和可靠性提供了保障，确保信息能够高效、安全地传输。

3.2.1　网络协议与标准化

网络协议定义了设备之间如何交换信息，确保不同制造商的产品可以互操作。它们是通信系统中不可或缺的一部分，规定了数据传输的格式、顺序、速度和错误控制等规则。TCP/IP 协议簇作为互联网的基础，支持端到端的数据传输；而 HTTP、HTTPS 等应用层协议则用于 Web 浏览和其他高级服务。此外，国际电信联盟（ITU）、电气和电子工程师协会（IEEE）等组织制定了众多通信标准，促进了全球范围内的技术兼容性和互操作性。

网络协议按照层次结构进行设计，每一层负责特定的功能，如图 3-1 所示。

- 物理层：定义了传输介质的电气、机械特性以及物理连接方式。
- 数据链路层：负责节点之间的可靠数据传输，包括 MAC 地址寻址和错误检测。
- 网络层：处理逻辑地址（如 IP 地址等），路由选择和分组转发。
- 传输层：提供端到端的通信服务，如 TCP（传输控制协议）保证可靠传输；UDP（用户数据报协议）提供无连接传输。
- 会话层：管理会话的建立、维护和终止。
- 表示层：负责数据格式转换、加密解密等功能。
- 应用层：直接面向用户提供各种服务，如 HTTP（超文本传输协议）、FTP（文件传输协议）、SMTP（简单邮件传输协议）等。

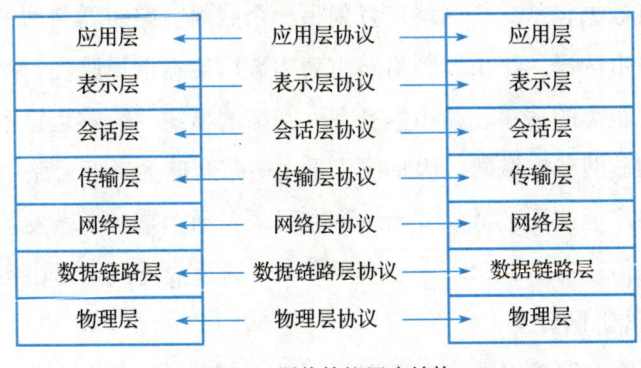

图 3-1　网络协议层次结构

标准化组织在这一过程中也发挥了重要作用。例如，国际电信联盟（ITU）制定了全球性的电信标准，如G系列（语音编码）、H系列（视频编码）等；电气和电子工程师协会（IEEE）专注于局域网、无线通信等领域，如IEEE 802.11（Wi-Fi）、IEEE 802.3（以太网）等标准；互联网工程任务组（IETF）负责开发和推广互联网相关协议，如TCP/IP、HTTP等；而万维网联盟（W3C）则致力于Web技术的标准制定，如HTML、CSS、XML等。

网络协议与标准化的应用广泛，构建了可靠的互联网基础设施，保障了各种应用程序和服务的正常运行。

3.2.2 交换与路由技术

交换与路由技术是通信网络的核心组成部分，负责在网络各节点间高效、快速地传输数据。它们通过特定的设备，如交换机和路由器等，实现信息的交换与路由功能，确保数据能够按照预定的路径从源地址传输到目的地址。

1. 交换机

交换机是一种用于电（光）信号转发的网络设备，能够为接入交换机的任意两个网络节点提供独享的电信号通路。其主要功能是将多个机器连接起来，组成一个局域网，并根据目标地址将数据包转发到相应的输出端口。交换机基于MAC地址（网卡的硬件地址）进行识别，能够学习并存储MAC地址，从而在数据帧的始发者和目标接收者之间建立临时的交换路径，实现数据的直接传输。

2. 路由器

路由器是一种用于连接不同网段的网络设备，能够根据信道情况自动选择和设定路由，以最佳路径将数据包从一个网络转发到另一个网络。路由器名称中的"路由"源于其转发策略——路由选择。路由器利用路由表为数据传输选择路径，路由表包含网络地址以及各地址之间距离的清单。路由器是互联网络的枢纽，能够连接不同传输速率并运行于各种环境的局域网和广域网，因特网正是由遍布全球的千万台路由器连接起来的。

在家庭环境中广泛使用的Wi-Fi无线路由器，实际上是一个转发器，能够将接入家中的有线宽带网络信号（如ADSL、小区宽带等）转换成无线信号，实现计算机、手机等Wi-Fi设备的无线上网。

交换主要发生在OSI参考模型的第二层（数据链路层），关注于局域网内的数据传输。而路由则发生在第三层（网络层），关注于不同网络之间的数据传输。随着网络技术的发展，交换和路由的界限逐渐变得模糊，一些新型的交换机也具备路由功能，如三层交换机和多层交换机。同样，一些路由器也具备交换机的功能，如路由交换机。

3. 交换技术

（1）电路交换技术

电路交换技术是一种直接的交换方式，为一对需要进行通信的装置之间提供一条临时的专用通道，既可以是物理通道，也可以是逻辑通道（使用时分或频分复用技术）。它适用于实时性要求较高的通信业务，如电话通信。电路交换技术包括公用电话交换网、综合业务数字网、智能网等。

（2）分组交换技术

分组交换技术（Packet Switching Technology）是一种将信息分切成一个个轻巧的碎片（分组），在网络中的交换机和终端之间传输，到达目的地后自动组合汇聚成完整信息的交换技术。它适用于实时性要求不高的通信业务，如电子邮件、网页浏览等。基于分组交换技术的网络主要包括X.25分组交换网、帧中继（FR）网、数字数据网（DDN）、异步转移模式（ATM）网等。

4. IP网技术

IP网技术是一种基于IP协议的网络技术，是互联网的基础技术之一。IP协议是一种无连接的协议，可以将数据分割成小的数据包，通过不同的路径发送到目的地。在IP网中，每个设备都被分配一个唯一的IP地址，用于识别和通信。IP网采用分布式结构，每个设备都可以独立地发送和接收数据包，不需要中心节点的控制。

5. 新型交换与路由技术

随着网络技术的不断发展，一些新型的交换与路由技术应运而生，如软件定义网络（SDN）和网络功能虚拟化（NFV）等。这些技术为网络流量的灵活控制提供了良好的平台，使得企业能够像升级、安装软件一样对网络架构进行修改，满足企业对整个网站架构进行调整、扩容或升级的需求。同时，这些技术也大幅缩短了网络架构的迭代周期，降低了成本。

3.2.3 数字信号处理

1. 技术简介

数字信号处理（Digital Signal Processing，DSP）是指通过数学算法对数字化后的信号

进行分析、变换和操作的技术。它将模拟信号转换为数字信号，利用计算机或专用硬件（如DSP芯片等）对其进行处理，若有需要可再转换回模拟信号。DSP广泛应用于移动通信、语音识别、图像处理、音频处理、视频压缩等多个领域，是现代信息技术的核心组成部分之一，其高效的数据处理能力和灵活性使得DSP在各种应用场景中发挥着不可或缺的作用。

2. 技术原理

DSP的基本原理包括采样与量化、编码与解码、滤波与增强以及变换域处理。首先，模拟信号通过采样（Sampling）被离散化，即在时间上以固定间隔取值；然后通过量化（Quantization）将这些取值映射到有限的数字表示形式。编码是将原始数据转换成更紧凑的形式以减少存储空间或传输带宽；解码则是逆过程，恢复原始数据。使用各种滤波器（如低通、高通、带通滤波器等）去除不需要的频率成分，或者提高特定频段的信号质量。此外，通过傅里叶变换（FFT）、小波变换等方法，将时域信号转换到频域或其他变换域中进行更有效的处理，进一步优化信号的质量和效率。

3. 技术应用

DSP技术在多个方面展现了强大的应用价值。

● 提高语音通话质量：通过自适应滤波器和频谱减法技术，DSP可以有效地降低背景噪声，提高语音清晰度；在电话会议或免提通话中，DSP算法能够实时检测并消除由扬声器输出的声音再次被麦克风拾取产生的回声；自动增益控制（AGC）确保不同环境下的语音音量保持一致，避免过强或过弱的问题；线性预测编码（LPC）通过预测下一个样本值来压缩语音数据，同时保留足够的信息用于重建高质量的语音信号。

● 减少噪声干扰：自适应滤波根据环境变化动态调整滤波器参数，更好地适应不同的噪声条件；多通道降噪结合多个麦克风采集的数据，采用波束形成技术聚焦于目标声源，同时抑制其他方向的噪声；频谱减法估计噪声频谱并在频域中直接减去，保留干净的语音信号。

● 优化视频流媒体传输：高效的视频编码标准如H.264/AVC、H.265/HEVC、VP9等通过帧间预测、运动补偿、熵编码等技术大幅减少了视频文件大小；自适应比特率（ABR）根据网络状况自动调整视频流的质量，保证流畅播放而不中断；当数据包丢失或损坏时，DSP算法可以尝试从相邻帧中推断出丢失的信息，减少视觉上的影响。

DSP还具有显著的技术优势，如高效的数据压缩算法（JPEG、MP3、AAC等）显著减少了存储空间和传输带宽需求；先进的滤波器设计实现了更高的选择性和更低的失真，增强了抗噪性能；专用DSP芯片具有强大的计算能力和低延迟特性，适用于实时通信、自动驾驶等场景；软件定义的DSP允许开发者根据具体应用需求编写定制化的算法，提供了极大的灵活性和扩展性。

DSP技术应用的实际案例包括智能手机中的语音助手（如Siri、Google Assistant等），依赖DSP技术来处理用户的语音指令，即使在嘈杂环境中也能准确识别和回应；高清视频会议系统通过高效的视频编码和网络优化技术，确保远程参与者之间能够享受高清、稳定的视频交流体验；智能音箱与智能家居设备内置的DSP模块帮助这些设备过滤环境噪声，精确捕捉用户的语音命令，并与其他智能设备无缝协作。

3.2.4 调制与解调技术

1. 技术简介

调制与解调（Modulation and Demodulation）是通信系统中用于将信息加载到载波信号上并在接收端恢复原始信息的关键技术。调制过程是指在发送端，通过改变载波的幅度、频率或相位来编码信息；而解调则是在接收端，从已调制的载波信号中提取出原始信息的过程。调制与解调技术广泛应用于无线通信、有线通信以及数据传输等领域，确保了信息的有效传输和可靠性。

2. 技术原理

调制与解调的基本原理包括选择合适的调制方式和实现高效的解调算法。

（1）调制方式

常见的调制方式包括：

- 振幅调制（AM，Amplitude Modulation）：通过改变载波信号的振幅来表示信息。
- 频率调制（Fm，Frequency Modulation）：通过改变载波信号的频率来表示信息。
- 相位调制（Pm，Phase Modulation）：通过改变载波信号的相位来表示信息。
- 正交频分复用（Ofdm，Orthogonal Frequency-division Multiplexing）：将一个宽带信道划分为多个窄带子信道，并在每个子信道上进行独立的调制，提高了频谱利用率和抗多径效应的能力。

（2）解调过程

解调是调制的逆过程，旨在从接收到的已调信号中准确地恢复出原始信息。解调方法依据调制类型不同而有所差异，如相干解调、非相干解调等。现代通信系统中，通常采用数字信号处理（DSP）技术来实现复杂的解调算法，提高解调精度和效率。

（3）调制解调器

调制解调器（Modem）是一种硬件设备，它可以在发送端执行调制操作，在接收端执行解调操作。随着技术的进步，调制解调器已经从早期的模拟设备发展到现在的高性能数字调制解调器，支持更高的数据速率和更复杂的调制格式。

3. 技术应用

调制与解调技术在多种应用场景中发挥着重要作用。

- 无线通信：在移动通信系统中，如GSM、CDMA、LTE和5G，调制与解调技术确保了高速数据传输和高质量语音通话。例如，LTE采用了正交频分多址（OFDMA）和单载波频分多址（SC-FDMA）等高级调制技术，以实现更高的频谱效率和更好的覆盖性能。
- 有线通信：DSL（数字用户线路）、电缆调制解调器（Cable Modem）等技术利用调制与解调实现了家庭宽带接入。ADSL和VDSL通过使用不同的频率范围进行上下行数据传输，显著提升了传输速度和稳定性。
- 卫星通信：卫星通信系统依赖于高可靠性的调制与解调技术，如QPSK（四相移键控）和8PSK（八相移键控），以保证远距离通信的质量和安全性。这些技术能够有效应对卫星链路中的延迟和衰落问题。
- 短距离无线通信：蓝牙、Wi-Fi等短距离无线通信标准也广泛应用了调制与解调技术。例如，Wi-Fi 6（IEEE 802.11ax）引入了1024-QAM（正交幅度调制）等先进调制方式，进一步提高了网络容量和用户体验。

调制与解调技术应用的实际案例包括智能手机中的调制解调芯片，支持多种通信标准，确保在全球范围内无缝切换不同网络；智能电视内置的调制解调模块可以接收并解码来自卫星、有线或地面广播的信号，提供高清视频内容；工业自动化系统中的无线传感器网络依靠调制与解调技术实现低功耗、长距离的数据传输，支持智能制造的发展。

3.2.5　多址接入技术

1. 技术简介

多址接入技术（Multiple Access Techniques）是通信系统中允许多个用户共享同一信道资源而不相互干扰的关键技术。它通过不同的方式分配和管理信道资源，确保每个用户能够在同一时间内高效、可靠地进行通信。多址接入技术广泛应用于蜂窝移动通信、卫星通信、无线局域网等领域，是现代通信网络的核心组成部分之一。

2. 技术原理

多址接入技术的基本原理在于如何有效地划分和利用有限的频谱资源，以支持多个用户的并发通信。主要的多址接入方式包括：

● 频分多址（Frequency Division Multiple Access，FDMA）：将可用频段划分为若干个互不重叠的子频段，每个用户占用一个特定的子频段进行通信。这种方法简单直观，但频谱利用率较低。

● 时分多址（Time Division Multiple Access，TDMA）：在同一频率上，将时间划分为多个时隙，每个用户轮流使用这些时隙发送数据。TDMA提高了频谱利用率，并且可以通过增加时隙数量来支持更多用户。

● 码分多址（Code Division Multiple Access，CDMA）：所有用户在同一频段上同时传输，但每个用户的数据被赋予独特的伪随机码序列进行扩频调制。接收端通过解码恢复出特定用户的信号，这种方式具有良好的抗干扰性能和更高的频谱效率。

● 正交频分多址（Orthogonal Frequency Division Multiple Access，OFDMA）：结合了OFDM（正交频分复用）和FDM（频分复用）的优点，将频带划分为多个正交的子载波，并根据用户需求动态分配这些子载波。OFDMA在4G LTE和5G NR中广泛应用，能够提供更高的数据速率和更好的频谱灵活性。

● 非正交多址（Non-orthogonal Multiple Access，NOMA）：与传统的正交多址接入不同，NOMA允许多个用户在同一时间和频率资源上传输信息。通过功率域或代码域的复用，NOMA可以进一步提高系统的频谱效率和连接密度，特别适用于物联网等大规模设备互联场景。

此外，随着5G及未来通信标准的发展，大规模MIMO（Massive Mimo）技术也被引入到多址接入中，通过大量天线阵列实现空间维度上的资源复用，极大提升了系统容量和支持用户的数量。

3. 技术应用

多址接入技术在多种应用场景中发挥着重要作用。

● 蜂窝移动通信：从2G GSM（基于TDMA）、3G UMTS（基于CDMA）到4G LTE（基于OFDMA），再到5G NR（结合了多种多址接入方式），多址接入技术不断演进，提供了更高的数据速率、更低的延迟和更大的连接密度。

● 无线局域网（WLAN）：Wi-Fi标准如IEEE 802.11n、802.11ac和最新的802.11ax（Wi-Fi 6）采用了OFDMA等多址接入技术，显著提高了网络容量和服务质量，尤其在高密度用户环境下表现优异。

● 物联网（IoT）：针对海量低功耗设备的接入需求，窄带物联网（NB-IoT）和长期演进机器类型通信（LTE-M）等技术采用了优化的多址接入方案，确保了设备间的高效通信和长续航能力。

- 卫星通信：卫星通信系统依赖于高效的多址接入技术来最大化频谱利用率和覆盖范围。例如，在低地球轨道（LEO）卫星星座中，通过动态分配频率和时间资源，可以支持全球范围内的宽带互联网接入服务。

实际案例包括智能手机中的多模调制解调器，支持多种多址接入标准，确保在全球范围内无缝切换不同网络；智能城市基础设施中的传感器网络依靠多址接入技术实现低功耗、长距离的数据传输，支持智慧交通、环境监测等功能；工业自动化系统中的无线传感器网络利用多址接入技术实现了高效的数据采集和控制，促进了智能制造的发展。

3.3 现代通信关键技术

随着数据传输需求的不断增长和技术进步，一系列新的通信技术应运而生，它们共同构成了现代通信的关键技术体系。这些技术不仅提升了通信的速度、可靠性和安全性，还为各种新兴应用提供了坚实的基础。

3.3.1 移动通信技术

1. 技术简介

移动通信技术（Mobile Communication Technology）是一种通过无线电信号实现信息传输的技术，使用户能够随时随地使用便携式设备进行语音通话、发送短信和访问互联网等服务。随着4G LTE和5G等新一代移动通信标准的推出，移动通信技术不仅提供了更高的数据传输速率和更低的延迟，还支持了更多高带宽需求的应用场景。移动通信技术是现代信息社会的重要组成部分，深刻改变了人们的沟通方式和社会运作模式。

2. 技术原理

移动互联网的基本原理涉及多个关键技术领域，具体如下：

- 蜂窝网络：包括2G、3G、4G LTE和5G等不同代际的技术，通过基站覆盖广域范围内的移动设备。5G尤其以其高带宽、低延迟和大连接密度的特点，支持了更多高需求的应用场景。

- 核心网络架构：演进分组核心网（Evolved Packet Core，EPC）用于4G LTE网络，负责处理用户的会话管理和数据路由；5G核心网（5G Core Network，5GC）引入了服务化架构（Service-based Architecture，SBA），提高了灵活性和可扩展性，支持网络切片等功能。
- 基站与天线：基站（Base Station）通过天线与用户设备（User Equipment，UE）进行无线通信。基站分为宏基站、微基站、微微基站等多种类型，以覆盖不同的地理范围和服务密度。
- 多输入多输出（Multiple Input Multiple Output，MIMO）：通过使用多个发射和接收天线，MIMO技术可以在同一频段内同时传输多个数据流，显著提高频谱效率和信号质量。
- 波束成形（Beamforming）：波束成形技术集中无线信号的能量，定向传输给特定的客户端设备，增强了信号强度和稳定性，尤其是在远距离或复杂环境中表现更为突出。
- 移动性管理：切换（Handover），当用户设备在不同基站之间移动时，系统需要无缝地将连接从一个基站切换到另一个基站，确保通信的连续性；漫游（Roaming），允许用户在不同运营商网络之间漫游，保持通信服务的可用性。

3.技术应用

移动通信技术在多种应用场景中发挥着重要作用。

- 语音通话与短信：提供基本的语音通话和短信服务，仍然是人们日常沟通的重要手段；VoLTE技术支持高清语音通话，而RCS则提供了富媒体消息服务，如图片、视频和文件共享等。
- 高速互联网接入：移动宽带，4G LTE和5G网络为用户提供高速、稳定的互联网接入服务，支持高清视频流媒体、在线游戏等高带宽需求的应用；热点分享，用户可以通过智能手机或其他设备创建Wi-Fi热点，方便其他设备共享移动网络连接。
- 物联网（IoT）：低功耗广域网（LPWAN），如NB-IoT和LoRaWAN等，专门为物联网设计，提供长距离、低功耗的数据传输，适用于智能农业、环境监测、智慧城市等多种应用场景；车联网（V2X），车辆之间及车辆与基础设施之间的通信，支持自动驾驶、智能交通管理和紧急情况预警等功能。
- 工业自动化：智能制造，5G网络的低延迟和高可靠性特性使其成为工业自动化和智能制造的理想选择。机器人控制、预测性维护等功能依赖于快速响应和稳定连接；远程操作，支持远程监控和控制生产设备，特别是在危险或难以到达的环境中，提升了生产效率和安全性。

● 医疗保健：远程医疗，借助高清视频会议和智能穿戴设备，医生可以远程诊断患者病情，提供咨询和治疗建议，特别是在偏远地区或紧急情况下发挥了重要作用；健康监测，Fitbit、Apple Health等应用帮助用户管理个人健康状况，促进健康生活方式。

● 智能城市：智能交通管理系统。通过实时数据分析优化交通流量；智能电网根据用电需求动态调整电力分配；智能安防系统利用高清摄像头和AI算法提升公共安全水平；公共服务提供智能停车、垃圾管理、环境监测等多种公共服务，提高了城市管理的智能化水平和居民的生活质量。

移动通信技术凭借广泛的覆盖面和强大的功能，已经成为现代社会生活中不可或缺的组成部分。它不仅改变了人们的日常生活习惯，也为各行各业带来了新的发展机遇。未来，随着5G、边缘计算等新技术的进一步发展，移动通信将继续拓展其应用边界，为用户提供更加便捷、智能的服务体验。

3.3.2 光纤通信技术

1. 技术简介

光纤通信（Optical Fiber Communication）是一种利用细长透明的玻璃纤维或塑料纤维传输光信号的通信方式。相比传统的铜线通信，光纤通信具有极大的带宽、极低的损耗和抗电磁干扰等优点，能够实现远距离、高速率的数据传输。光纤通信广泛应用于骨干网、数据中心互联、海底电缆等领域，是现代信息社会不可或缺的基础通信技术。

2. 技术原理

光纤通信的基本原理包括以下几个方面：

● 光信号的产生与调制：光源（如激光器或LED等）产生特定波长的光信号，然后通过调制技术将要传输的信息加载到光载波上。常用的调制方式有强度调制（IM）、相位调制（PM）和频率调制（FM）等。

● 光纤传输介质：光纤分为单模光纤（Single-mode Fiber，SMF）和多模光纤（Multi-mode Fiber，MMF）。单模光纤适用于长距离通信，因为其支持的模式较少，减少了信号衰减；多模光纤则常用于局域网内部连接，尽管传输距离较短，但成本较低且易于安装。

● 光放大与再生：在长距离传输中，光信号会因吸收和散射而逐渐减弱。为此，使用掺铒光纤放大器（EDFA）等设备可以在不转换为电信号的情况下放大光信号，保持通信质量。此外，光电转换器可以在必要时将光信号转换为电信号进行处理和再生。

- 波分复用（WDM）技术：为了提高光纤的利用率，波分复用技术在同一根光纤中同时传输多个不同波长的光信号。密集波分复用（DWDM）可以支持几十甚至上百个信道，极大地增加了传输容量。空分复用（SDM）则是通过增加光纤的数量或采用多芯光纤来进一步提升系统的容量。
- 接收端解调与检测：在接收端，光电探测器（如PIN光电二极管、雪崩光电二极管APD等）将接收到的光信号转换为电信号，并通过解调恢复出原始信息。先进的数字信号处理（DSP）技术还可以对抗噪声和失真，提高解调精度。

3.技术应用

光纤通信技术在多种应用场景中发挥着重要作用。

- 骨干网：全球互联网骨干网依赖于高容量、低延迟的光纤通信系统，确保了海量数据的快速传输。例如，跨大陆的海底光缆连接各大洲，支持国际宽带互联网服务。
- 数据中心互联：数据中心之间需要高效的数据交换，光纤通信提供了几乎无限的带宽潜力，支持未来几十年的数据增长需求。数据中心内部也广泛应用光纤网络，以减少布线复杂度和提高性能。
- 城域网与接入网：城市区域内的光纤到户（Fiber to The Home，FTTH）、光纤到楼（Fiber to The Building，FTTB）等方案使得家庭用户能够享受高速宽带服务。光纤接入网还支持智能电网、智慧城市等多种新兴应用。
- 广播电视：广播电视行业采用了光纤传输技术来分发高清视频内容，提高了画质和稳定性。光纤网络还可以承载双向交互式电视服务，增强了用户体验。
- 工业自动化与物联网：工业环境中对可靠性和实时性的要求较高，光纤通信因其抗电磁干扰特性成为理想选择。在物联网场景下，光纤可以作为骨干连接，支持大量传感器和控制器之间的数据传输。

光纤通信技术在实际应用中展现了其无可比拟的优势，支撑了多个关键领域的高效运作和发展。例如，互联网巨头如亚马逊AWS、微软Azure和谷歌云等，依赖高性能的光纤通信网络实现全球范围内的数据同步和服务交付，确保了云计算服务的稳定性和快速响应。此外，Facebook和Google共同投资的Bifrost海底光缆项目，旨在连接北美洲和欧洲，提供更稳定、高效的跨国互联网连接，进一步加强洲际通信能力。同时，光纤网络不仅为居民提供了高速互联网接入，还支持智能家居设备之间的互联互通，促进了智能城市的建设与发展，提升了城市管理的智能化水平和居民的生活质量。

3.3.3 卫星通信技术

1. 技术简介

卫星通信（Satellite Communication）是利用地球同步轨道（GEO）、中地球轨道（MEO）和低地球轨道（LEO）卫星作为中继站，实现全球范围内的信息传输的技术。卫星通信系统能够在地面基础设施难以覆盖的地区提供宽带互联网接入、广播服务、导航定位以及应急通信等关键功能。它具有广域覆盖、不受地理条件限制和快速部署等优势，广泛应用于军事、政府、商业和个人用户等领域。

2. 技术原理

卫星通信的基本原理包括以下几个方面：

- 卫星轨道类型：地球同步轨道（Geostationary Earth Orbit，GEO）位于约35 786公里高空，卫星与地球自转同步，相对固定在赤道上空某一点，适用于广播、电视和固定卫星服务；中地球轨道（Medium Earth Orbit，MEO）高度介于2 000～20 000公里之间，提供了比GEO更低的延迟和更广泛的覆盖，常用于全球定位系统（如GPS）；低地球轨道（Low Earth Orbit，LEO）高度在500～2 000公里之间，卫星绕地球运行速度快，单颗卫星覆盖范围较小，但多颗卫星组成的星座可以实现全球无缝覆盖，适用于移动通信和物联网应用。

- 上行链路与下行链路：地面站通过发射天线将信号发送到卫星（上行链路），卫星接收并放大信号后转发给其他地面站或终端设备（下行链路）。常用的频段包括L波段、C波段、Ku波段和Ka波段等，不同频段适应不同的应用场景和服务需求。

- 调制解调技术：为了提高传输效率和抗干扰能力，卫星通信采用了多种调制解调技术，如QPSK（四相移键控）、8PSK（八相移键控）、16QAM（正交幅度调制）等。这些技术能够在有限的带宽内实现更高的数据速率和更好的传输质量。

- 多址接入技术：卫星通信系统中广泛使用了多种多址接入方式，如FDMA（频分多址）、TDMA（时分多址）、CDMA（码分多址）和SDMA（空分多址）等。特别是SDMA技术，通过智能天线系统，实现了空间资源的复用，提高了系统的容量和支持用户的数量。

- 信道编码与纠错：为了对抗信道噪声和衰落，卫星通信系统采用了先进的信道编码和纠错技术，如Turbo码、LDPC（低密度奇偶校验码）等。这些技术能够有效地降低误码率，确保了数据传输的可靠性和完整性。

3. 技术应用

卫星通信技术在多种应用场景中发挥着重要作用。

- 全球宽带互联网接入：卫星通信为偏远地区和海洋船只提供了宽带互联网接入服务。例如，Starlink计划通过大规模LEO卫星星座实现了全球范围内的高速互联网覆盖，解决了传统地面网络难以到达的问题。
- 广播电视与多媒体服务：卫星广播系统可以向广大区域同时传送高清视频内容，支持数字电视、卫星广播等服务。此外，卫星还能够承载双向交互式电视和多媒体应用，丰富了用户的娱乐体验。
- 移动通信与物联网：卫星通信支持移动电话、海上通信和航空通信等场景，特别是在没有地面基站覆盖的情况下尤为重要。对于物联网应用，卫星通信能够连接大量分布式的传感器节点，实现实时数据采集和监控。
- 导航与定位服务：全球定位系统（如GPS、GLONASS、Galileo、北斗）依赖于卫星通信技术提供精确的时间和位置信息，广泛应用于交通运输、物流管理、个人导航等多个领域。
- 应急通信与灾害响应：在自然灾害或其他紧急情况下，卫星通信系统可以迅速建立临时通信链路，确保救援队伍之间的协调沟通，支持指挥决策和灾后重建工作。

例如，中国的北斗卫星导航系统不仅提供了高精度的定位和授时服务，还在短报文通信等方面展现了独特的优势，服务于国防、交通、农业等多个领域。

3.3.4 Wi-Fi技术

1. 技术简介

Wi-Fi（Wireless Fidelity）是一种基于IEEE 802.11系列标准的短距离无线通信技术，主要用于实现电子设备之间快速、便捷的数据传输。它广泛应用于家庭、办公室和公共场所，为各种终端设备提供了无须物理连线即可接入网络的方式。Wi-Fi不仅支持终端设备之间的直接通信，还能够将这些设备连接到更广泛的网络（如互联网），极大地提高了用户的移动性和灵活性。随着Wi-Fi 6/6E等新一代标准的推出，Wi-Fi技术在带宽、延迟和连接密度等方面不断取得进步，满足了日益增长的高带宽需求应用。

2. 技术原理

Wi-Fi技术的基本原理包括以下几个方面：

- 频段与信道：Wi-Fi通常工作在2.4 GHz和5 GHz两个频段，每个频段被划分为

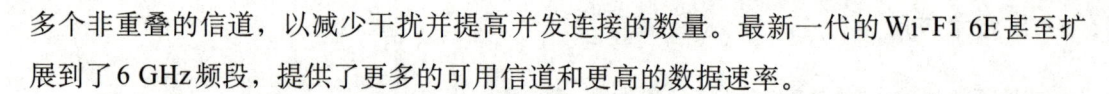

多个非重叠的信道,以减少干扰并提高并发连接的数量。最新一代的Wi-Fi 6E甚至扩展到了6 GHz频段,提供了更多的可用信道和更高的数据速率。

- 调制解调技术:为了提高传输效率和抗干扰能力,Wi-Fi采用了多种调制解调技术,如QPSK(四相移键控)、16-QAM(正交幅度调制)、64-QAM等。这些技术能够在有限的带宽内实现更高的数据速率和更好的传输质量。
- 多输入多输出(MIMO):MIMO技术通过使用多个天线同时发送和接收数据流,显著提高了数据吞吐量和覆盖范围。最新的Wi-Fi 6标准引入了MU-MIMO(多用户MIMO),允许多个设备在同一时间共享信道资源,提升了网络的整体性能。
- 波束成形(Beamforming):波束成形技术可以集中无线信号的能量,定向传输给特定的客户端设备,从而增强信号强度和稳定性,尤其在远距离或复杂环境中表现更为突出。
- 自动频率控制(AFC)与动态频率选择(DFS):这些机制帮助Wi-Fi设备自动选择最优的工作频率,避免与其他无线设备产生干扰,并确保在不同国家和地区遵守相应的频谱管理规定。
- 安全协议:Wi-Fi采用了一系列加密和认证协议来保护通信的安全性,如WPA3(Wi-Fi Protected Access 3),它提供了更强的身份验证机制和数据加密方式,防止未授权访问和数据泄露。

3.技术应用

Wi-Fi技术在多个领域展现了广泛的应用价值。

- 高清视频流媒体:Wi-Fi技术的高带宽和低延迟特性使得在家庭、办公室或其他设有无线网络覆盖的固定场所内流畅播放4K甚至8K超高清视频成为可能,而无须担心缓冲或卡顿问题。特别是在局域网环境中,Wi-Fi能够提供高效的数据传输速率,支持多设备同时访问。
- 智能家居:智能灯泡、门锁、摄像头等设备通过Wi-Fi连接到中央控制系统或智能手机应用程序,用户可以通过远程控制设置自动化场景(如"回家模式""离家模式"等),提升了居住的舒适度和安全性。
- 工业自动化:在智能制造环境中,Wi-Fi用于构建低功耗的传感器网络,监控温度、湿度、压力等环境参数,并将数据发送到中央控制系统。此外,Wi-Fi还可以用于机器人的编程和远程控制,支持智能制造的发展。
- 教育与办公:在教室和会议室中,Wi-Fi支持无线投影、文件共享、视频会议等多种功能,提高了教学和办公效率。学生和员工可以通过Wi-Fi连接到校园网或企业内部网络,获取学习资料和工作文档。

- 零售与支付：基于Wi-Fi的Beacon技术可以向附近的智能手机发送信号，提供个性化的促销信息或导航指引。同时，Wi-Fi也支持安全的移动支付解决方案，增强了购物体验。

Wi-Fi技术凭借其卓越的技术性能和广泛应用前景，已经成为现代通信技术和智能设备互联的重要组成部分。随着技术的不断进步，Wi-Fi将继续在各个领域发挥重要作用，为用户提供更加便捷、智能的生活体验。

3.3.5 蓝牙技术

1. 技术简介

蓝牙（Bluetooth）是一种短距离无线通信标准，主要用于在个人区域内实现电子设备之间的快速、便捷的数据传输。它广泛应用于移动电话、笔记本电脑、耳机、键盘、打印机等多种设备中。

2. 技术原理

蓝牙技术的基本原理包括以下几个方面：

- 频段与调制：蓝牙工作在2.4 GHz ISM（工业、科学和医疗）频段，采用跳频扩频（Frequency-hopping Spread Spectrum，FHSS）技术来抵抗干扰并提高通信的可靠性。FHSS通过快速切换频率信道来分散信号能量，降低了多径效应和干扰的影响。
- 协议栈：蓝牙协议栈分为多个层次，包括物理层（Physical Layer）、链路管理层（Link Manager Protocol，LMP）、逻辑链路控制和适配协议（Logical Link Control and Adaptation Protocol，L2CAP）、安全管理层（Security Manager Protocol，SMP）等。这些层次共同确保了数据的安全传输和设备间的互操作性。
- 低功耗设计：蓝牙低能耗（BLE）特别适合电池供电的小型设备，如健身追踪器、医疗传感器等。BLE采用了优化的连接间隔和广播机制，减少了不必要的通信活动，显著降低了能耗，延长了设备的续航时间。
- 自动配对与连接：蓝牙设备通常具备自动发现和配对的能力，简化了用户的操作步骤。用户只需一次设置，之后设备即可自动连接，无须反复配置，提高了使用的便利性。
- 网络拓扑：点对点（Piconet），由一个主设备（Master）和最多七个从设备（Slaves）组成的小型网络，支持同步和异步通信；分布式网络（Scatternet），多个Piconets可以相互重叠形成更复杂的网络结构，允许多个主设备和从设备同时存在，增

强了网络的灵活性和扩展性；安全机制，蓝牙技术提供了多种加密和认证机制，如E0流密码、AES-CCM加密算法和LE Secure Connections，确保了通信的安全性和隐私保护。

(3) 技术应用

蓝牙技术在多个领域展现了广泛的应用价值：

- 音频传输（无线耳机和音响系统）：蓝牙耳机、耳塞和车载音响系统通过蓝牙与手机或其他播放设备连接，提供了无绳的自由体验。高质量的音频编码技术和稳定的连接确保了清晰流畅的音质。
- 个人健康监测（智能手表和心率监测仪）：蓝牙使相应设备能够实时收集和传输健康数据（如心率、步数、睡眠质量等），并通过配套的应用程序进行分析和可视化展示。这对于个人健康管理具有重要意义。
- 汽车互联（车载信息娱乐系统）：蓝牙使驾驶员可以通过手机与车载系统无缝连接，实现免提通话、音乐流媒体播放等功能，提高了驾驶的安全性和便利性。
- 零售与支付（Beacon技术）：基于蓝牙的Beacon设备可以向附近的智能手机发送信号，提供个性化的促销信息或导航指引。同时，蓝牙也支持安全的移动支付解决方案，增强了购物体验。
- 医疗保健（远程医疗和可穿戴健康监测设备）：蓝牙技术支持远程医疗应用，如远程手术机器人、患者健康监测等。可穿戴设备如血糖仪、血压计等可以通过蓝牙实时传输生理数据，帮助医护人员及时了解患者的健康状况。

蓝牙技术凭借其低功耗、易用性和广泛的兼容性，已经成为现代通信技术和智能设备互联的重要组成部分。随着技术的不断进步，蓝牙将继续在各个领域发挥重要作用，为用户提供更加便捷、智能的生活体验。

3.3.6 终端技术

终端技术涉及用户直接使用的设备及其相关技术，极大地丰富了用户体验，使人们可以通过各种便携式设备随时随地访问互联网和服务。

1. 智能手机与平板电脑

随着硬件性能的显著提升和操作系统的不断优化，智能手机和平板电脑已经成为人们生活中不可或缺的一部分。它们不仅彻底改变了人们的沟通方式，还为电子商务、社交娱乐等行业带来了深刻的变革。这些设备集成了先进的计算能力和多媒体功能，成为现代生活的核心工具。

(1) 硬件性能

现代智能手机和平板电脑在硬件方面表现出色，具备以下特点：

● 多核处理器：搭载高性能的多核处理器（如高通骁龙、苹果A系列、三星Exynos等），能够快速处理复杂的任务，支持多线程应用，提供流畅的用户体验。

● 大容量RAM和存储空间：配备4GB～16GB甚至更高的RAM，确保了多任务处理的顺畅；内置存储从64GB～512GB不等，并支持扩展存储卡，满足用户对数据存储的需求。

● 高质量摄像头：前后置摄像头均采用了高分辨率传感器，支持光学防抖（OIS）、相位检测自动对焦（PDAF）等功能，部分旗舰机型还配备了多镜头系统（如超广角、长焦镜头等），提升了拍照和视频录制的质量。

● 显示屏：采用高清至超高清分辨率的AMOLED或LCD屏幕，具有高对比度、宽色域和低功耗的特点，提供了出色的视觉体验。一些高端设备还支持高刷新率（90Hz～120Hz），进一步增强了交互流畅性。

● 电池续航与快充技术：内置大容量电池（3 000 mAh～5 000 mAh），并支持快速充电技术，缩短了充电时间，延长了使用时间。

● 连接性：集成多种无线通信模块，如5G、Wi-Fi 6、蓝牙5.0及以上版本，以及NFC（近场通信）功能，方便用户随时随地保持连接。

(2) 操作系统

两大主流操作系统iOS和Android持续迭代更新，优化了用户体验并增强了安全性。

● iOS：由苹果公司开发的操作系统，以其简洁直观的界面、严格的安全性和高效的性能著称。iOS系统定期发布新版本，引入新的功能特性，如Face ID/Touch ID生物识别、ARKit增强现实平台等。此外，苹果通过封闭的生态系统确保了软件和硬件的高度整合，提供了稳定可靠的用户体验。

● Android：由谷歌开发的开源操作系统，广泛应用于各种品牌和型号的设备中。Android系统具有高度的定制性和灵活性，允许制造商和开发者根据需求进行个性化调整。Google不断推出新的安全补丁和功能更新，如Project Treble模块化架构、Google Play Protect安全服务等，提升了系统的安全性和稳定性。

丰富的应用程序生态系统涵盖了多个领域，极大地丰富了用户的日常生活，主要包括以下几个方面。

● 生活服务：包括打车应用（如Uber、滴滴出行等）、外卖平台（如美团、饿了么等）、在线支付（如支付宝、微信支付）等，极大地方便了人们的衣食住行。

● 社交网络：社交媒体应用（如Facebook、微博、Instagram等）和即时通信工具（如WhatsApp、微信等）让人们可以随时随地与朋友和家人保持联系。

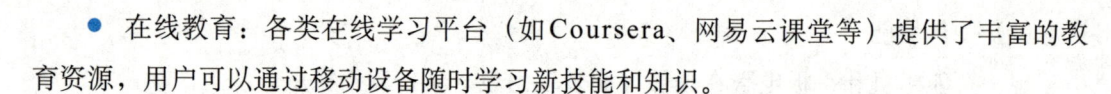

- 在线教育：各类在线学习平台（如Coursera、网易云课堂等）提供了丰富的教育资源，用户可以通过移动设备随时学习新技能和知识。
- 娱乐休闲：音乐流媒体（如Spotify、QQ音乐等）、视频播放器（如Netflix、腾讯视频等）以及游戏应用（如《王者荣耀》《PUBG Mobile》）为用户带来了丰富的娱乐选择。
- 健康管理：健身追踪应用（如Fitbit、Keep等）和健康监测工具（如Apple Health、Google Fit等）帮助用户管理个人健康状况，促进健康生活方式。

智能手机和平板电脑凭借其卓越的硬件性能、优化的操作系统和丰富的应用生态，已经深刻改变了人们的生活方式和社会交往模式，成为现代社会不可或缺的重要组成部分。

2. 物联网设备

物联网（Internet of Things，IoT）设备涵盖了智能家居设备、可穿戴设备、工业传感器等多种类型，这些设备通过互联网实现了互联互通，能够自动收集和交换信息，极大地提高了生活的便利性和生产效率。物联网技术的核心在于将物理世界中的物体连接到网络中，使其具备感知、计算和通信的能力，从而实现智能化管理和控制。

物联网设备具有以下特点：
- 传感与数据采集：物联网设备内置各种类型的传感器（如温度、湿度、加速度计等），用于实时采集环境参数或用户行为数据。
- 无线通信协议：物联网设备通常采用多种无线通信标准，如Wi-Fi、蓝牙、Zigbee、LoRa、NB-IoT等，以确保不同场景下的稳定连接和高效传输。
- 边缘计算：为了减轻云端处理的压力并提高响应速度，部分物联网设备集成了边缘计算能力，可以在本地进行初步的数据处理和决策。
- 云平台与数据分析：采集的数据被上传至云端，通过大数据分析和机器学习算法，提供个性化的服务和智能决策支持。
- 安全机制：物联网设备采用了多种加密和认证机制，如TLS/SSL、DTLS、ECC等，确保数据传输的安全性和隐私保护。

物联网设备在多个领域展现了广泛的应用价值，极大地提升了生活的便利性和生产效率。
- 智能家居控制：在智能家居领域，用户可以通过手机应用程序或语音助手远程控制家中的智能灯泡、插座和门锁等电器设备，设置自动化场景（如"回家模式""离家模式"等），提高居住的舒适度和安全性。智能温控器能够根据用户的使用习惯自动调节室内温度，确保节能与舒适兼得；而智能摄像头和门铃则可以实时监控家庭安全，及时报警，增强家庭的安全防护。

- 健康监测：健康监测是物联网技术的重要应用之一。智能手表和心率监测仪等可穿戴设备可以实时收集和传输健康数据（如心率、步数、睡眠质量等），并通过配套的应用程序进行分析和可视化展示，帮助用户更好地管理个人健康。此外，医疗级IoT设备如血糖仪、血压计等可以通过蓝牙实时传输生理数据，使医护人员能够及时了解患者的健康状况，支持远程医疗服务，提升医疗护理的便捷性和效率。

- 智能交通管理：物联网技术在智能交通管理中发挥了重要作用。智能红绿灯系统根据实际交通流量动态调整信号时间，有效减少拥堵和事故风险。车联网技术使得车辆之间相互通信，提前预警潜在危险，提升驾驶安全；自动驾驶汽车依赖于V2X通信技术，实现实时路况共享和协同驾驶，为未来智能交通奠定了基础。

- 工业自动化：在工业自动化方面，物联网设备通过部署大量传感器监控生产设备的状态，支持预测性维护和优化调度，提高了生产效率并减少了停机时间。机器人控制系统通过无线连接实现远程编程和控制，增强了生产线的灵活性和响应速度，推动了智能制造的发展。

- 农业与环境监测：物联网技术在农业和环境监测领域也展现出巨大的潜力。智能农业系统监控土壤湿度、气象变化、作物生长情况，帮助农民精准灌溉、施肥和防治病虫害，显著提高了农作物产量和品质。环境监测站长期记录空气质量、水质等指标，为环境保护政策提供了科学依据，助力可持续发展。

物联网设备凭借其丰富的应用场景和技术优势，正在深刻改变人们的生活方式和社会运作模式，成为推动数字化转型和智慧城市建设的关键力量。

3. 5G终端

5G终端设备是第五代移动通信技术（5G）的关键组成部分，支持更高的数据传输速率、更低的延迟和更大的连接密度。这些特点使得5G手机、CPE（客户前提设备）、路由器等终端能够在虚拟现实（VR）、增强现实（AR）、8K视频等高带宽需求的应用中表现出色。5G终端不仅提升了用户体验，还为各行各业带来了新的发展机遇。

5G终端的基本原理包括以下几个方面：

- 频段与调制解调：5G工作在多个频段，包括Sub-6 GHz和毫米波（mmWave）。Sub-6 GHz提供了更广泛的覆盖范围，而毫米波则支持更高的数据速率。5G采用了先进的调制解调技术，如256QAM、1024QAM，显著提高了频谱效率。

- 多输入多输出（MIMO）：Massive MIMO技术通过使用大量天线阵列同时发送和接收多个数据流，极大提升了数据吞吐量和覆盖范围。

- 波束成形（Beamforming）：波束成形技术可以集中无线信号的能量，定向传输给特定的客户端设备，增强了信号强度和稳定性，尤其在远距离或复杂环境中表现更为突出。

- 网络切片（Network Slicing）：5G允许创建多个虚拟网络切片，每个切片可以根据不同的应用场景优化资源配置，如低延迟、高带宽、大规模连接等。
- 低功耗广域网（LPWAN）：5G支持低功耗广域网技术，如NB-IoT和LTE-M，适用于需要长时间电池续航的小型物联网设备。

5G终端在多个领域展现了广泛的应用价值：

- 高清视频流媒体：与Wi-Fi相比，5G的最大优势在于其不受地理位置限制的特性，使得无论是在家中还是移动状态下，皆允许用户在任何有5G信号的地方享受到高质量的影视内容和实时互动体验。这使得像云游戏、在线演唱会这样的服务能够在移动环境中提供无缝、无延迟的体验，极大地扩展了用户的活动自由度，并且在人群密集区域（如体育赛事现场、音乐会）依然能保持高质量的连接。
- 在线游戏：5G的低延迟和高速率显著改善了网络游戏体验，特别是对于需要即时反馈的动作类游戏和多人在线竞技游戏（MOBA）。游戏玩家可以通过5G终端享受到更流畅的画面切换、更快的加载速度以及更加稳定的网络连接，减少了掉线和延迟现象，提升了游戏的公平性和乐趣。
- 自动驾驶：5G为自动驾驶汽车提供了可靠的数据传输通道，确保了交通信息的实时共享和安全预警。车对车（V2V）和车对基础设施（V2I）通信技术依赖于5G的低延迟和高可靠性，支持远程驾驶和自动泊车等功能，提升了出行的安全性和便利性，推动了智能交通的发展。
- 工业自动化：在智能制造环境中，5G终端可以实现生产设备的无线连接，支持工厂内数千个传感器和执行器的同时工作。大规模机器类型通信（mMTC）不仅提高了生产效率，还便于进行预测性维护和优化调度，推动了工业4.0的发展，使生产过程更加智能化和高效化。
- 远程医疗：借助5G的高速率和低延迟，医生可以通过远程手术机器人进行复杂的外科手术，患者也可以通过高清视频会议接受专家的诊断和治疗建议。可穿戴健康监测设备能够实时传输生理数据，帮助医护人员及时了解患者的健康状况，支持远程医疗服务，提升医疗护理的便捷性和效率。
- 智慧城市：智慧城市中的各种应用依赖于5G技术提供的高速、稳定和低延迟的网络环境。智能交通管理系统通过实时数据分析优化交通流量，智能电网根据用电需求动态调整电力分配，智能安防系统利用高清摄像头和AI算法提升公共安全水平，为市民创造了更加便捷、安全和高效的生活环境。

5G终端凭借其卓越的技术性能和广泛应用前景，正在深刻改变人们的生活方式和社会运作模式，成为推动数字化转型和智能化升级的关键力量。

拓展阅读

在我国通信技术发展历程中，有许多令人动容的故事。在我国通信事业起步阶段，面临着技术落后、人才短缺等难题。以"中国天眼"首席科学家南仁东为代表的科研团队，为建设世界最大单口径射电望远镜，扎根深山二十余载，克服恶劣环境，历经无数次失败，终于建成"中国天眼"，为我国射电天文学和通信技术发展打开了新窗口。这背后既是对科学的执着追求，更是对国家通信科研事业的无私奉献。在现代通信技术飞速发展的今天，5G基站建设者们同样值得敬佩。他们奔赴全国各地，不畏严寒酷暑，在高山、荒野中搭建基站，让5G信号覆盖更多角落，以提升我国通信网络质量。他们的坚守和付出生动诠释了什么是责任与担当。学习现代通信技术，我们要铭记这些奋斗者，传承他们的精神，努力为我国通信技术迈向更高峰贡献力量。

课后练习

一、选择题

1. 以下哪一项是5G（第五代移动通信系统）相对于4G的主要改进之一？（　　）

   A. 5G主要采用模拟信号进行语音传输

   B. 5G支持短信服务和低速率数据业务

   C. 5G的最大下行速率为2 Mbps，能够提供多媒体服务如视频通话

   D. 5G理论峰值下载速度可达数十Gbps，并且空口延迟可降至1毫秒以内

2. 下列哪一项不是网络协议层次结构中的一个层？（　　）

   A. 物理层　　　B. 数据链路层　　　C. 网络层

   D. 应用层　　　E. 用户层

3. 在调制与解调技术中，哪种调制方式将宽带信道划分为多个窄带子信道，并在每个子信道上进行独立的调制，以提高频谱利用率和抗多径效应的能力？（　　）

   A. 振幅调制（AM）　　　　　　B. 频率调制（FM）

   C. 正交频分复用（OFDM）　　　D. 相位调制（PM）

4. 下列哪一项不是5G移动通信技术的关键特性？（ ）

    A. 高带宽   B. 低延迟   C. 大连接密度   D. 较低的频谱效率

5. 关于Wi-Fi技术，以下哪个描述是不正确的？（ ）

    A. Wi-Fi工作在2.4 GHz和5 GHz两个频段

    B. 最新一代的Wi-Fi标准已经扩展到了6 GHz频段

    C. Wi-Fi仅支持单用户MIMO（SU-MIMO），不支持多用户MIMO（MU-MIMO）

    D. Wi-Fi采用了自动频率控制（AFC）与动态频率选择（DFS）机制来优化性能

二、简答题

1. 简述现代通信技术的发展历程。

2. 解释网络协议层次结构中的物理层、数据链路层和网络层各自的功能，并说明它们在实现高效、安全的数据传输方面的作用。

模块 4

物联网

模块导读

物联网连接了物理世界与数字世界,使得设备之间能够相互通信并协同工作。本模块将带领大家深入了解物联网的概念、层次架构和关键技术,讨论其在智慧交通系统、智慧工业等方面的应用前景,确保学生能够全面理解这一充满活力的技术领域。

4.1 物联网概述

物联网（Internet of Things，IoT）的出现，打破了传统上将物理基础设施和信息与通信技术（ICT）基础设施分开的思维模式。在过去，物理设施如机场、公路、建筑物等，与IT设施如数据中心、个人计算机、宽带网络等是彼此独立的。然而，在物联网时代，这两者被整合为统一的基础设施，形成了一种新的"智慧地球"构想，其中物联网与互联网成为其重要组成部分。

4.1.1 物联网的概念

根据我国工业和信息化部无线电管理局的定义，物联网即"万物相连的互联网"。这一概念包含了两层含义：(1) 物联网的核心和基础仍然是互联网，它是互联网基础上的延伸和扩展；(2) 物联网的用户端从人与人的连接扩展到了物品与物品之间的信息交换和通信，实现了万物互联。

综合来讲，物联网是一种通过RFID装置、红外传感器、全球定位系统（GPS）、激光扫描器等信息传感设备，按照约定的协议，将任意物品与互联网相连接，进行信息交换和通信，以实现智能化识别、定位、跟踪、监控和管理的网络。当每个而不是每种类别的物品能够被唯一标识后，利用识别、通信和计算等技术，在互联网基础上构建的连接各种物品的网络，就是人们常说的物联网。

具体来说，物联网的"物"需满足以下条件才能被纳入物联网的范围。

- 接收能力：具备相应信息的接收器。
- 传输通道：拥有数据传输通路。
- 存储功能：具有一定的存储功能。
- 处理能力：配备中央处理器（CPU）。
- 操作系统：装有操作系统。
- 应用支持：装有专门的应用程序。
- 发送机制：配备数据发送器。
- 协议遵循：遵守物联网的通信协议。
- 唯一标识：在全球网络中有可被唯一识别的编号。

物联网不仅是网络的一种形式，更代表了业务和应用的拓展。它通过智能感知、智能识别与信息通信，广泛应用于网络融合中，推动了多个领域的创新和发展。

4.1.2 物联网的发展

1. 早期概念与探索

1991年,剑桥大学特洛伊计算机实验室的科学家们通过安装摄像头监控咖啡壶状态,并将图像实时传输到实验室计算机上,解决了工作时频繁查看咖啡煮制进度的问题。这一事件成为物联网技术发展的重要里程碑,被称为"特洛伊咖啡壶"事件。

1995年,微软公司创始人比尔·盖茨在其著作《未来之路》中详细描绘了他对未来的预测,其中包括"物联网"的构想,即通过互联网实现万物智能连接,以提高生产效率,改善生活质量,节约能源并降低成本。尽管受限于当时的技术条件,这些构想未能立即实现,但为后来的物联网发展提供了理论基础。

1999年,美国麻省理工学院的研究团队正式提出了物联网的概念,他们通过射频识别(RFID)技术实现了物物之间的通信,标志着物联网概念的真正诞生。

2. 国际标准化与初步应用

2003年,国际标准化组织(ISO)成立物联网研究组,着手制定相关标准,为物联网技术的规范发展奠定了基础。

2005年11月,在突尼斯举行的信息社会世界峰会上,国际电信联盟(ITU)发布了《ITU互联网报告2005:物联网》,正式提出"物联网"概念,引起了全球范围内的广泛关注,标志着物联网技术研究和发展进入新阶段。

3. 国内政策推动与标准化建设

2009年8月,中国提出"感知中国"理念,标志着国家层面开始重视物联网的发展。同年,《让科技引领中国可持续发展》讲话强调要着力突破传感网、物联网关键技术。

2010年,十一届全国人大三次会议《政府工作报告》提出,"加快物联网的研发应用",明确将物联网纳入重点产业。6月,由60多家单位组成的"感知中国"物联网联盟在无锡正式成立,旨在发挥无锡的研发与产业优势,带动全国物联网产业快速发展。

2012年3月,中国提交的"物联网概述"标准草案经国际电信联盟审议通过,成为全球首个物联网总体标准,促进了全球物联网规范发展。

2013年2月,国务院发布《关于推进物联网有序健康发展的指导意见》,明确了物联网发展的总体和近期目标,并提出了多项保障措施。同年9月,五部委联合制定了10个物联网发展专项行动计划,进一步细化具体实施路径。

4. 商用化与广泛推广

2013年，中国联通、中国移动、中国电信相继推出物联网业务，标志着中国进入物联网商用时代。

2015年，中国政府发布《中国制造2025》，将智能制造作为未来发展的重要方向，推动物联网技术在制造业的应用。

2016年11月，《"十三五"国家战略性新兴产业发展规划》明确提出实施网络强国战略，推动物联网、云计算和人工智能等技术向各行业全面融合渗透，构建新一代信息技术产业体系。

2017年6月，工信部发布《关于全面推进移动物联网建设发展的通知》，强调推进NB-IoT网络部署和拓展行业应用，加快其创新与发展。

2019年，欧盟推出物联网产业计划，将物联网列为欧洲未来发展的重点之一。同年，5G技术的商用推广为物联网的发展带来了新的机遇和挑战，应用场景更加广泛。

5. 新基建与全面发展

2021年9月，中国八部门联合印发《物联网新型基础设施建设三年行动计划（2021—2023年）》，设定了到2023年底在国内主要城市初步建成物联网新型基础设施的目标，以巩固社会现代化治理、产业数字化转型和民生消费升级的基础。

2022年1月，《"十四五"数字经济发展规划》要求提高物联网在工业制造、农业生产、公共服务、应急管理等领域的覆盖水平，增强固移融合、宽窄结合的物联接入能力，标志着物联网发展进入黄金时期。

6. 未来发展方向

展望未来，物联网的发展将继续受到技术进步、市场需求以及政策法规的多重影响。以下是几个可能的发展方向。

- 数据的大规模融合与处理：随着物联网设备的普及，海量数据的产生将促使更先进的数据分析和处理技术的发展，用于预测维护、优化运营等，为企业和社会带来更高的效率。

- 边缘计算的深化应用：鉴于物联网设备数量庞大，若所有数据都传送到云端处理，将导致显著的延迟和带宽问题。因此，靠近设备侧的数据处理，即边缘计算，将成为未来发展的关键趋势，以减少延迟并提高响应速度。

- 消费者接纳度的提升：物联网设备已经在智能家居、智能出行等多个领域得到应用。随着技术进步和消费者对智能生活的期望不断提高，更多类型的物联网设备将在日常生活中普及，改变人们的生活方式。

- 跨行业的深度合作：物联网的应用需要各个行业的协同合作。例如，智能家居需要家电制造商、网络运营商、IT公司等多方共同参与。未来，随着物联网应用的扩展，跨行业合作的重要性将进一步凸显。
- 安全保护机制的完善：随着物联网设备的广泛使用，安全问题将变得愈加突出。未来的趋势是更加重视设备的安全性，开发更为严格的安全措施来保护设备和数据的安全，确保用户隐私和系统稳定运行。

综上所述，物联网的发展经历了从概念提出到技术突破，再到广泛应用的过程，已成为新一代信息技术的重要组成部分。未来，物联网将继续推动物理世界与数字世界的深度融合，为各行业带来前所未有的发展机遇和创新空间。

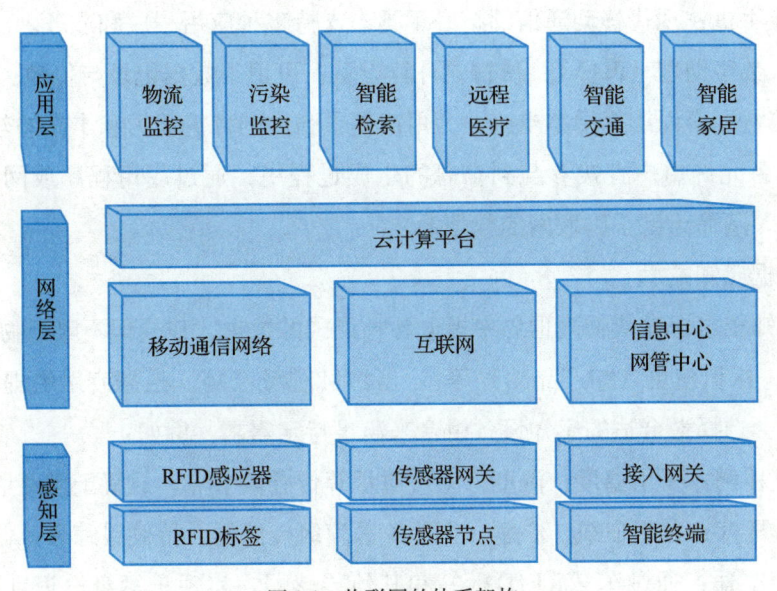

4.1.3 物联网的体系架构

物联网的体系架构由感知层、网络层、应用层组成（见图4-1）。这一架构设计旨在实现物理世界与数字世界的深度融合，支持万物互联的信息采集、传输与处理。

图4-1 物联网的体系架构

1. 感知层

感知层作为物联网架构的基础层级，是信息采集的起点，主要负责识别物体和收集来自物理世界的各类数据。该层通过自动感知设备和人工生成信息设备两类技术手段，实现对外部环境的全面感知与数据获取。其功能类似于人体的感觉器官——眼、耳、鼻、喉、皮肤以及神经末梢等，对物理世界中的事件进行捕捉，并将这些信息转化为数字信号，供后续处理和应用。

(1) 自动感知设备

自动感知设备是指能够独立运作、无须人工干预即可获取外部物理信息的装置。这类设备广泛应用于物联网的不同场景中，具体包括但不限于以下几种。

- 射频识别（RFID）装置：用于物品的身份标识与追踪。
- 传感器：涵盖温度、湿度、压力、光照强度等多种类型的传感器，用于监测环境参数。
- 智能家电：如具备联网功能的空调、冰箱等家用电器，可实时反馈运行状态。
- 摄像头：用于视频监控，捕捉视觉信息。
- 全球定位系统（GPS）：提供精确的位置信息。

这些设备能够在特定应用场景下发挥重要作用。例如，在环境监测领域，会部署专门的温度、湿度及其他环境指标监测节点；在远程医疗应用中，则使用血氧、血压等健康监测节点；而在智能交通系统中，车辆则配备射频识别标签以实现精准管理。

(2) 人工生成信息设备

人工生成信息设备则是指由用户操作或控制的信息输入终端，主要包括：

- 智能手机：现代移动通信的核心工具，支持多种应用程序和服务。
- 个人数字助理（PDA）：便携式计算设备，可用于数据记录与传输。
- 计算机：桌面或笔记本电脑，为用户提供强大的计算能力和丰富的软件生态。

这些设备允许用户直接参与到信息的生成过程中，通过应用程序或网络接口提交数据或指令，从而丰富了物联网的数据源。

(3) 数据感知技术

数据感知技术旨在从物理世界中提取各种形式的数据，包括但不限于物理量（如温度、湿度）、标识信息（如产品编号等）、音频和视频流等。根据应用层提供的服务类型，感知层会选择最合适的感知设备组合来满足特定需求。例如：

- 环境监测：采用温度、湿度、空气质量等传感器节点，放置于需要监控的区域。
- 远程医疗：利用血氧、心率、血压等医疗级传感器，持续跟踪患者健康状况。
- 智能交通：通过车载RFID标签和其他传感器，实现车辆身份识别和行驶路径记录。

(4) 数据采集与协同处理

感知层不仅限于单个设备的数据采集，还涉及多个传感器之间的协作。为了确保数据的准确性和完整性，通常采用短距离无线通信协议（如蓝牙、ZigBee等）或自组织网络技术（如Mesh网络等），在局部范围内形成一个小型的传感网络。这种协同机制使得不同类型的传感器可以共同工作，相互补充，提高整体系统的感知能力。

综上所述，感知层作为物联网的第一道关卡，承担着至关重要的角色。它不仅是物理世界与数字世界之间的桥梁，也是整个物联网体系得以正常运转的基础。通过精心设计和合理配置感知设备，感知层能够高效地完成物体识别、数据采集的任务，为后续的信息传递和应用服务提供了坚实保障。

2. 网络层

网络层在物联网架构中扮演着类似于人类神经中枢和大脑的角色，负责信息的传递、路由选择以及控制，旨在实现广泛的信息互联与高效的数据传输。该层主要依托因特网、移动通信网、卫星网等基础设施，构建了一个多层级的传输体系，包括接入层、汇聚层和核心交换层，为信息的广域传送提供了可靠的载体，确保感知到的信息能够无障碍、高可靠性、高安全性地进行传输。

（1）接入层

接入层相当于计算机网络中的物理层和数据链路层，是物联网感知网络的基本单元。它负责将感知层采集的数据接入到更广泛的网络中，通过各种接口和协议，实现从传感器节点到网络层的初步连接。

接入层的技术手段：

● 有线接入：包括电力线接入、电视电缆、电话线等传统有线通信方式，适用于需要稳定连接和较高带宽的应用场景。

● 无线接入：涵盖无线局域网（WLAN）、机器对机器通信（M2M）等无线技术，尤其适合移动性和灵活性要求较高的场合。此外，还包括4G/5G移动通信网络，为物联网设备提供高速、低延迟的数据传输通道。

（2）汇聚层

汇聚层位于接入层和核心交换层之间，作为中间桥梁，承担着数据分组汇聚、交换、转发的任务，并执行诸如过滤、负载均衡等关键操作。这一层次的目的是优化数据流，减少冗余，提高传输效率。

汇聚层的技术分类：

● 有线汇聚：如局域网（LAN）、现场总线（Fieldbus）等，用于固定场所或工业环境下的数据整合。

● 无线汇聚：如无线局域网（WLAN）、无线城域网（WMAN）、移动通信网络等，适用于广阔区域内的数据收集与转发，增加了系统的覆盖范围，并增强了适应性。

（3）核心交换层

核心交换层为物联网提供高速、安全且具备服务质量保障能力的数据传输服务。它是整个网络的核心枢纽，负责处理海量数据的快速交换和智能调度，确保数据能够在不同网络间顺畅流转，满足各类应用的需求。

核心交换层的技术特点：

- 高效传输：采用先进的路由算法和技术，确保数据包能够以最短路径到达目的地，降低延迟并提升吞吐量。
- 安全保障：实施严格的安全策略，包括加密、认证、访问控制等措施，保护数据完整性和用户隐私。
- 服务质量（QoS）：根据不同应用的要求，动态调整资源分配，优先保障关键业务的数据传输质量。

(4) 网络融合与未来发展

当前，广泛使用的移动通信技术和互联网已经基本满足了物联网数据传输的需求，相应的网络技术和信息安全机制也已发展成熟。然而，随着物联网应用场景的不断扩展和新业务出现的新特征，现有的网络基础设施仍需进一步改进和优化，特别是在以下几个方面。

- 增强互联互通：促进不同网络之间的无缝对接，冲破信息孤岛，形成统一的物联网生态系统。
- 提升性能指标：针对未来更高的带宽需求、更低的延迟要求以及更强的安全防护能力，持续升级网络技术和协议标准。
- 支持新兴技术：积极探索边缘计算、软件定义网络（SDN）、网络功能虚拟化（NFV）等新技术的应用，推动网络架构向更加灵活、智能的方向演进。

综上所述，网络层作为物联网架构的重要组成部分，通过多层次的技术手段和完善的管理体系，实现了感知层采集的数据信息的高效、可靠、安全传递，进而达成了网络层与感知层的有效融合。这不仅为物联网的广泛应用奠定了坚实基础，也为未来的创新发展预留了充足空间。

3. 应用层

应用层是物联网架构的顶层，涵盖了各种应用基础设施、中间件平台以及具体的应用服务。该层的设计旨在模拟人类社会的功能分工，通过多样化的应用满足不同领域的实际需求。根据其功能特性，应用层可以进一步细分为管理服务层和行业应用层。

(1) 管理服务层

管理服务层作为应用层的基础支撑部分，提供必要的管理和支持服务，确保各类物联网应用能够高效运行。这包括但不限于业务支撑平台、网络管理平台、信息安全平台等，它们共同构成了一个稳定可靠的应用环境。

- 业务支撑平台：如中间件平台，负责协调不同应用之间的交互，简化开发流程，提高系统集成度。

- 网络管理平台：如M2M管理平台，用于监控和维护网络状态，优化资源配置，保障数据传输的质量和服务水平。
- 信息安全平台：实施全面的安全策略，保护用户隐私和数据安全，防范潜在风险。

（2）行业应用层

行业应用层专注于特定领域或行业的个性化需求，提供了丰富的应用场景和服务模式。这些应用直接面向最终用户，旨在解决现实生活中的具体问题，并提升效率和生活质量。

典型应用示例：
- 智能交通：通过车联网技术实现车辆与基础设施之间的信息共享，优化交通流量，减少拥堵，提高出行安全性。
- 智能家居：利用家庭内部的传感器网络和智能设备，户主即使不在家也能通过智能手机实时监测并控制家中的环境参数（如温度、湿度等）及家电设备（如空调、冰箱、电视、灯光等），实现远程管理和自动化操作。
- 远程医疗：借助可穿戴设备和健康监测节点，患者可以将身体各项指标的数据实时上传至医疗机构，医生则可以根据这些数据进行诊断和治疗建议，改善医疗服务的可达性和便捷性。
- 智能物流：结合RFID标签和其他传感技术，实现货物全程跟踪，提高仓储管理和运输调度的效率。
- 环境监测：部署在自然环境中的传感器节点持续采集空气质量、水质等关键数据，帮助相关部门及时掌握环境变化，采取相应措施。

（3）跨层协作与定制化服务

应用层不仅独立运作，还与感知层和网络层紧密协作，形成一个完整的生态系统。不同应用服务对底层技术和功能有着特定的要求，因此需要根据实际情况灵活调整。例如，智能家居应用中，温度、湿度感知节点与智能电器的联动依赖于高效的短距离通信协议和可靠的本地网络连接；远程医疗应用则更注重数据的安全性和实时性，要求高带宽、低延迟的广域网支持；智能交通应用可能涉及复杂的多源数据融合，需要强大的云计算能力和先进的数据分析算法。

综上所述，应用层作为物联网架构的核心组成部分，通过构建多样化的应用服务体系，实现了从物理世界到数字世界的无缝对接。它不仅为各行各业提供了新的发展机遇，也极大地提升了人们的生活质量和工作效率。通过不断探索和实践，应用层将继续推动物联网技术向更加智能化、个性化的方向发展，为社会带来更多的使用价值和便利。

4.1.4 物联网的技术特征

物联网作为新一代信息技术的重要组成部分，具备三大核心技术特征：全面感知、可靠传递和智能处理。这些特征不仅标志着物联网区别于传统网络的独特优势，也为其广泛的应用和发展奠定了坚实的基础。

1. 全面感知

全面感知是指利用射频识别（RFID）、传感器、二维码及未来可能出现的其他类型传感装置，实现对物理世界信息的广泛采集和获取。这一过程覆盖了人类生活、工作、健康以及社会活动等多个方面，能够满足后期信息处理、溯源及高效应用的需求。

实现全面感知的技术手段：

- 射频识别（RFID）设备：用于物体的身份标识与追踪。
- 传感器：包括温度、湿度、压力等多种类型的传感器，用于监测环境参数。
- 二维码及其他编码技术：提供便捷的信息读取方式。
- 新兴感知技术：如视觉传感器、声学传感器等，进一步扩展感知范围。

通过全面感知技术，物联网可以实时捕捉物理世界的动态变化，为后续的数据分析和决策支持提供翔实的数据支撑。例如，在智能家居中，温度和湿度传感器能够自动调节室内环境；在工业生产线上，传感器可以监控设备状态，预防故障发生。

2. 可靠传递

可靠传递指的是通过各种电信网络与互联网的融合，确保物体信息能够实时、准确地传输到目标节点。尽管无线网络已经覆盖了大部分区域，但要真正实现万物互联的目标，还需要克服诸多挑战，如接入范围有限、应用环境差异大等问题。

实现可靠传递的技术手段：

- 多模化传送技术：融合多种通信技术（如4G/5G移动通信、Wi-Fi、ZigBee等），以适应不同应用场景的需求，确保"无缝到达"的用户体验。
- 网络安全机制：建立完善的信息共享安全机制和访问权限管理体系，保障数据传输的安全性和隐私保护。

未来的物联网需要远程操作和信息共享达到更高的水平，这要求我们在提高网络可用性的同时，加强信息安全技术的研发，确保信息传递的可靠性。随着5G网络的普及和其他新型通信技术的发展，物联网的可靠传递能力将得到显著增强。

3. 智能处理

智能处理是物联网的核心功能之一，它利用云计算、模式识别、深度学习、强化学习、大模型等各种智能计算技术，对海量数据进行高效分析和处理，从而实现智能化决策和控制。这种能力使得物联网系统不仅能收集大量数据，还能从中提取有价值的信息，为用户提供更智慧的服务。

实现智能处理的技术手段：

- 云计算与边缘计算：提供强大的计算能力和存储资源，支持大规模数据分析。
- 机器学习与人工智能：通过算法优化和模型训练，提升数据解释的准确性，预测未来趋势。
- 普适计算：人们可以在任何时间、地点透明地获得所需信息服务，增强人机交互体验。

智能处理技术的应用极大地提升了物联网系统的响应速度和服务质量。例如，在智能交通系统中，通过对交通流量数据的实时分析，可以动态调整信号灯时长，减少拥堵；在医疗保健领域，基于患者健康数据的个性化治疗方案可以帮助医生做出更加精准的诊断。

4.2 物联网的关键技术

物联网技术作为信息技术领域的一个重要组成部分，其关键技术发挥着至关重要的作用。这些关键技术不仅支撑了物联网系统的构建和运行，还推动了物联网在各个领域中的应用和发展。

物联网的关键技术涵盖了感知层、网络层和应用层等多个层面。这些技术相互关联、相互支持，共同构成了物联网技术的完整体系。

4.2.1 感知层关键技术

感知层的关键技术主要包括各类传感器、RFID标签、摄像头等感知设备，它们负责采集和获取物理世界中的各种信息。这些感知设备通过不同的方式将信息转化为数字信号，为后续的处理和分析提供了基础。

1. 物联网传感器

在物联网架构的感知层中，传感器扮演着接收和转换自然界信息的关键角色，堪称"电五官"，即人类感觉器官的电子延伸。传感器技术是一门从自然源获取信息并进行处理、转换与识别的现代科学与工程技术。它涵盖了传感器的设计、开发、制造、测试以及信息处理和识别的应用评估。随着信息技术的进步，传感器已成为获取准确、可靠信息的主要手段，在现代工业生产、科学研究及日常生活等各个领域中发挥着不可替代的作用。

传感器作为物联网的神经末梢，是实现全面感知自然的核心元件。通过大规模部署和应用各类传感器，构成了物联网不可或缺的基础。在不同应用场景下，我们使用不同的传感器来满足特定需求，如智能工业、智能安保、智能家居、智能运输、智能医疗等领域。可以说，没有众多优良的传感器，现代化生产和科学研究就失去了基础。

在现代工业生产中，尤其是自动化生产过程中，各种传感器用于监控和控制生产过程中的参数，确保设备处于正常或最佳状态，并保证产品质量。在基础学科研究方面，传感器更是具有突出的地位，许多前沿领域的探索依赖于高灵敏度和新机理的检测传感器。例如，观察宏观宇宙现象、微观粒子行为，或是研究极端条件下的物理化学变化，都离不开先进传感器的支持。

2. 自动识别技术

自动识别技术是指通过识别装置读取物体上的标识信息，并经由核心处理器对这些数据进行处理和计算的技术。这一技术广泛应用于条形码和射频识别（RFID）等领域中，极大地提高了信息采集的速度和准确性。

（1）条形码识别技术

条形码是一种常见的自动识别技术，由不同宽度的黑白条纹组成，能够存储有限的信息量。一维条形码主要用于物品标识，而二维条形码（二维码）则可以在更大范围内存储信息，包括描述性内容。二维码不仅能在数据库和网络中使用，还能提供更丰富的用户体验。然而，相较于二维码，一维条形码的信息储量较小且密度较低。

（2）射频识别（RFID）技术

射频识别技术已有70多年的发展历史，在中国已经相对成熟，并广泛应用于多个行业。该技术利用射频信号通过空间耦合实现无接触信息传递，从而达到识别目的。RFID系统可以是有源、无源、定位、低频、高频或微波等多种类型，具备简单易用、无须人工干预的特点，非常适合现代生产和物流管理的需求。此外，RFID标签能够存储大量信息，并通过无线通信网络自动将信息采集到中心信息系统中，实现了物品的有效识别和追踪。

物联网自动识别技术为物流、交通、建筑等多个领域提供了智能化服务，保证了信息的准确性和及时性。例如，在物流领域中，从物品出库到售后都可以利用物联网体系为客户或用户提供全程服务；在智能交通领域，则可以帮助运输部门实时监控路况；在绿色建筑中，可用于人员管理和房间设备控制。

3. 智能设备

智能设备是指任何具有计算处理能力的装置或机器，它们结合了传统电气设备与计算机技术、数据处理技术、控制理论、传感器技术、网络通信技术和电力电子技术等多种先进技术。功能完备的智能设备应具备以下三个主要特征：灵敏且准确的感知功能、正确的思维与判断功能以及行之有效的执行功能。自我检测是智能设备的基础，而自我诊断则是其核心。

智能硬件旨在满足人们的智能化需求，带来全新的生活方式和高效的生产力工具。根据智能化程度的不同，智能硬件可以分为以下几个层次。

第一级：微智能传感式硬件——传统硬件加入传感器和通信模块后，能够感知外部环境并将数据传输出去。这类设备通常用于简单的数据收集，如计步器等。

第二级：传感式智能设备——在第一级基础上增加了自我调节能力，能够根据传感器的数据做出基本的操作决策。例如，当湿度或温度超标时，智能插座会自动切断电源。目前大部分智能设备处于这一阶段，如智能灯泡、智能水杯等。

第三级：学习型智能设备——在此基础上增加了学习能力并与用户交互的功能。这类设备可以根据过去的数据提升自身的判断水平，并适应用户的个性化需求，如手环的动作自动识别功能等。

更高级别：全自动智能设备——无须人工干预即可完成感知、分析、决策的全过程。这种设备依赖于互联网、物联网、云计算和大数据等基础设施，通过宽带实时传输数据至云端，并根据云端指令做出相应操作。此类设备必须支持编程扩展和自主学习，以实现持续优化。

4.2.2 网络层关键技术

如果说感知层是物联网的"感觉器官"，那么网络层就是其"神经中枢"。物联网网络层中存在着各种"神经中枢"，用于信息的传输、处理及利用。通信网络、信息中心、融合网络和网络管理中心等共同构成了物联网的网络层。要实现网络层的数据传输，可以利用多种形式的网络类型，如小型局域网、家庭网络、企业内部专网、互联网、移动通信网等。随着多种应用网络的融合，物联网的发展进程将不断加快。

1. 互联网技术

互联网几乎包含了人类的所有信息，是信息资源的汇总，通常所说的因特网即为其狭义称谓。互联网技术作为物联网的基础，两者之间的关系紧密相连。在相关网络协议的约束下，通过互联网相连的网络能够将海量的信息进行汇总、整理与存储，实现信息资源的有效利用和共享。互联网由众多子网连接而成，形成了一个逻辑性的网络结构，每个子网内包含若干主机，这些主机主要由计算机组成，它们相互连接，共同管理自己区域内的子网。互联网中的最高层域名分为地理性域名和机构性域名两类，其中机构性域名的数量为14个。

"客户端/服务器"模式是互联网的基础工作模式，在TCP/IP协议的约束下，任何一台能够与互联网连接并相互通信的计算机都成为互联网的一部分。这种不受限于设备类型或操作系统的联网形式，使得互联网的覆盖范围更为广泛。从某种意义上讲，物联网是在互联网基础上的延伸和发展。

互联网不仅提供了丰富的信息资源，还带来了诸多优质服务，极大地提高了人们的生活质量和效率。具体而言，互联网提供的服务包括但不限于：

- 高级浏览服务：通过网页搜索功能，用户可以搜寻、检索并利用各种网络信息；同时，还可以将自己的信息及外界环境信息发布到互联网上，实现信息共享。利用互联网的高级浏览服务，不仅可以进行非实时的信息交流，还能支持实时的信息交互。
- 电子邮件服务：作为一种流行的网络通信工具，电子邮件服务帮助人们在任何时间、地点与他人互动交流。
- 远程登录服务：这项服务允许用户远距离操控其他计算机，通过将本地计算机与远程计算机连接起来，实现对远程计算机的控制。
- 文件传输服务：最早的互联网文件传输程序是FTP（文件传输协议），用户可以通过该协议将文件上传至远程计算机系统，也可以从远程计算机下载文件。

为了适应物联网的需求，互联网需要应对更大的数据量，并为更多的终端提供服务。为此，必须从技术层面进行革新。目前，IPv6技术被视为解决这一挑战的关键。IPv6拥有近乎无限的地址空间，能够支持海量数据的存储与传输。借助IPv6技术，互联网不仅可以服务于人，还能为所有硬件设备提供服务，从而更好地支撑物联网的发展。

2. 无线传感器网络技术

在物联网中，要与人无障碍地通信，必然离不开能够传输海量数据的高速无线网络。无线网络不仅包括允许用户建立远距离无线连接的全球语音和数据网络，还包括短距离蓝牙技术、红外线技术和ZigBee技术。

无线传感器网络（Wireless Sensor Network，WSN）是指在多个传感器之间建立的一种无线自组织网络，它能够实现传感器之间的信息传输。在这个过程中，无线传输网络会对传感器采集的数据进行汇总。无线传感器网络使区域内物体的物理信息和周围环境信息以数据形式存储在传感器中，便于人们对目标物体和任务环境进行实时监控、分析处理和有效管理。

无线传感器网络的特点包括但不限于：

- 大规模部署：网络规模较大，覆盖各种地理环境，通过无数传感器节点形成广泛的监测网络。
- 动态变化：网络结构呈现为动态变化的网络拓扑结构。
- 数据为中心：一切工作行为均围绕数据展开。
- 自动组网能力：网络具有自动组织的能力。
- 应用相关性：网络特性与其应用场景密切相关。
- 公开性较低：考虑到安全性，网络相对封闭。
- 节点性能有限：传感器节点的计算能力和能源供应有限，有待进一步优化。

3. 卫星通信技术

物联网设备进行通信交流主要依赖于各种通信技术，如基站和天线等。对于大部分陆地地区来说，这种常规模式可以满足需求。然而，在海洋、戈壁、沙漠、深山老林等难以建立基站的地方，传统通信方式则显得有些力不从心。因此，人们自然而然地想到了利用卫星通信作为地面基站通信的补充和延伸。

卫星通信技术利用人造地球卫星发射无线电波，从而实现两个或多个终端之间的通信。从物联网的角度来看，卫星通信的本质是借助航天技术，结合社会和资本资源，实现全球万物互联的商业价值。

卫星通信系统一般由以下几个部分组成。

- 空间分系统：包括在若干个轨道平面上布置的多颗卫星。
- 通信地球站：负责与卫星进行数据交换。
- 跟踪遥测及指令分系统：用于监测和控制卫星运行状态。
- 监控管理系统：管理和优化整个系统的运行。

这些卫星通过通信链路连接，形成一个覆盖全球的服务网络。每个服务区内的用户至少被一颗卫星覆盖，确保用户可以随时接入系统。

卫星通信技术特别适用于以下场景：

- 偏远地区通信：如海洋、戈壁、沙漠、深山老林等地。

- 应急通信：在自然灾害发生时，快速部署通信基础设施。
- 全球物流追踪：实时监控全球范围内的货物运输情况。
- 远程医疗：为偏远地区的居民提供医疗服务。
- 环境监测：对全球气候变化、森林火灾等进行实时监测。

通过卫星通信技术，物联网设备可以在更广泛的地理范围内实现高效、稳定的通信，进一步推动全球万物互联的发展。

4.2.3 应用层关键技术

应用层的关键技术更多地关注于数据的分析和应用。物联网的应用领域广泛，不同的应用场景需要不同的数据分析方法和应用策略。

1. 云计算技术

物联网的发展离不开云计算技术的支撑。由于物联网终端设备的计算能力和存储能力有限，云计算平台可以作为物联网的大脑，实现海量数据的存储和计算。根据美国国家标准与技术研究院的定义，云计算是一种通过互联网提供按需计算资源和服务的模型。这些计算资源包括网络、共享的可配置计算资源（如服务器、存储、应用和服务），能够快速地提供和回收，并尽量减少管理开销。

云计算具备以下基本特征：

- 按需自助服务：用户可以根据需要自行获取和管理计算资源，而无须人工干预。
- 广阔的互联网访问：用户可以通过标准机制使用各种客户端设备（如移动电话、平板电脑、笔记本电脑等）访问云计算资源和服务。
- 资源池：云提供商将计算资源集中在一个或多个数据中心中，通过多租户模式为多个用户提供服务。用户无须知晓资源的具体位置。
- 快速弹性：资源可以根据需求迅速扩展或缩减，以适应不同的工作负载变化。
- 可度量的服务：系统自动控制和优化资源使用情况，通过计量功能对资源使用情况进行监控、控制和报告。

总的来说，云计算可以被看作通过计算机通信网络（如互联网等）来提供计算服务的分布式系统，其主要目标是利用分布式资源解决大规模的计算问题。云中的资源对用户是透明的，用户无须知晓资源所在的具体位置。这些资源能够同时被大量用户共享，用户能够在任何时间、任何地点访问应用程序和相关数据。

通过云计算的支持，物联网设备不仅能够处理和存储大量数据，还能够实现高效的资源共享和协同工作，从而推动智能城市、工业自动化、智能家居等多个领域的快速发展。

2. 中间件技术

中间件是一种计算机软件产品，它在系统架构中扮演着桥梁的角色。中间件主要分为两种模式：一种是介于操作系统与应用软件之间，这种模式下的中间件管理计算机资源和网络通信，将操作系统与应用软件连接起来，实现信息传递和交互；一种是介于硬件和应用软件之间，这种模式下的中间件管理集成硬件设备，将硬件数据信息集成并上传给应用软件，实现交互。

在这两种模式中，中间件都可以向下集成处理，向上直接为系统软件提供数据等资源。中间件作为一种系统软件平台，为网络应用软件提供综合的服务和完整的环境。借助这种软件，网络应用、硬件数据能够实现集成，达到业务的协同。

中间件技术为用户提供了一个统一的运行平台和友好的开发环境，在物联网中采用中间件技术可以减少用户高层应用需求和降低网络复杂度，有效促进物联网大规模产业化的发展。具体来说，中间件具有以下几个重要作用。

- 简化开发环境：屏蔽底层操作系统的复杂性，使程序开发人员只需面对一个简单而统一的开发环境，降低了程序设计的复杂度，开发者可以专注于业务逻辑，而不必担心程序在不同系统上的移植问题，大大减少了技术负担。
- 集成异构系统：作为新层次的基础软件，中间件的重要作用是将不同时期、在不同应用操作系统上开发的应用软件无缝地集成在一起，使其协调工作。这是单一的操作系统或数据库管理系统难以实现的功能。
- 支持标准化：标准接口对可移植性和标准协议对互操作性的重要性使得中间件成为许多标准化工作的主要部分，促进了跨平台和跨系统的互操作性。

中间件包含以下几种主要类型。

- 通信处理（消息）中间件：实现分布式系统中的消息传递和通信管理，确保各个节点之间的可靠通信。
- 事务处理（交易）中间件：支持分布式事务管理，确保多个操作作为一个整体执行，保证数据的一致性和完整性。
- 数据存取管理中间件：在分布式系统中，集中管理和访问重要数据，支持多种格式的数据存储和访问方式，包括关系型数据库、复合文档、多媒体文件以及加密压缩文件的处理。
- Web服务器中间件：扩展浏览器图形用户界面的能力，改进其会话能力和数据写入功能，克服HTTP协议的限制，增强Web应用程序的功能。
- 安全中间件：提供安全保密措施，如防火墙、加密、认证等，特别适用于军事、政府和商务部门，确保敏感信息的安全传输。
- 跨平台和架构的中间件：集成不同系统平台上的构件或新老版本的构件，支持基于架构和构件技术的大型应用软件开发，其中CORBA（Common Object Request Broker Architecture）是最强的功能之一。
- 专用平台中间件：为特定应用领域设计领域参考模式，建立相应架构，配置相应的构件库和中间件，用于开发和运行特定领域的关键任务，如电子商务、网站等。
- 网络中间件：包括网管、接入、网络测试、虚拟社区和虚拟缓冲等功能，是当前最热门的研发项目之一，旨在提升网络服务的质量和效率。

通过这些类型的中间件，可以有效地解决不同应用场景中的技术挑战，实现多个系统和多种技术之间的资源共享，最终组成一个资源丰富、功能强大的服务系统。

3.物联网应用操作系统

提到操作系统，我们首先想到的是运行在计算机上的Windows、Linux，以及运行在手机上的安卓和iOS。这些操作系统直接运行在"裸机"设备的底层，搭建起其他软件和应用运行的基础环境。应用操作系统的兴起与完善，促进了软件与应用的繁荣，成就了个人计算机时代与移动互联网时代的辉煌。

然而，物联网领域常常被形容为"碎片化"和"术业有专攻"。无论是底层连接还是上层应用服务，都特别强调专业化，与传统的嵌入式设备相比，物联网感知层的设备更小、功耗更低，还需要具备更高的安全性和组网能力。通信层需要支持多种通信协议及其间的转换，而应用层则需要具备云计算能力。在软件方面，支撑物联网设备的软件比传统嵌入式设备软件更加复杂，这使得嵌入式应用操作系统面临更高要求。

为了应对这些挑战，一种面向物联网设备和应用的新型操作系统——物联网应用操作系统应运而生。这种系统不仅仅局限于边缘侧的应用操作系统，也不仅仅是物理硬件的抽象，而是涵盖了从芯片层到云端的多个层面，包括终端层、边缘层和云端层。物联网应用操作系统通过调度云、边、端不同层级中的计算资源，实现了对物体本身的调度，从而构建起一个完整的服务体系。

物联网应用操作系统的多层架构如下：
- 芯片层：负责处理最基础的硬件指令和数据传输。
- 终端层：直接与物理设备交互，提供基本的操作环境。
- 边缘层：处理本地数据并进行初步分析，减少云端负载。
- 云端层：集中管理大量数据，提供高级数据分析和应用服务。

这种多层次架构类似于安卓在移动互联网领域的地位和作用，实现了应用软件与智能终端硬件的解耦。开发者无须关心智能终端的具体硬件配置，只需根据编程接口编写应用程序，即可确保其在所有基于该操作系统的智能终端上顺利运行。

对物联网操作系统外围功能模块的要求具体如下：

- 远程升级支持：由于物联网应用场景多样且环境复杂，远程升级成为操作系统升级的重要途径，也是成本最低的选择。
- 外部存储支持：支持硬盘、USB Stick、Flash、ROM 等常用存储设备，以在网络连接中断时提供临时数据存储。
- 无线通信支持：内置支持物联网常用的无线通信功能，如公共网络、近场通信（NFC）、桌面网络接口之间的相互转换等。此外，还需支持短信息收发、语音通信和视频通信等功能。
- 网络功能优化：物联网操作系统必须支持完善的 TCP/IP 协议栈，包括对 IPv4 和 IPv6 的同时支持。鉴于物联网与互联网特性差异较大，需对 TCP/IP 协议栈进行优化改造，以适应物联网需求。
- 图形用户界面（GUI）支持：图形用户界面主要用于物联网智能终端中，完成用户与设备的交互。GUI 应定义一个完整的框架，方便图形功能扩展，并实现常用的用户界面元素，如文本框、按钮、列表等。

物联网应用操作系统不仅提供了基础的硬件抽象和资源调度，还集成了丰富的外围功能模块，满足了物联网设备在各种复杂应用场景下的需求，推动了物联网技术的快速发展和广泛应用。

4.3 物联网的应用

物联网作为战略性新兴产业技术，对于推进各行各业的技术创新和服务升级具有不可替代的重要意义。经过多年的持续发展，在政策支持、科技创新和市场需求的多重驱动下，中国已经初步形成了一个健康且充满活力的物联网产业生态系统。这一生态系统不仅促进了实体经济的发展，还推动了工业化与信息化的深度融合，为经济社会的高质量发展注入了新的动力。

4.3.1 物联网在智慧交通系统中的应用

随着全球城市化进程的加速，交通拥堵、环境污染等问题日益凸显。智慧交通系统作为未来交通的发展方向，旨在通过集成先进的信息技术、数据通信传输技术、电子传感技术、控制技术和计算机技术等，构建一个高效、便捷、安全、环保且舒适的综合交通运输管理体系。在这个过程中，物联网（IoT）扮演着至关重要的角色，它不仅连接了人与物，还实现了车辆、基础设施和环境之间的智能交互，为解决交通问题提供了全新的解决方案。

智慧交通系统的核心在于广泛的信息获取、快速的数据处理能力和精准的服务提供。物联网驱动下的智慧交通系统特征如下：

- 跨行业融合：智慧交通涉及多个行业的协同工作，包括但不限于交通工程、信息工程、通信技术、控制工程和计算机科学等领域。物联网平台促进了不同部门间的数据共享和技术交流，增强了系统的整体性和兼容性。

- 提升现有设施效能：通过对既有交通资源的精细化管理和智能化改造，物联网挖掘出更大的运输潜力，减少了新建基础设施的需求，降低了建设成本和社会影响。

- 用户导向的服务创新：以用户体验为中心，物联网技术支持下的智慧交通系统不断推出个性化、定制化的出行方案，满足公众多样化的交通需求，提升了社会满意度。

物联网在智慧交通系统中的具体应用如下：

1. 车辆智能化管理

车联网（V2X）：通过安装在车辆上的传感器和通信模块，实现车与车（V2V）、车与基础设施（V2I）以及车与行人（V2P）之间的信息交换。这有助于实时监控车辆状态，优化行驶路线，预警潜在风险，同时促进了自动驾驶技术的发展。

远程诊断与维护：利用车载诊断系统（OBD）收集车辆运行数据，并通过无线网络上传至云端进行分析处理。这样可以提前发现故障隐患，安排预防性维修，减少意外停机时间。

智能停车：借助部署于停车场的传感器网络，司机可以通过移动应用程序查找空闲车位，提高停车效率，同时降低因寻找停车位造成的额外交通流量。

2. 基础设施智能化升级

智能信号灯控制：基于物联网的交通信号控制系统能够根据实时交通流量自动调整红绿灯时长，以最大化道路通行能力，减少等待时间和排放。

桥梁隧道健康监测：在关键结构部位设置应变片、加速度计等传感器，持续采集结构响应数据，评估其安全性，及时采取必要的加固或修复措施。

公路状况检测：采用路面传感器阵列监测温度、湿度、结冰情况等，确保行车安全；同时也能识别坑洼位置，指导养护作业。

3.环境友好型交通管理

空气质量监测：在城市主干道旁设立微型气象站和空气污染监测站，动态掌握污染物浓度变化趋势，辅助制定减排政策。

低排放区管理：结合地理信息系统（GIS）和车牌识别技术，对进入特定区域内的高污染车辆实施限行措施，促进绿色出行方式的选择。

4.公共交通优化服务

实时公交/地铁信息推送：乘客可通过手机应用查看公交车或地铁的位置、预计到达时间等信息，合理规划出行计划。

客流统计与调度：利用摄像头和Wi-Fi探针等手段统计车站内的人流密度，据此调整运营班次和服务频率，避免过度拥挤。

4.3.2 物联网在智慧工业中的应用

智慧工业，即智能工业，是物联网技术与传统制造业深度融合的结果。它以物联网为核心，结合大数据、协同技术和人工智能等先进技术，推动制造方式向智能化转变。智慧工业的目标是在未来的工厂中实现生产设备、生产线、工厂、供应商、产品和客户之间的紧密连接，大幅提高制造效率，改善产品质量，并降低生产成本和资源消耗。

1.智慧工业的特点

智慧工业具备四个显著特点：互联、集成、大数据和创新。
- 互联：核心在于连接，使得物理世界和数字世界之间能够持续地交换数据信息，促进机器、工作部件系统及人类之间的通信。
- 集成：实现企业内部纵向集成、企业间横向集成以及产业链各环节的端到端集成，确保信息无缝流动。
- 大数据：实时分析产品、运营、价值链和外部环境的数据，为决策提供支持。
- 创新：通过制造技术、产品设计、商业模式、业态形态和组织结构等方面的不断创新，推动制造业发展。

2.智慧工业系统的结构

智慧工业系统是一个信息物理生产系统（Cyber-physical Production System，

CPPS），其架构遵循典型的物联网三层结构：感知层、网络层和应用层。

- 感知层：利用传感器、嵌入式系统和自动识别技术对工业生产线的信息进行采集，包括生产物料和设备的状态监测。例如，在果汁生产案例中，生产线可以通过感知层获取原料库存情况，并据此调整生产计划。

- 网络层：负责将感知层收集的数据传输给应用层。这涉及多种网络接入技术，如工业以太网、GPRS/3G/4G蜂窝网络、Wi-Fi/ZigBee无线局域网等，确保工业对象间的智能连接。在这个过程中，PLC设备用于数据采集，而工业机器人和智能机床则用于产品的自动化生产。

- 应用层：由物理系统和虚拟信息系统组成，二者相互协作，优化生产流程，减少资源浪费。例如，在产品设计阶段就可以进行虚拟制造和测试，提前发现问题并做出改进。

智慧工业的应用不仅局限于大型制造业，还可以延伸至中小型企业。例如，智能物料管理系统能够帮助企业更好地管理原材料的入库、盘点、出库、报损等环节，从而提高库存周转率，降低成本。此外，智慧工业还强调绿色生产和可持续发展，尽量减少资源浪费和环境污染，符合现代社会对于环保的要求。

物联网在智慧工业中的应用正逐步改变着传统制造业的面貌，促进了工业化与信息化的深度融合，为经济高质量发展提供了强有力的技术支撑。随着技术的不断进步和完善，智慧工业将继续引领全球制造业向着更加智能化的方向迈进。

拓展阅读

物联网技术的广泛应用正深刻改变着人们生活的方方面面，而在这背后，有无数科技工作者默默贡献着力量。在我国一些偏远农村地区，为助力农业现代化，物联网农业项目悄然展开。科研人员深入田间地头，克服基础设施不完善、技术推广难等问题，为农民安装物联网传感器，实时监测土壤湿度、温度和农作物生长状况。他们的努力让农民能够科学种植，进而提高农作物产量和质量，增加收入。这不仅体现了科技服务民生的理念，更彰显了科技工作者对于乡村振兴事业的担当。在工业领域，物联网助力企业实现智能化生产。技术人员为企业改造生产线，引入物联网设备，提升生产效率和产品质量。他们以科技创新推动产业升级，为国家经济发展注入新动力。学习物联网知识，我们要以这些科技工作者为榜样，将技术应用于实际，全心全意服务于社会，为实现中华民族伟大复兴的中国梦添砖加瓦。

课后练习

一、选择题

1. 物联网（IoT）的三大核心技术特征不包括以下哪一项？（ ）

   A. 全面感知　　　B. 可靠传递　　　C. 智能处理　　　D. 自主学习

2. 下列哪一项不是构成物联网体系架构的一部分？（ ）

   A. 物理层　　　　B. 网络层　　　　C. 应用层　　　　D. 感知层

3. 在物联网架构中，下列哪一项不是感知层的关键技术？（ ）

   A. 物联网传感器　　　　　　　　B. 云计算技术

   C. 条形码识别技术　　　　　　　D. 射频识别（RFID）技术

4. 下列关于物联网网络层关键技术的说法中，哪一项是错误的？（ ）

   A. 无线传感器网络（WSN）的特点之一是节点性能有限，这限制了其能量供应和计算能力。

   B. 卫星通信技术主要用于补充地面基站通信，在偏远地区或应急情况下实现物联网设备间的通信。

   C. 中间件技术在物联网中用于简化开发环境、集成异构系统和支持标准化。

   D. 互联网技术作为物联网的基础，IPv4技术被认为是解决物联网地址空间不足的关键方案。

5. 下列关于智慧工业的特点描述中，哪一项是错误的？（ ）

   A. 互联：促进机器、工作部件系统及人类之间的通信

   B. 集成：确保企业内部纵向集成、企业间横向集成以及产业链各环节的端到端集成

   C. 大数据：仅用于分析外部环境的数据，为决策提供支持

   D. 创新：推动制造技术、产品设计、商业模式等多方面的创新

二、简答题

1. 物联网的体系架构由哪三个主要层次组成？请简述每个层次的功能。

2. 物联网的关键技术有哪些？请简要描述其中两项关键技术及其在物联网中的作用。

模块 5

云计算

模块导读

云计算改变了我们获取计算资源的方式，提供了按需使用、灵活扩展的能力。在这个模块中，我们将探讨云计算的基本原理、服务模式、部署模型及其对企业和个人的影响。通过实例分析和实践操作，学生可以理解如何利用云平台支持各种业务需求和技术应用场景。

5.1 云计算概述

云计算的出现，标志着信息技术领域的一次重大变革。它融合了多种传统计算机技术和网络技术，为用户提供了前所未有的便捷性和可扩展性。

5.1.1 云计算的概念

云计算通过将计算任务分布在由大量计算机组成的资源池上，使用户能够按需获取计算能力、存储空间及信息服务。这个资源池被称为"云"，它由可以自我维护和管理的虚拟计算资源构成，通常包括大型服务器集群，如计算服务器、存储服务器和宽带资源等。云计算利用专门软件实现这些资源的自动管理，无须人为干预。用户可以根据自身需求动态申请部分资源，支持各种应用程序运行，而无须关注底层细节，从而可以集中精力于业务本身，提高效率，降低成本，并推动技术创新。

与2002年提出的网格计算池（Computing Pool）概念非常相似，云计算的核心理念也是资源池化。网格计算池将计算和存储资源虚拟化为一个可以任意组合与分配的集合，其规模可动态扩展，分配给用户的处理能力也可以动态回收并重用。这种模式极大地提高了资源利用率，提升了平台的服务质量。

"云"这一术语的选择源于资源池在某些方面具有现实世界中云的特征：它们通常较大，边界模糊且规模可动态伸缩；虽然无法确定具体位置，但确实存在于某处。另一个原因是，云计算的先驱之一亚马逊公司为其广受欢迎的网格计算服务取名为"弹性计算云"（Elastic Compute Cloud，EC2），并在商业上取得了巨大成功。

云计算是并行计算（Parallel Computing）、分布式计算（Distributed Computing）和网格计算（Grid Computing）的发展或商业实现。它是虚拟化（Virtualization）、效用计算（Utility Computing）、基础设施即服务（Infrastructure as A Service，IaaS）、平台即服务（Platform as A Service，PaaS）和软件即服务（Software as A Service，SaaS）等概念融合、演变并升华的结果。通过这些技术的集成，云计算提供了强大而灵活的计算资源和服务，满足了现代企业和个人日益增长的需求。

5.1.2 云计算的发展历程

1. 初期探索与概念形成

云计算的概念可以追溯到20世纪60年代。1963年，麻省理工学院启动了著名的数学与计算（MAC）项目，旨在开发"多人可同时使用的计算机系统"技术，并构想了"计算机公共事业"的概念，即让计算资源像水、电等公共资源一样按需供应。这一构想奠定了"云"和"虚拟化"技术的基础。然而，由于当时的技术限制，"计算"资源的按需分配难以实现。

在接下来的几十年里，IBM、甲骨文、苹果、微软等公司不断探索并推动相关技术的发展。直到21世纪初，特别是2006年前后，随着谷歌、亚马逊和IBM提出云端应用，云计算的概念才重回人们视野，标志着云计算进入新的发展阶段。

2. 技术体系完善和技术模式确立

2006年8月，Google CEO在搜索引擎大会上首次明确提出"云计算"概念，这被视为云计算发展的一个重要里程碑。随后几年间，云计算、云模式、云服务的概念逐渐被业界接受，并且结合传统的并行计算、虚拟化及网格计算等业务，云计算的技术体系日趋成熟。此阶段，云计算不再仅仅是一个理论上的概念，而是开始形成一系列具体的技术和服务模式。

3. 快速扩张与广泛应用

从2010年开始，云计算进入了一个快速发展的新时期。政府和企业对云计算给予了高度重视，阿里云、华为云、腾讯云等国内主要云计算服务商迅速崛起。例如：

阿里巴巴：2008年确定了"云计算"战略，并于2009年在江苏建立了首个"电子商务云计算中心"。2012年的"双十一"购物狂欢节中，阿里云成功支持了高达191亿元的交易流量；2015年，阿里云还承接了国家铁路局官方售票网站12306春运高峰期间75%的网络查询和购票任务。

腾讯云：自2010年起构建，最初主要用于支持内部业务，之后逐步对外开放服务，成为重要的公有云提供商之一。

百度云：2012年开始发展，推出了面向个人用户的百度云盘产品。

华为云：成立于2005年，但在2017年后快速发展，成为全球领先的云计算解决方案提供商之一。

随着数字化转型进程加快，云计算平台正逐渐演变成经济社会运行的关键基础设施，越来越多的小型云服务提供商也在迅猛发展中。

5.1.3 云计算的分类

根据部署方式和服务对象的不同，云计算主要可以划分为三种类型：公共云、私有云和混合云。此外，按照服务类别，云计算还可以进一步细分为基础设施即服务（IaaS）、平台即服务（PaaS）和软件即服务（SaaS）。以下是对这些分类的详细描述。

1. 按部署方式和服务对象分类

根据部署方式和服务对象的不同，云计算主要分为四种模型：公有云、私有云、社区云和混合云。每种模型都有独特的优势和适用场景，以满足不同用户群体的需求。

（1）公有云

公有云是由第三方云服务提供商建设和运营的云平台，面向公众开放。提供广泛的IT资源和服务，能够支持大量用户的并发请求，并通常按照使用量（如流量或服务时长等）计费。云提供商负责所有的硬件和软件安装、管理和维护工作，用户只需专注于自身业务的应用开发和部署。

公有云的优势：

● 成本效益高：用户无须投资昂贵的基础架构建设，按需付费降低了初期投入成本。

● 弹性扩展性强：可根据业务需求快速增加或减少资源，确保业务连续性和灵活性。

● 维护简便：所有技术问题均由专业的云服务团队处理，减少了用户的管理负担。

公有云的局限性：

● 安全性和隐私保护相对有限：由于共享环境的存在，对于某些需要严格安全性和法规遵从性的应用来说，可能不是最优选择。

● 自定义配置受限：服务基于"配置惯例"提供，用户的定制化选项较少。

（2）私有云

私有云是专门为某个特定组织构建的云计算环境，可以由该组织自行管理或者委托给第三方托管。这种模式为用户提供了一个独立且受控的计算平台，适合对数据安全性要求较高的企业。

私有云的优势：

● 高度可控：企业对基础设施拥有完全控制权，可以根据具体业务需求进行详细的资源配置和优化。

- 强化安全：内部部署提供了更好的数据保护机制，适用于处理敏感信息和遵守严格监管标准的企业。
- 灵活定制：可以根据企业特有的业务流程和技术栈进行深度定制，提高业务契合度。

私有云的挑战：

- 初始投资较大：需要购买必要的硬件设备并建立数据中心，增加了前期资金支出。
- 持续运维复杂：企业必须承担日常管理和技术支持的任务，这对IT部门提出了更高要求。

（3）社区云

社区云是指某一特定领域或行业内的多个组织共同使用的云计算解决方案，介于公有云和私有云之间。它具有较强的区域性或行业特征，成员间共享相同的云计算资源和服务。

社区云的优势：

- 资源共享：多个参与者共同分担建设和运营成本，降低了个体企业的经济压力。
- 行业针对性强：针对特定行业的特殊需求设计，更贴近实际应用场景。
- 合作机会增多：促进了同行之间的交流与合作，有助于推动整个行业的技术创新和发展。

社区云的挑战：

- 参与者协调困难：涉及多方利益相关者的沟通和协作，可能会遇到意见分歧的问题。
- 安全性和隐私考虑：虽然比公有云更为安全，但仍需妥善解决多租户环境下可能出现的数据泄漏风险。

（4）混合云

混合云结合了公有云和私有云的特点，允许企业在两者之间灵活分配工作负载。例如，非核心应用程序可以在更具成本效益的公有云上运行，而关键任务型应用及敏感数据则保留在私有云环境中。

混合云的优势：

- 最佳性能组合：充分利用两种云模式的优点，既享受公有云的成本效率又保留私有云的安全保障。
- 数据流动自由：实现了跨云平台的数据迁移和整合，增强了业务的敏捷性和响应速度。

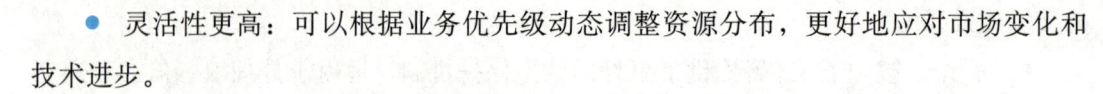

- **灵活性更高**：可以根据业务优先级动态调整资源分布，更好地应对市场变化和技术进步。

混合云的挑战：

- **复杂性增加**：管理和优化多云环境下的系统集成和服务协调是一项复杂的任务。
- **技术门槛提升**：成功实施混合云策略需要具备一定的技术水平和经验积累，特别是在网络连接、身份验证等方面。

不同的云计算部署模型各有侧重，企业应根据自身的业务特性、预算限制以及对安全性和灵活性的要求选择最适合自己的云解决方案。

2. 按服务类别分类

根据所提供的服务层次不同，云计算主要分为三种类型：基础设施即服务（IaaS）、平台即服务（PaaS）和软件即服务（SaaS）。每种服务类别都为用户提供了不同程度的控制权和技术抽象，以满足不同的业务需求。

（1）基础设施即服务（IaaS）

IaaS将硬件设备等基础资源封装成服务供用户使用，如亚马逊AWS的弹性计算云（EC2）和简单存储服务（S3）等。用户可以在这些资源上运行任意操作系统（如Windows或Linux等），几乎不受限制。

IaaS的最大优势在于其灵活性，允许用户动态申请或释放节点，并按使用量计费。由于IaaS服务器规模庞大，用户可以认为自己能够申请几乎不限量的资源，同时享受高资源利用率。

（2）平台即服务（PaaS）

PaaS对资源进行了进一步抽象，提供一个运行用户应用程序的环境。典型例子包括Google App Engine和微软的Azure。PaaS负责资源的动态扩展和容错管理，用户无须过多考虑节点间的配合问题。

然而，用户的自主权有所降低，必须使用特定的编程环境并遵循特定的编程模型。例如，Google App Engine仅支持Python和Java语言，并要求使用Django Web应用框架和Google App Engine SDK进行开发。

（3）软件即服务（SaaS）

SaaS将特定的应用软件功能封装成服务，如Salesforce提供的在线客户关系管理（CRM）服务。SaaS专注于提供专门用途的服务，不同于IaaS提供的自定义应用程序运行环境和PaaS提供的计算或存储资源。

用户可以直接调用这些服务，无须关心底层硬件和软件的管理和维护，简化了应用部署和使用过程。

随着云计算技术的不断发展，不同类型的云计算解决方案之间出现了相互渗透和融合的趋势。例如，Amazon Web Services最初以IaaS形式提供服务，但后来推出的弹性MapReduce和SimpleDB服务则属于PaaS类型，而电子商务服务FPS、DevPay以及网站访问统计服务Alexa Web Service则属于SaaS类型。这种多类型融合的趋势使得云服务更加多样化和灵活，满足了不同用户的需求。

5.1.4 云计算的特点

云计算以其独特的技术优势和灵活性，正逐渐改变着信息技术的面貌。云计算的主要特点如下：

1. 虚拟化

虚拟化是云计算最显著的特点之一，涵盖了资源虚拟化和应用虚拟化。每个应用程序的部署环境与其物理平台无关，用户可以在任意位置、使用各种终端通过网络获取服务。所请求的资源来自"云"，而非固定的实体。应用在"云"中运行，用户无须了解其具体位置，只需通过笔记本电脑或PDA等设备即可访问超强的服务。

2. 超大规模

云计算平台通常拥有庞大的服务器集群，如Google云计算已拥有超过100万台服务器，亚马逊、IBM、微软和Yahoo等公司也各自拥有几十万台服务器。这种超大规模赋予了用户前所未有的计算能力。

3. 动态可扩展性

云计算平台的规模可以根据需求动态伸缩，以满足应用和用户增长的需求。通过动态扩展虚拟化的层次，可以实时增加服务器，增强计算能力，确保系统始终能够高效运行。

4. 灵活定制性

云计算平台能够根据用户的特定需求按需部署相应的资源、计算能力和应用。用户可以从庞大的资源池中选择所需的服务，并按实际使用量付费，类似于水、电和天然气的计费模式。

5. 高灵活性

现代软件和硬件普遍支持虚拟化，所有IT资源（如软件、硬件、操作系统、存储和网络等）通过虚拟化统一管理，放在云计算资源池中。这不仅兼容不同厂商的产品，还能利用低配置机器和外设获得高性能计算。云计算不针对特定应用，能够在同一平台上支撑多种多样的应用运行。

6. 高可靠性

云计算采用数据多副本容错和计算节点同构互换等措施，确保服务的高度可靠性和稳定性。相比本地计算机，云计算提供了更高的可靠性和数据安全性。

7. 高性价比

云计算通过虚拟资源池管理和自动化调度，降低了对物理资源的要求。即使使用廉价PC组成的云，也能提供超越大型主机的计算性能，大幅提高了性价比。

8. 自治性

云计算系统是一个自治系统，其管理对用户透明，自动完成配置和任务分配。系统能够自动进行硬件、软件和存储的配置，实现按需提供服务，简化了用户的操作和管理。

9. 数据与应用共享

云计算轻松实现了不同设备间的数据和应用共享。在网络应用模式中，数据集中保存在云端，用户只需连接互联网，即可从任何设备访问和使用同一份数据，极大地方便了信息共享和协作。

10. 潜力无限性

云计算为数据存储和管理提供了几乎无限的空间，并为各类应用提供了强大的计算能力。个人和单个设备的能力有限，但云计算的潜力几乎是无限的，能够满足复杂和大规模的计算需求。

11. 低廉的成本

云计算通过特殊容错措施采用廉价节点构建云，自动化管理大幅降低了数据中心的运营成本。公用性和通用性提高了资源利用率，设施可以建在电力资源丰富的地区，从而降低能源成本。因此，用户可以享受低成本的优势，快速完成复杂的计算任务，例如，花费几百元和一天时间就能完成以前需要数万元和数月时间才能完成的数据处理任务。

通过这些特点，云计算不仅提升了IT资源的利用效率和服务质量，还为企业和个人带来了极大的便利和经济效益。

5.1.5 云计算的体系架构

云计算技术的体系结构是支撑云计算服务提供和管理的关键框架。尽管不同厂商提供的解决方案各具特色，但大多数方案都可归结到一个四层模型中：物理资源层、资源池层、管理中间件层和SOA（面向服务的体系结构）构建层（见图5-1）。这一分层架构不仅实现了对计算资源的有效管理和调度，还为用户提供了灵活、高效且安全的服务平台。

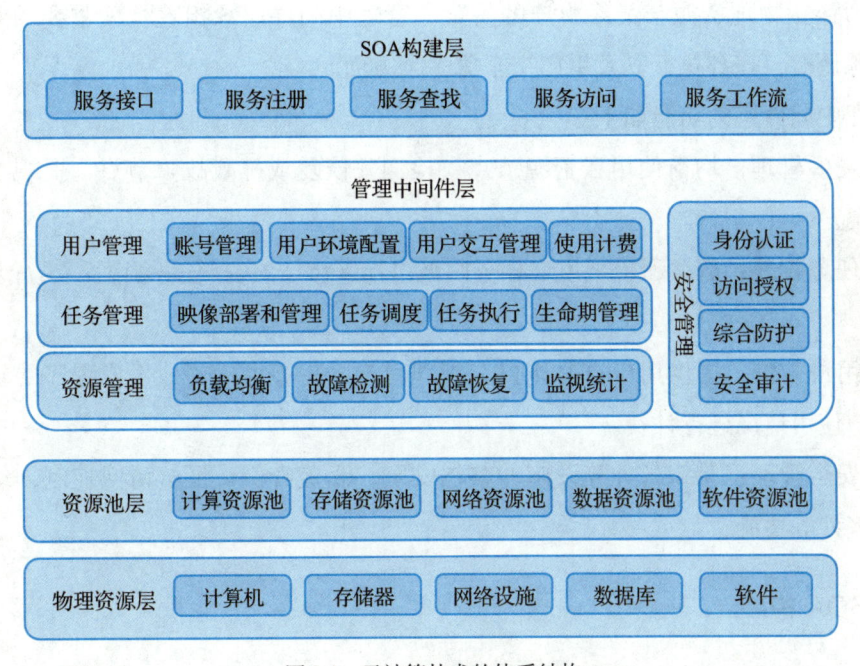

图5-1 云计算技术的体系结构

1. 物理资源层

物理资源层是云计算的基础层级，包含了所有必要的硬件和软件基础设施，如服务器、存储设备、网络设施、操作系统和数据库管理系统等。

物理资源层的功能是为上层结构提供物理支持，确保整个云环境的稳定性和性能。

此层负责处理硬件配置、电力供应、冷却系统以及物理安全措施等方面的工作。

2. 资源池层

资源池层将底层的物理资源抽象化，并构建成逻辑上的资源池，如计算资源池、存储资源池和网络资源池等。

资源池层的功能如下：

- 资源整合：将分散的物理资源集成为一个或多个同质化的资源池，提高资源利用率。
- 弹性伸缩：根据需求动态调整资源分配，以满足高峰期或低谷期的不同要求。
- 自动化运维：通过自动化的手段解决散热问题、故障节点替换等问题，同时致力于降低能耗。

3. 管理中间件层

作为连接物理资源与最终用户的桥梁，管理中间件层承担着至关重要的角色，它负责资源调配、任务执行以及用户交互等多个方面。

管理中间件层的功能如下：

- 资源管理：均衡使用云资源节点，检测并恢复或屏蔽故障节点，监视统计资源使用情况。
- 任务管理：部署和管理用户任务映像（Image），包括任务调度、执行及生命周期管理。
- 用户管理：提供用户交互接口，管理用户身份验证，创建用户程序的执行环境并对用户使用情况进行计费。
- 安全管理：保障云计算设施的整体安全，涵盖身份认证、访问控制、综合防护和安全审计等功能。

4. SOA 构建层

SOA 构建层的目标是将云计算能力封装成标准化的服务接口，并将其纳入面向服务的体系结构中进行管理和使用。

SOA 构建层的功能如下：

- 服务接口：定义了如何与云服务进行交互的标准协议。
- 服务注册：允许服务提供者向服务目录注册其可用的服务。
- 服务查找：帮助消费者找到所需的服务。
- 服务访问：确保合法用户可以访问他们订阅的服务。

- 服务工作流：支持复杂业务流程中的多步骤操作和服务组合。

基于上述体系结构，以 IaaS 为例，其具体实现机制如下：

- 用户请求服务：用户通过 Web Services 方式经由用户交互接口提交服务请求。这些请求会被路由到服务目录，其中列出了所有可被请求的服务。
- 资源分配与环境准备：一旦收到请求，系统管理模块就会评估当前资源状况，并选择最适合的资源来满足用户需求。之后，配置工具会在选定的节点上设置好运行环境，包括安装必要的软件和配置网络参数。
- 监控与统计：在整个过程中，监视统计模块持续跟踪节点的状态，并记录下用户使用资源的具体情况。这有助于后续的账单生成和性能优化。
- 执行过程：当一切准备就绪后，用户的任务就可以被执行。在这一阶段，系统管理模块继续监督任务进展，并在必要时做出相应调整，比如重新分配资源或终止异常任务。

图 5-2 为 IaaS 实现机制示意图。

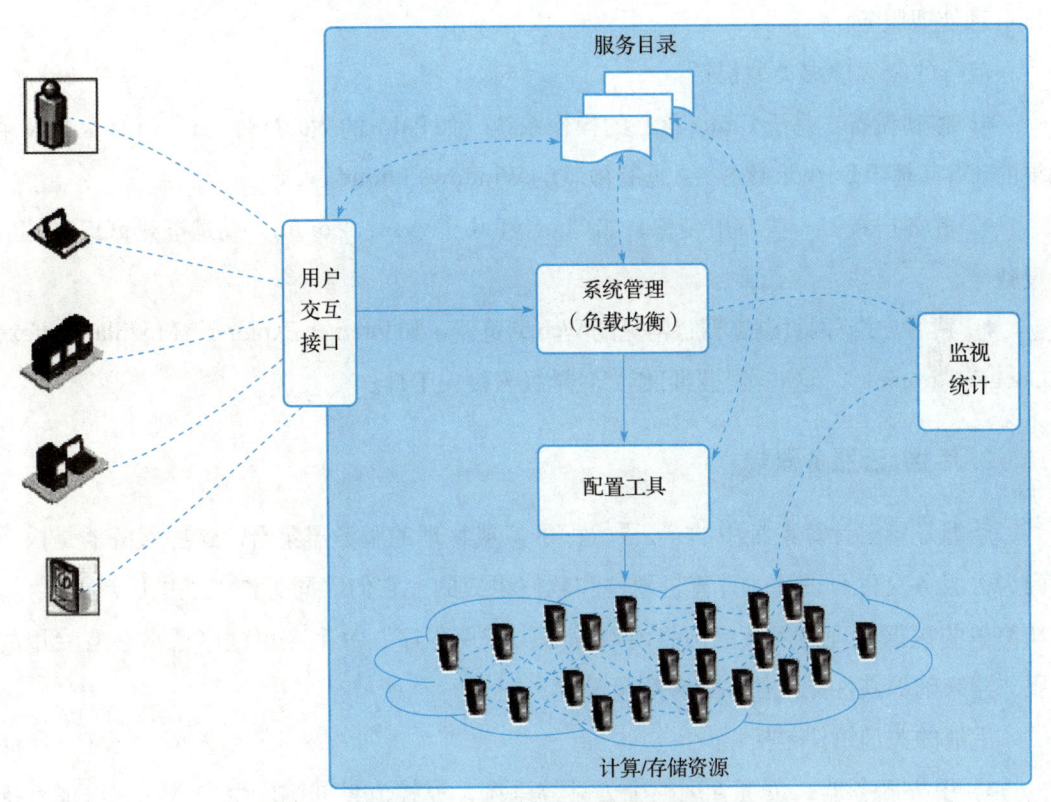

图 5-2　IaaS 实现机制示意图

通过上述分层架构，云计算不仅能够提供强大的计算能力和存储能力，还能确保系统的灵活性、安全性及可扩展性。这种设计使得云计算能够在大规模分布式环境中有效运作，同时也促进了跨组织间的资源共享和服务交付。

5.1.6 云计算系统的组成

云计算系统是一种基于生产者-消费者模型的架构，它通过以太网等快速网络将多个计算机集群连接起来，使用户能够通过因特网获取各种数据处理服务。云计算系统主要由两大部分构成：前端（云客户端）和后端（云服务器端）。这两部分通常通过因特网实现互联互通，共同支持云计算服务的提供。

1. 前端/云客户端

前端，也称为"云终端"或"云电脑"，是直接面向用户的界面。作为人机交互的入口，它由计算机硬件和（或）软件组成，具体取决于所使用的云计算应用。对于某些特定情况，可能需要专门设计的软件访问云服务；而在其他情况下，仅需一个标准的Web浏览器即可完成操作。随着技术的发展，前端设备正逐渐从功能全面的"胖客户端"转向轻量级的"瘦客户端"，后者更多依赖于网络浏览器提供的基本用户界面进行信息处理服务。

流行的云客户端类型包括：

● 移动设备：基于Linux核心的操作系统（如Palm的WebOS、Android），以及苹果的iOS（基于Darwin核心），还有微软的Windows Phone等。

● 胖客户端：一些专用设备，如CherryPal、Wyse、Zonbu，或是搭载gOS系统的设备等。

● 瘦客户端/网页浏览器：常见的Web浏览器，如Internet Explorer、Mozilla Firefox、Google Chrome等，这些浏览器可作为轻量级云接入工具。

2. 后端/云服务器端

后端是指云计算系统中的"云"，即虚拟或物理的服务器集合。这些服务器是由专门为云服务交付而设计的计算机硬件和软件组成的，它们共同工作以提供广泛的服务，从简单的数据处理到复杂的网络游戏等各类应用程序。每个应用程序通常会有专用的服务器来确保其性能最佳和服务质量最优。

后端的关键组件包括：

● 中央服务器：负责管理整个云计算系统，监控流量并响应用户需求，保证系统的稳定运行。中央服务器遵循特定的协议，并使用中间件软件来促进联网计算机之间的通信。

● 存储系统：考虑到大量用户的数据存储需求及可能出现的故障问题，云计算系统必须具备充足的存储容量，并实施冗余备份策略。这意味着系统不仅要有足够的空间来存储用户数据，还要有额外的存储用于备份，以便在原始数据丢失时可以从备用存储中恢复。

- 冗余备份：为了保障数据的安全性和可靠性，所有用户信息都会被复制并存储在多个位置。这种做法确保即使某个存储节点发生故障，也可以迅速从其他地方检索到所需数据，从而不影响用户体验。

通过前端和后端的紧密协作，云计算系统为用户提供了一个灵活、高效且安全的服务平台。前端提供了便捷的接入方式，而后端则确保了强大的计算能力和可靠的数据管理能力，二者相辅相成，共同推动着云计算技术的发展与应用。

5.2 云计算的关键技术

云计算是一种以数据为中心的新型超级计算方式，代表了分布式处理、并行计算和网格计算等概念的发展与商业实现。它不仅是一个技术进步的标志，更是传统信息通信技术（Information and Communications Technology，ICT）融合发展的产物。云计算的核心在于将计算、存储、服务器及应用软件等IT资源进行虚拟化，从而创造出一个高效、灵活且可扩展的服务平台。以下是云计算中最为关键的技术领域。

5.2.1 资源池技术

资源池（或池）是一种资源配置机制，它通过整合适当规模的资源集合提供云计算应用与服务。这种机制不仅可以提高系统的性能，减少不必要的通信量开销，还具备一定的容错和容变能力，并支持不同用户的差异化服务。这一适当规模的资源集合被定义为资源池（Resource Pool），它是在分布、自治环境下提升系统服务质量的有效手段。在云计算环境中，可以针对服务器、存储、网络和应用服务等资源进行整合，由一定规模的相似资源聚合形成资源池，按照协同策略为用户提供服务。

1. 引入资源池的目的与运作机制

引入资源池的主要目的是提高性能。资源池的工作机制是由资源池管理器提供一定数量的目标资源。当有用户请求资源时，资源池会分配一个资源并将其标识为"忙"，表示该资源正在使用中，不能再被其他请求占用。一旦某个资源使用完毕，资源池会清除"忙"的标识，使其可供下一个请求使用。常见的资源池参数包括初始资源数目（即资源池启动时建立的资源数目，资源池至少要保证该数目）和最大资源数目（即请求超出此数目时需等待）。

2. 云计算中的资源池

云计算依赖资源池实现资源的统一配置和管理，通过分布式算法进行资源分配，从而消除物理边界，提升资源利用率。与单机虚拟化技术不同，云计算的重要特征在于通过整合分布式物理资源形成统一的资源池，并通过资源管理层管理中间件实现对资源池中虚拟资源的调度。云计算的资源管理需要负责资源管理、任务管理、用户管理和安全监控等工作，以实现节点故障屏蔽、资源状况监视、用户任务调度和用户身份管理等多重功能。

3. 构建云计算资源池的考虑因素

（1）底层软硬件平台的可靠性

搭建虚拟资源池首先需要具备可靠的物理资源。一个物理服务器可以虚拟出多个甚至几十个虚拟服务器，每个虚拟机都可以运行不同的应用和任务。因此，在构建资源池时，必须确保硬件平台的可靠性，这是整个资源池稳定运行的基础。

（2）资源粒度的细化

细化资源粒度可以显著提高云计算系统的灵活性。通过先进的虚拟化软件，可以实现对硬件资源的细粒度调用，允许动态增加和减少底层硬件资源，从而实现灵活控制与按需使用。资源划分越精细，就越能高效地为应用分配所需的计算资源，从而避免资源浪费，这对中小型企业尤为重要。

（3）虚拟机实时迁移

虚拟机的实时迁移是构建资源池时的重要考量之一。它不仅有助于保证业务的连续性和服务质量，还能动态调配资源。例如，当某台服务器的利用率接近极限而另一台服务器相对空闲时，可以通过自动迁移功能，将负载过重的服务器上的虚拟机迁移到较为闲置的服务器上，从而合理利用计算资源。此外，当物理服务器出现故障时，虚拟机迁移功能能够确保业务不中断，维持服务水平。

（4）多平台工作负载兼容性

不同的应用系统需要在一个池中进行数据交换，这要求资源池能够满足多种类型应用系统的运行需求。企业应用类型的多样化决定了系统平台的多样性。如何让现有的各种应用（如基于Linux、Windows或UNIX的应用等）都能在资源池上顺利运行，而无须重新编写代码，是构建资源池时必须解决的问题。

（5）资源池的扩展性

随着企业业务的增长，所需IT资源和应用类型不断增加，这就要求资源池具备良好的扩展能力。当现有资源不足以支撑业务时，资源池应能够迅速扩容，以满足业务发展的需要。资源池的可扩展性不仅能弥补规划初期可能存在的不足，还能适应业务变化和技术进步的需求。

资源池的构建是云计算基础架构建设的第一步，也是至关重要的一步。形象地说，资源池如同云计算基础架构的"地基"，只有打好了地基，云计算基础架构才能更好地为企业服务，并带来显著的经济效益。

5.2.2 数据中心技术

数据中心是一整套复杂的信息基础设施，不仅包括计算机系统和其他配套设备（如通信和存储系统等），还包含冗余的数据通信连接、环境控制系统以及各种安全装置。作为企业IT应用的规范化和组织化场所，"数据中心"最初是以外包方式为许多公司提供网上设备或数据存放服务的地方，是场地出租概念在互联网领域的延伸。

随着云计算技术的发展，数据中心已从简单的服务器统一托管与维护场所，演变为集大数据运算、存储、虚拟化于一体的高效计算平台。新一代数据中心（又称云计算数据中心、集装箱式数据中心或绿色数据中心）基于标准构建模块，通过模块化软件实现自动化 $7 \times 24\,h$ 无人值守管理，并以供应链方式提供共享的基础设施、信息与应用等IT服务。

1. 数据中心的发展历程

数据中心的发展历程可以分为以下几个阶段。

（1）数据存储中心阶段

在这一阶段，数据中心主要承担数据存储和管理的功能，其特征是集中存放和单向存储应用，整体可用性需求较低。

（2）数据处理中心阶段

随着广域网和局域网技术的普及，数据中心开始具备核心计算功能，关注计算效率和运营效率，并安排专业人员进行维护。尽管如此，这一阶段的数据中心整体可用性仍然较低。

（3）数据应用中心阶段

随着互联网应用的广泛普及，数据中心成为支持核心业务和应用程序的重要设施，也被称为"信息中心"。此阶段对数据中心的可用性提出了较高要求。

（4）数据运营服务中心阶段

在这一阶段，数据中心不仅是企业的核心运营支撑，还需提供持续可靠的服务，涵盖信息资源服务、核心计算、数据存储和备份等功能。因此，高可用性成为这一阶段数据中心的关键特性。

新一代数据中心是一个整合的、标准化、最优化、虚拟化和自动化的适应性基础设施，具备高可用计算环境。云计算数据中心涉及数十万至百万台规模的服务器，具有高安全性、资源池化、弹性、规模化、模块化、可管理性、高能效和高可用性等特征，采用虚拟化、弹性伸缩和管理自动化等技术。

绿色数据中心通过自动化、资源整合与管理、虚拟化、安全及能源管理等新技术的应用，解决成本快速增加、资源管理复杂、信息安全挑战和能源危机等问题，打造适应行业/企业业务动态发展的新一代基础设施。倡导"节能、高效、简化管理"也是数据中心建设时需要考虑的一个重要因素。

2. 典型的云计算数据中心

（1）Google数据中心

Google的数据中心并非一开始就刻意炒作"云计算"或"网格计算"等概念，但作为搜索引擎巨头，其竞争力在于拥有强大的"云"支持全球数据的存储和计算。Google数据中心的服务器采用2U结构，支持两个CPU、两块硬盘，有8个内存插槽。自2005年起，Google开始使用标准的集装箱设计，每个集装箱可容纳1 160台服务器，功率密度高达每平方米超过8 400 W。设计上强调"电源在上，水在下"，机架悬挂于天花板，冷却设备位于下方，确保冷空气有效流通，同时冷却风扇速度可变，以最低能耗维持最佳冷却效果。

（2）微软数据中心

芝加哥数据中心是微软最大的数据中心之一，占地面积约6.5万 m^2。一层停放着装有微软云计算组件的集装箱拖车，每个集装箱内放置了1 800～2 500台服务器，用于Windows Azure的操作系统、电子邮件收发、即时通信管理和应用程序运行。二层设有4个传统升降板服务器机房，平均每个机房约0.1万 m^2，功率为3 MW。即使只启用半数服务器，该数据中心的能耗也将达到30 MW，远超普通数据中心。

（3）冰立方（SGI）数据中心

SGI的数据中心称为Ice Cube（冰立方），有6 m和12 m两种规格。经过2010年的改造，"冰立方"不仅可以安装SGI硬件，还能兼容其他公司的硬件，增强了灵活性。模块化设计允许客户根据需求混搭不同类型的服务器和存储设备，支持超高密度部署，每个集装箱最多可支持46 080个处理器核或29.8 PB的数据存储。ICE Cube因其灵活性和高效性能，成为新建或改造数据中心的理想选择。

5.2.3 虚拟化技术

虚拟化技术是云计算服务中最关键的技术之一，它为云计算提供了基础设施层面的支持，并且是信息通信技术（ICT）服务向"云"转型的主要推动力。可以说，没有虚拟化技术，云计算的落地和快速发展将无从谈起。通过虚拟化，物理计算资源如CPU、内存、磁盘和I/O接口等被抽象成可以动态管理的"资源池"，从而实现了硬件资源的高效共享和灵活分配。

1. 虚拟化的基本概念

虚拟化技术的本质在于将物理计算资源（如服务器、存储和网络等）抽象为虚拟形式，允许多个相互隔离的虚拟计算环境（如虚拟机或容器等）在同一物理硬件上并行运行。这些虚拟计算环境看似独立于彼此，仿佛各自运行在单独的物理设备上，但实际上它们共享同一套底层硬件资源。虚拟化提供了一种有效管理和利用计算资源的方法，打破了应用系统各硬件之间的物理界限，实现了架构的动态化以及物理资源的集中管理和使用。

2. 服务器虚拟化的类型

根据实现方式的不同，服务器虚拟化主要分为两种类型：原生虚拟化和寄宿虚拟化（见图5-3）。

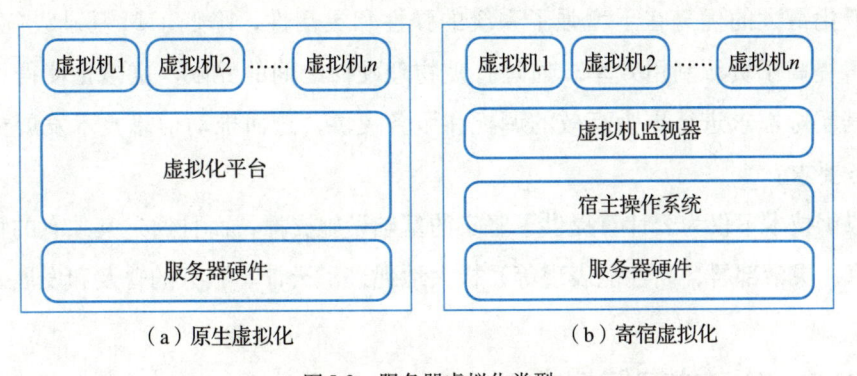

（a）原生虚拟化　　　　　　　（b）寄宿虚拟化

图5-3　服务器虚拟化类型

（1）原生虚拟化（Ⅰ型虚拟化）

在这种模式下，直接运行在服务器硬件之上的不是传统的宿主操作系统，而是一个称为Hypervisor的虚拟化平台。Hypervisor负责提供指令集和设备接口，以支持在其上运行的多个虚拟机。原生虚拟化通常具有更好的性能表现，但其开发和维护相对复杂。

（2）寄宿虚拟化（Ⅱ型虚拟化）

与原生虚拟化不同，寄宿虚拟化是在现有的宿主操作系统之上安装一个虚拟机监视器（Virtual Machine Monitor，VMM），其作为应用程序运行，依赖宿主操作系统的功能来完成硬件资源的抽象和虚拟机的管理。这种方式虽然实现较为简单，但由于虚拟机对资源的访问必须经过宿主操作系统，因此其性能往往不如原生虚拟化。

3. 虚拟化的应用模式

从表现形式上看，虚拟化有两种主要的应用模式：多租户模式和聚合资源模式。

（1）多租户模式

多租户模式即将一台性能强大的服务器虚拟成多台独立的虚拟服务器，每台虚拟服务器可以服务于不同的用户或业务需求。这种模式提高了单台服务器的利用率，降低了成本，增强了系统的弹性和灵活性。

（2）聚合资源模式

聚合资源模式即将多台服务器虚拟成一台逻辑上的强大服务器，用于执行特定的任务或工作负载。这种方式有助于集中管理分散的计算资源，提高整体处理能力。

这两种模式的核心都是统一管理和动态分配资源，旨在确保资源利用率最大化的同时，改进用户服务质量和效率。

4. 虚拟化带来的好处

虚拟化最大的优势在于增强了系统的弹性和灵活性，降低了IT基础设施的成本，同时显著提高了资源利用效率。通过打破物理硬件之间的界限，虚拟化使得计算资源可以根据实际需求进行更为高效的调配和服务提供，进而推动信息技术发展更加贴合具体业务要求。

虚拟化技术不仅为云计算提供了坚实的基础设施支撑，而且通过其独有的特性（如资源共享、灵活部署、高性能表现等）极大地促进了云计算服务的普及和发展。

5.2.4 分布式存储技术

在云计算环境中，不仅需要具备强大的计算能力，还需要有效地管理和存储海量的数据。传统的网络存储技术难以满足大规模存储应用的需求，尤其在系统性能、可扩展性和可靠性方面存在着瓶颈。因此，分布式存储技术（见图5-4）应运而生，它通过采用可扩展的系统结构，利用多台存储服务器分担存储负载，并通过位置服务器定位存储信息，显著提升了系统的可靠性、可用性和存取效率。

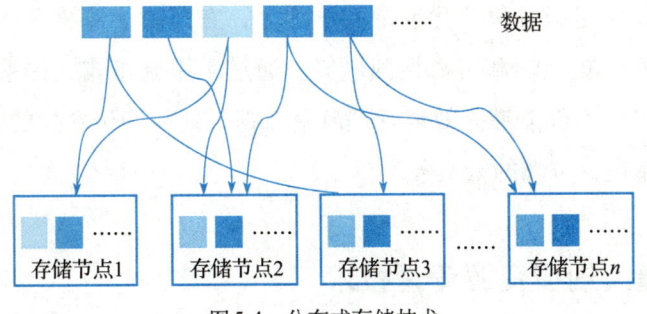

图5-4 分布式存储技术

1. 分布式存储技术的核心特点

提高系统可靠性与可用性：分布式存储通过将数据分散存储在多个节点上，即使某个节点发生故障，也不会影响整个系统的正常运行。这种冗余设计确保了高可用性和容错性。

提高存取效率：通过优化数据分布策略和引入智能缓存机制，分布式存储技术可以大幅减少数据访问延迟，提高读写速度。

易于扩展：分布式存储架构允许根据需求轻松添加新的存储节点，无须中断现有服务或重新配置整个系统。这种灵活性使得云平台能够快速响应用户需求的变化。

摆脱硬件限制：由于数据被分布在多个物理设备上，单个硬件的容量不再是存储能力的上限，这为大规模数据存储提供了可能。

2. 分布式文件系统与对象存储解决方案

为了应对海量数据的存储需求，云计算依赖于高效的分布式文件系统和对象存储解决方案。这些技术不仅保证了数据能够在多台机器之间可靠地分布，还提供了高可用性和容错性，确保了数据的一致性和持久性。

Google File System（GFS）和 Hadoop Distributed File System（HDFS）是两个著名的分布式文件系统。它们专为处理大规模数据集而设计，具有以下特点。

- 大规模数据处理能力：能够高效管理PB级别的数据量。
- 高可用性和容错性：通过数据复制和自动故障恢复机制保障数据安全。
- 一致性和持久性：即使在网络分区或其他异常情况下，也能保持数据的一致性和持久性。
- 对象存储：除了分布式文件系统外，对象存储也是云计算中常用的存储方式。它以键值对的形式存储非结构化数据，适合用于存储大量的小文件或大文件片段。对象存储通常提供RESTful API接口，便于应用程序集成，并且支持版本控制、生命周期管理和跨区域复制等功能。

分布式存储技术是云计算不可或缺的一部分，它解决了传统存储方案面临的诸多挑战，如性能瓶颈、扩展性和可靠性问题等。通过采用分布式文件系统和对象存储解决方案，云计算平台不仅能够高效地管理海量数据，还能确保数据的安全性和一致性，进而为用户提供稳定、可靠的云服务。

5.2.5 超大规模资源管理技术

在云计算环境中，分布式存储技术虽然解决了数据存储的问题，但为了确保多节点并发执行环境下的高效运作，以及单个节点故障时系统的稳定性，必须引入超大规模资源管理技术。这一技术是保证整个云计算系统状态一致性和可靠性的关键所在。随着云计算平台处理的资源规模不断扩大，从几百台服务器到上万台服务器不等，并且可能跨越多个地理区域，有效的资源管理变得尤为复杂和重要。

1.超大规模资源管理的核心挑战与解决方案

（1）多节点状态同步

在多节点并行计算环境中，各个节点之间的状态需要保持同步，以确保任务的一致性和准确性。超大规模资源管理系统通过实时监控和协调各节点的工作状态，确保它们能够协同工作，即使在网络延迟或分区的情况下也能维持良好的性能。

（2）故障隔离与恢复

当单个节点出现故障时，系统必须具备有效的机制隔离故障，防止影响其他正常工作的节点。这包括自动检测故障节点、快速切换至备用节点，以及启动恢复流程。此外，系统还应支持自我修复能力，以便在问题解决后自动恢复正常操作。

（3）跨地域资源调度

对于分布在全球不同地理位置的数据中心，超大规模资源管理技术提供了全局视角下的资源优化配置方案。它可以根据地理位置、网络状况、负载情况等因素智能地分配计算任务，确保资源利用率最大化的同时降低延迟，提高用户体验。

2.强大的技术支持

云计算平台中同时运行的应用数量众多，数以千计的应用程序依赖于底层资源的有效管理和调度。为此，超大规模资源管理技术不仅需要具备高度的灵活性和扩展性，还要能够应对复杂的业务需求和技术难题。

- 自动化运维工具：如Kubernetes、Apache Mesos等容器编排平台，帮助管理员实现应用部署、更新和维护的自动化，减少人工干预，提升效率。

- 动态资源扩展：根据实际负载情况自动调整计算资源，确保高峰时段有足够的处理能力，而在低谷期则释放闲置资源，降低成本。
- 监控报警系统：持续跟踪系统健康状况，及时发现潜在问题并通过预定义的策略进行预警或自动处理，确保系统始终处于最佳运行状态。
- 多租户架构设计：支持多个客户共享相同的基础设施而不相互干扰，每个租户都有自己独立的命名空间和服务级别协议（SLA），从而提高了资源利用率和服务质量。

超大规模资源管理技术是云计算系统中不可或缺的一部分，它为云计算平台提供了强有力的支撑，确保了大规模资源的有效利用和服务的高可用性。通过解决多节点状态同步、故障隔离与恢复、跨地域资源调度等问题，超大规模资源管理技术使得云计算能够在复杂的分布式环境中稳定运行，满足企业级应用对性能、可靠性和安全性的严格要求。

5.2.6 云计算平台管理技术

云计算资源规模庞大，虚拟服务器数量众多且分布广泛，同时运行着成千上万的应用。有效地管理这些虚拟服务器，确保系统提供不间断的服务，是一个巨大的挑战。云计算平台管理技术必须具备高效调配大量服务器资源的能力，使其更好地协同工作。其主要功能包括方便部署和开通新业务、快速发现并恢复系统故障，以及通过自动化与智能化手段实现大规模系统的可靠运维。

目前，主流的云计算平台管理系统包括开源软件OpenStack和商业软件VMware vCenter Server。作为一个开源的云计算管理平台项目，OpenStack由多个核心组件组成，支持几乎所有类型的云环境。其目标是提供实施简单、可大规模扩展、丰富且标准统一的云计算管理平台。OpenStack通过各种互补的服务提供了IaaS的解决方案，每个服务提供API（应用程序接口）以进行集成。以下是OpenStack的15个核心组件。

1. 计算组件：Nova

Nova是一套控制器组件，用于管理和控制虚拟机实例的生命周期。它根据用户需求提供虚拟服务，负责虚拟机的创建、启动、停止、挂起、暂停、调整、迁移、重启和销毁等操作，并配置CPU、内存等信息规格。

2. 镜像服务组件：Glance

Glance是一套虚拟机镜像查找及检索系统，支持多种虚拟机镜像格式（如AKI、

AMI、ARI、ISO、QCOW2、RAW、VDI、VHD和VMDK等）。它提供了创建、上传、删除和编辑镜像的功能。

3. 块存储组件：Cinder

Cinder为运行实例提供稳定的数据块存储服务，采用插件驱动架构，便于创建和管理块存储设备。它支持卷的创建、删除，以及在实例上的挂载和卸载。

4. 对象存储组件：Swift

Swift是一套用于在大规模可扩展系统中通过内置冗余及高容错机制实现对象存储的系统，允许进行文件的存储或检索。它不仅为Glance提供镜像存储服务，还为Cinder提供卷备份服务。

5. 身份认证组件：Keystone

Keystone处理用户访问资源的身份验证和权限检测，服务之间的相互调用也需要经过Keystone的身份认证。它可以被看作是一条服务总线，其他服务通过Keystone来注册其Endpoint（服务访问的统一资源定位器），以确保安全访问。

6. 网络管理组件：Neutron

Neutron提供云计算环境下的虚拟网络功能，利用网络虚拟化技术创建和管理网络对象（如网络、子网、端口、路由器和交换机等），为其他OpenStack服务组件提供网络连接服务。

7. 用户界面组件：Horizon

Horizon是一个图形化的Web接口程序，使管理员和用户能够便捷地管理不同的OpenStack资源和服务，如启动实例、分配IP地址和配置访问控制等。

8. 监控组件：Ceilometer

Ceilometer最初用于计量计费，后来增加了部分监控采集和告警功能。它收集CPU、网络和磁盘等数据信息，提供给监控、计费和面板项目使用。为了填补OpenStack计费方面的空白，CloudKitty应运而生，从Ceilometer获取计量数据，并根据定义的计费规则进行费用计算，生成结算账单。

9. 部署编排组件：Heat

Heat提供了一种通过模板定义的方式，实现云基础设施软件运行环境（计算、存储和网络资源）的自动化部署。这使得大批量资源管理和复杂应用的支持更加简便高效。

10. 数据库服务组件：Trove

Trove在OpenStack环境下为用户提供可扩展的、可靠的关系数据库和非关系数据库引擎服务。

11. 集群预配和管理服务组件：Sahara

Sahara是OpenStack提供的大数据服务组件，简化了Hadoop、Spark和Storm等数据处理框架的预配和管理，使用户能够在数分钟内快速部署高性能计算集群，并支持节点的弹性扩展。

12. 物理硬件管理组件：Ironic

Ironic是用于控制物理服务器的裸机预配系统，能够打开和关闭各个服务器，优化物理资源利用率。它特别适用于需要高性能计算或避免虚拟机监控程序开销的场景。

13. 多租户云消息服务组件：Zaqar

Zaqar对标Amazon SQS，为OpenStack构建可伸缩、可靠和高性能的云应用提供消息通道，支持开发人员在其SaaS平台和移动应用程序之间发送消息。

14. 密钥管理器服务组件：Barbican

Barbican是OpenStack的密钥管理组件，提供密钥生成、加解密和保存用户机密数据等功能，确保数据的安全性和隐私性。

15. 容器管理服务组件：Zun

Zun提供统一的OpenStack API，用于启动和管理容器，支持多种容器技术。它与Neutron、Cinder、Keystone及其他核心服务集成，确保容器符合安全与合规要求。

通过这些组件，OpenStack不仅实现了对云计算资源的有效管理和调度，还为用户提供了灵活、高效且安全的服务平台。这种体系结构设计使得云计算能够在大规模分布式环境中提供强大的计算能力和存储能力，同时保证系统的灵活性和可扩展性。

5.3 云计算平台

云计算平台，或称云平台，是指基于硬件和软件资源提供的服务，旨在交付计算、网络和存储能力。它不仅涵盖数据中心对外提供云服务所需的硬件与软件资源，还包括通过互联网打包成各种形态的服务，以满足用户的不同需求。在云计算环境中，所有可用的软硬件资源（包括服务平台、基础架构及应用软件等）均被抽象为服务资源提供给用户。用户可以采用按使用量计费的模式灵活地使用这些云端资源。

云计算平台的广泛应用显著缩小了中小企业与大型企业在IT应用上的差距，使企业能够在降低成本的同时享受更高质量的信息技术服务。作为继个人计算机和互联网之后的第三次信息化革命，云计算的重要性日益凸显，已被多个国家提升至国家战略层面。从概念到实现，云计算的发展依赖于强大的平台和技术支持。

根据主要功能和服务重点，云计算平台可以大致分为以下几类。

- 存储型云平台：专注于数据存储，确保数据的安全性和持久性。
- 计算型云平台：侧重于数据处理，提供强大的计算能力和高效的算法支持。
- 综合云计算平台：兼顾计算和数据存储处理，提供全面的服务解决方案。

全球范围内，许多大型企业和研究机构都在积极投入云计算技术的研究和开发。国际上，亚马逊、谷歌、微软、戴尔、IBM等IT巨头引领潮流；在国内，百度、阿里巴巴、华为等企业也积极参与其中，推动云计算技术和应用的不断创新和发展。

本节将简要介绍这些主流云服务提供商所提供的云平台，展示它们如何为企业和个人用户提供高效、安全、可靠的云计算服务。

5.3.1 Google 云计算平台

Google的云计算基础设施依托其大型数据中心和搜索引擎支柱应用，推动了云计算技术的迅速发展。Google的云计算架构主要由以下几个核心组件构成。

- MapReduce：一种用于处理和生成大规模数据集的编程模型及其相关实现。
- Google 文件系统（GFS）：一个高度容错、可扩展的分布式文件系统。
- BigTable：一个分布式的结构化数据存储系统，适用于管理大规模的数据。

此外，Google还开发了其他关键组件来增强其云计算能力：

- Sawzall：一种基于MapReduce的领域特定语言，专为大规模信息处理而设计。
- Chubby：一个高可用的分布式锁服务，利用Paxos算法确保数据在机器失效时保持一致性。

这些组件共同构成了一个强大且高效的云计算生态系统，支持Google内部及外部用户的大规模数据处理需求。

1. Google 文件系统（GFS）

为了应对快速膨胀的数据处理需求，Google设计并实现了Google文件系统（GFS）。该系统旨在提供高性能、高可靠性和高可用性的分布式文件存储解决方案，特别适合部署在成本效益高的商用服务器上。通过精心设计，GFS不仅保证了系统的可靠性与可用性，还大幅降低了总体拥有成本。

（1）架构特点

GFS采用了主服务器（Master）/数据块服务器（Chunkserver）架构，将文件切分成多个固定大小的数据块（通常为64 MB），分散存储在不同的Chunkserver节点上，并通过复制机制确保数据冗余。这种设计提供了更高的数据安全性和访问效率。GFS架构如图5-5所示。

- 单个主服务器：负责管理元数据、协调集群中的所有操作以及监控Chunkserver的状态。它通过心跳机制定期与各Chunkserver进行通信，以确保系统的正常运行。

- 多个数据块服务器：作为实际存储数据的节点，它们执行具体的读写任务。当用户请求读取或写入数据时，首先从主服务器获取必要的元数据信息，然后直接与相应的Chunkserver交互完成数据操作。这样的设计减少了对主服务器的压力，避免了性能瓶颈。

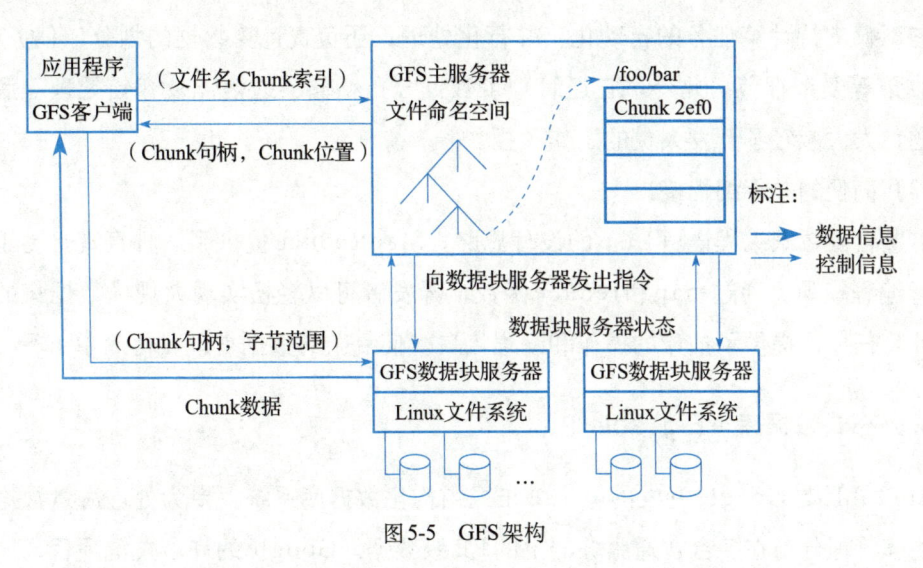

图5-5　GFS架构

（2）GFS架构的优势

- 高性能：通过优化的数据分布和读写路径，GFS能够在大量并发请求下保持高效运作。

- 高可靠性：数据块的多副本存储策略确保即使部分节点故障也不会影响数据的完整性和可用性。
- 高扩展性：易于添加新的Chunkserver以扩展存储容量和提升整体性能。
- 低成本：使用普通商用硬件构建，有效控制了建设和运维成本。

2. MapReduce 编程模型

MapReduce是Hadoop生态系统中的一个重要组成部分，与分布式文件系统（HDFS）和分布式数据库（HBase）共同构成了传统Hadoop的"三驾马车"，奠定了面向海量数据处理的分布式系统的基石。MapReduce的核心思想"Map（映射）"和"Reduce（规约）"源自函数式编程语言。MapReduce极大地方便了编程人员在不会分布式并行编程的情况下，将自己的程序运行在分布式系统之上。用户只需要定义一个map函数来处理一个键/值对以生成一批中间的键/值对，再定义一个reduce函数将所有这些中间的有着相同键的值合并起来。很多现实世界中的任务都可用这个模型来表达，具有较强的实用价值。

MapReduce可以从以下几个层次理解其功能和意义。

（1）高性能并行计算平台

MapReduce能够将普通的商用服务器组成包含数十至数千个节点的大规模分布式和并行计算集群，提供强大的计算能力。

（2）自动化的并行计算框架

它不仅支持计算任务的自动化、并行化处理，还负责计算数据的划分、任务分配、结果收集等复杂细节。此外，它还管理了数据分布存储、通信以及容错处理等底层系统问题，大大减轻了开发人员的工作负担。

（3）简便的并行编程接口

借鉴自函数式编程语言Lisp的设计思路，MapReduce提供了一种直观且易于使用的并行编程模型。通过map和reduce函数，开发者可以轻松实现大规模数据集的基本并行计算任务，提供了抽象的操作和编程接口，使复杂的数据处理变得简单可行。

3. 分布式数据库（BigTable）

BigTable是Google开发的一个分布式结构化数据库系统，专为处理海量数据而设计，能够管理分布在多台普通服务器上的PB级数据。Google的许多关键项目，如搜索索引、Google Earth和Google Finance等，均依赖BigTable存储不同类型的数据，这些应用对数据量（从URL到网页再到卫星图像）和响应速度（从后端批处理到实时数据服务）有着截然不同的需求。尽管如此，BigTable成功地为这些多样化的需求提供了一个统一且高效的解决方案。

BigTable的数据模型由行、列及时间戳组成，所有的数据都被存放在表格单元中，如图5-6所示。

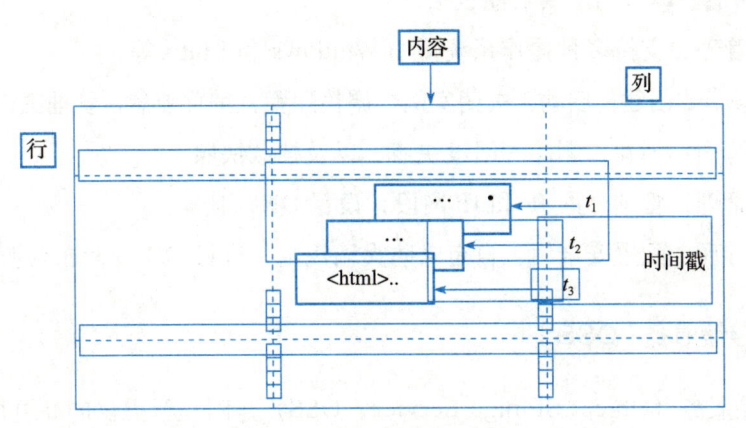

图5-6　BigTable的数据模型

- 行：数据按照行进行组织，每一行代表一个独立的记录。
- 列：每个表可以包含多个列族，每个列族又包含若干列。列名由列族名称和限定符构成。
- 时间戳：每个单元格都关联有一个时间戳，用于区分同一位置的不同版本数据。

为了优化性能，BigTable将多行数据组合成一个小表（称为Tablet），并将Tablet分配给特定的服务节点保存。这种设计确保了数据的高效访问和管理，同时也支持了高并发读写操作。

BigTable的灵活性和高性能使其成为处理各种类型大规模数据的理想选择。无论是需要长时间批处理的任务还是要求即时响应的应用场景，BigTable都能提供可靠的支持。例如，在搜索引擎索引构建过程中，BigTable可以高效地存储和检索大量的网页信息；而在地理信息系统中，则可以快速加载和显示庞大的地图数据集。

5.3.2　阿里云计算平台

自2008年9月起，阿里巴巴确定了"云计算"与"数据"战略，并启动自主研发的大规模分布式计算操作系统——飞天。2009年2月，阿里巴巴正式开始研发飞天系统，并于同年9月成立了阿里云计算有限公司，专注于阿里云系统的研发、维护及业务推广。阿里云不仅吸收了许多开源技术框架（如Hadoop、Spark和OpenStack等），还基于这些技术开发了更贴合市场需求的飞天系列产品。

1.弹性计算服务（ECS）

阿里云提供的弹性计算服务（Elastic Compute Service，ECS）支持大规模分布式计算，通过虚拟化技术整合IT资源，并提供自主管理、数据安全保障、自动故障恢复和抵御网络攻击等功能。ECS的主要功能包括：

- 镜像管理：支持多种操作系统，如 Windows 和 Linux 等。
- 远程操作：创建、启动、关闭实例，调整配置，重置硬盘，管理主机名和密码等。
- 快照管理：创建、删除、回滚快照，以及挂载快照。
- 网络管理：管理公网 IP 和 IP 网段，设置 DNS 别名。
- 安全管理：配置安全组、自定义防火墙规则，进行 DDoS 攻击检测。

2.对象存储服务（OSS）

对象存储服务（Object Storage Service，OSS）是阿里云提供的高可用、高冗余的对象存储解决方案，包含以下组件：

- 存储空间（Bucket）：用户存储对象的容器，用户可以设置和修改存储空间属性，以控制地域、访问权限、生命周期等，从而实现灵活的数据管理。
- 对象（Object）：OSS 存储的基本单元，由元信息（Object Meta）、用户数据（Data）和文件名（Key）组成。每个对象在存储空间内有唯一的标识 Key，用户可以在元信息中添加自定义属性。
- 区域（Region）：表示 OSS 数据中心的物理位置，用户可以根据成本和访问速度选择最合适的区域。
- 访问域名（Endpoint）：用于访问 OSS 服务的域名，不同区域和网络环境需要不同的 Endpoint。
- 访问密钥（AccessKey）：用于身份验证的 AccessKeyId 和 AccessKeySecret，确保请求的安全性和合法性。

3.开放表格存储（OTS）

开放表格存储（Open Table Store，OTS）是构建在飞天系统之上的NoSQL数据存储服务，提供海量结构化数据的实时访问。它通过数据分片和负载均衡技术实现了无缝扩展，用户可以通过API/SDK或者管理控制台使用此服务。

4.云数据库 RDS

阿里云数据库RDS（ApsaraDB for RDS）是一种稳定可靠的在线数据库服务，基于飞天系统和全SSD存储，支持MySQL、SQL Server、PostgreSQL和PPAS引擎，默认采用主备架构，提供了容灾、备份、恢复、监控和迁移等功能。

5. 大数据计算服务（Big Data Services）

阿里云大数据计算服务（MaxCompute）是一种高效、低成本且可弹性伸缩的在线大数据处理平台，适用于从GB到EB级别的数据量。MaxCompute提供了丰富的开发工具、完善的数据导入导出方案以及多种分布式计算模型，广泛应用于互联网数据分析场景，帮助用户快速解决海量数据计算问题，同时降低总体成本，提高开发效率。

5.3.3 OpenStack云计算平台

1. OpenStack 简介

OpenStack是由NASA（美国国家航空航天局）和Rackspace联合发起的一个自由软件和开放源代码项目，采用Apache许可证授权。它旨在为服务商和企业实现类似于Amazon EC2和S3的IaaS（基础设施即服务），用于管理云平台的基础资源。OpenStack的架构具有较大灵活性，无须专有硬件或软件，并能够与传统系统和第三方技术集成。在管理和自动化计算资源池方面，OpenStack可与广泛使用的虚拟化技术及裸机和高性能计算（HPC）配置协同工作。例如，在实现资源的接入与抽象功能时，OpenStack需要与虚拟化软件集成，以完成对硬件资源的池化和虚拟化。

2. OpenStack 核心组件

OpenStack的核心组件包括Nova、Neutron、Cinder、Glance和Keystone，每个组件都是独立的子项目，提供构建IaaS所需的各种功能。

以下是OpenStack系统框架的主要组件及其功能。

（1）Nova（计算服务）

Nova，也称为OpenStack Compute或Nova Compute，是OpenStack中计算资源的控制中心，负责管理虚拟机的整个生命周期。其主要核心服务包括：

Nova-API：处理与虚拟机生命周期相关的操作请求。

Nova-Scheduler：决定虚拟机在哪一个计算节点上启动。

Nova-Compute：提供实例所需的计算资源。

（2）Keystone（身份认证与授权服务）

Keystone为OpenStack中的其他服务提供身份验证、服务令牌和服务规则的功能。

它支持两种授权方式：基于用户名/密码和基于令牌。合法用户通过Keystone获取令牌后，可以访问其他OpenStack项目的服务，确保了资源的安全隔离和权限控制。

（3）Glance（镜像服务）

Glance提供和管理镜像的服务，替代了传统的光盘安装方式。它支持镜像的创建、删除、上传、下载和查询，并管理镜像的元数据。

（4）Neutron（网络服务）

Neutron是OpenStack的网络组件，负责创建和管理L2、L3网络并为虚拟机提供网络连接。遵循"网络即服务"的设计理念，Neutron利用SDN原则和Linux网络技术，成为云计算中的关键组件。

（5）Cinder（块存储服务）

Cinder，也称为OpenStack Block Storage或Cinder Volumes，为虚拟机提供持久性块存储。它与Nova协同工作，通过REST API处理卷的创建、快照等功能。

（6）Horizon（图形界面）

Horizon是OpenStack的Web管理界面，允许云平台管理员或用户通过Web浏览器管理或访问OpenStack的资源和服务。在OpenStack中，各个组件之间保持松耦合关系，并通过REST API接口进行交互。

拓展阅读

云计算技术在我国的快速发展，凝聚着众多科研人员的心血和付出。阿里云团队在创业初期，面临着诸多技术障碍和市场质疑，但他们凭借坚定的信念和不懈的努力，不断优化相关技术，终于为我国众多企业提供了高效、稳定的云服务。在新冠疫情期间，云计算发挥了重要作用，许多医疗信息系统依托云计算实现了远程医疗、疫情数据统计分析等重要功能。这背后是无数技术人员的日夜坚守，他们舍小家为大家，保障着云服务的稳定运行，为疫情防控提供了有力支撑，展现出强烈的社会责任感。国外一些云计算企业曾在市场上占据绝对优势地位，但我国企业并未气馁，而是奋起直追，最终有所超越。这种迎难而上、勇于创新的精神，值得每一位学习云计算的同学学习。我们要以其为楷模，努力学习云计算知识，为我国云计算技术在全球竞争中脱颖而出贡献力量。

课后练习

一、选择题

1. 下列哪一项不是云计算的特点？（　　）

   A. 虚拟化　　　　B. 动态可扩展性　　C. 固定资源分配　　D. 数据与应用共享

2. 关于云计算的体系架构，下列描述中哪一项是不正确的？（　　）

   A. 物理资源层为云计算提供必要的硬件和软件基础设施

   B. 管理中间件层仅负责用户管理，不涉及资源或任务管理

   C. 资源池层将底层物理资源整合成逻辑上的资源池，提高了资源利用率

   D. SOA构建层旨在将云计算能力封装成标准化的服务接口，并支持服务注册、查找和服务访问等功能

3. 在云计算环境中，资源池技术的主要目的是什么？（　　）

   A. 提高物理服务器的硬件性能　　　　B. 减少数据中心的电力消耗

   C. 增加单个虚拟机的存储容量　　　　D. 提升系统性能和资源利用率

4. 下列哪一项不是超大规模资源管理技术的核心挑战？（　　）

   A. 多节点状态同步　　　　B. 故障隔离与恢复

   C. 跨地域资源调度　　　　D. 用户界面设计优化

5. 关于阿里云提供的弹性计算服务（ECS），下列哪一项不是其主要功能？（　　）

   A. 镜像管理，支持多种操作系统

   B. 远程操作，包括创建、启动和关闭实例

   C. 提供结构化数据的实时访问

   D. 安全管理，配置安全组和自定义防火墙规则

二、简答题

1. 简述云计算的核心特点及其对企业带来的主要优势。
2. 解释分布式存储技术在云计算中的作用。

模块 6

大数据

模块导读

随着互联网的发展，数据量呈爆炸式增长，如何有效地收集、存储、处理并从中提取有价值的信息成为一个重要课题。本模块聚焦大数据技术，涵盖数据采集、数据存储、数据处理、数据挖掘等内容，同时介绍其在商业智能中的应用，旨在帮助学生运用大数据工具和技术解决实际问题，为决策提供数据支持。

6.1 大数据概述

大数据不仅是信息技术领域的一个重要概念，也是推动现代企业和组织提升效率、做出更明智决策的关键驱动力。

6.1.1 大数据的概念

作为当今信息技术领域的一个重要组成部分，大数据的概念涵盖了多个维度与特征。从广义上讲，大数据指的是一种体量庞大、数据类型多样化的数据集，这种数据的规模、流转速度、类型多样性以及单位价值密度低，均显著超出了传统数据库软件工具的处理能力范围。具体而言，大数据不仅仅指数据本身的巨大体量，还涵盖了用于采集这些数据的工具、平台以及数据分析系统。

根据麦肯锡全球研究所的定义，大数据具有以下核心特征。

- 海量的数据规模（Volume）：大数据集的大小远超过常规数据库软件所能处理的范围，从数太字节（TB）到数十兆亿字节（PB）不等。
- 快速的数据流转（Velocity）：数据生成的速度极快，要求实时或近实时地处理和响应。
- 多样的数据类型（Variety）：数据来源广泛，包括结构化、半结构化和非结构化数据。
- 价值密度低（Veracity）：尽管数据量巨大，但真正有价值的信息可能相对较少，需要高效的筛选和分析方法来提取有用信息。

这些特征共同构成了大数据的独特属性，使其在处理、分析和应用上呈现出与传统数据截然不同的挑战与机遇。

而大数据研究机构Gartner则从数据处理模式和价值创造的角度对大数据进行了界定。他们认为，大数据是需要采用新的处理模式挖掘其决策力、洞察力和流程优化能力的信息资产。这些巨型数据集的大小往往超出了人类在可接受时间内的处理能力，因此需要通过先进的技术手段进行高效管理和分析。

从技术层面来看，大数据与云计算之间存在着密不可分的联系。大数据的处理必须依赖于云计算的分布式架构、分布式数据库、云存储以及虚拟化技术。这种紧密的结合使得大数据能够在分布式环境中进行高效的数据挖掘和分析，从而提取出有价值的信息。

综上所述，大数据的概念是一个涉及数据规模、类型、处理技术和价值创造的综合性概念。它要求人们采用新的技术手段和思维方式来应对海量数据的挑战，并从中挖掘出有价值的信息以支持决策和优化流程。

6.1.2 大数据的发展历程

大数据是信息技术发展的必然产物，推动了数字经济的形成与繁荣。它的出现标志着信息化进程进入了以深度挖掘和融合应用为主要特征的新阶段。回顾大数据的发展历程，可以将其大致分为四个时期：萌芽期、成长期、爆发期和大规模应用期。

1. 萌芽期

在这一阶段，虽然"大数据"的概念被提出，但并未得到实质性的发展。1980年，未来学家阿尔文·托夫勒在其著作《第三次浪潮》中提到"大数据"的概念，并预见到其在未来社会中的重要性。随着数据挖掘理论和数据库技术的逐步成熟，一批商业智能工具和知识管理技术如数据仓库、专家系统等开始应用于实际场景。2007年，社交网络的激增为大数据概念注入了新的生机，技术博客博主和专业人士纷纷讨论这一话题。2008年9月，《自然》杂志推出"大数据"封面专栏，进一步提升了公众对大数据的关注度。

2. 成长期

进入2009年后，大数据市场迅速成长，互联网数据呈现出爆炸式增长的趋势，相关技术逐渐被大众熟悉并广泛应用。2010年2月，《经济学人》发表了长达14页的大数据专题报告《数据，无所不在的数据》，深入探讨了大数据的影响。紧接着，2011年5月，麦肯锡咨询公司发布的研究报告《大数据：下一个创新、竞争和生产力的前沿》指出，"大数据时代已经到来"。在中国，《"十二五"国家战略性新兴产业发展规划》也于2012年7月明确提出，要加强包括海量数据处理软件在内的关键软件开发。

3. 爆发期

2013年至2015年间，大数据迎来了发展的高潮阶段，各国纷纷布局大数据战略。这一年被称为"大数据元年"，国内互联网巨头百度、阿里巴巴、腾讯等推出了多种创新性的大数据应用。国家统计局与多家企业签署战略合作框架协议，推动大数据在政府统计中的应用。2014年，"大数据"首次出现在我国政府工作报告中，表明其研究与发展已上升为国家战略。2015年4月，贵阳大数据交易所正式挂牌运营，成为我国首家大数据交易所；同年8月，国务院发布《促进大数据发展行动纲要》，全面推进大数据的应用和发展。

4. 大规模应用期

自2016年以来，大数据的应用已经渗透到各行各业，数据驱动决策和社会智能化程度显著提高，大数据产业迎来了快速发展和大规模应用实施的新阶段。2016年1月，《贵州省大数据发展应用促进条例》出台，成为全国首部大数据地方性法规。同年，教育部新增设"数据科学与大数据技术专业"，并设计了完善的课程体系。国家发展改革委、工信部及中央网信办同意贵州省建设首个国家级大数据综合试验区。随后，在京津冀、珠江三角洲等多个区域推进国家大数据综合试验区建设。

到2017年，多个省市成立了专门的大数据管理和服务机构，工业和信息化部印发《大数据产业发展规划（2016—2020年）》，贵阳市被授予首批具有引领性和标志性的大数据产业集聚区和示范区基地。

《2018全球大数据发展分析报告》显示，中国在大数据领域的产业发展和技术创新能力有了显著提升。学术界也在大数据技术与应用方面取得了诸多突破，截至2020年，全球发表的大数据相关论文数量达到64 739篇，申请的相关专利共计136 694项。

2021年工业和信息化部发布了"十四五"大数据产业发展规划，强调了集成创新、快速发展、深度应用以及结构优化的重要性。《中国大数据产业发展指数报告（2022版）》指出，大数据产业规模持续扩大，2021年突破1.3万亿元人民币，2022年更是达到了1.57万亿元。

2023年的《中国数据中心产业发展白皮书》则指出了国内数据中心产业正进入新的转型阶段，强调了"东数西算"、"双碳"战略，以及"新型数据中心"政策下数据中心建设的方向和发展要求。

大数据的发展历程见证了从概念提出到广泛实践的过程，它不仅改变了信息处理方式，还深刻影响了经济模式和社会治理方式，为各行业带来了前所未有的机遇和挑战。

6.1.3 大数据的结构类型

大数据涵盖了三种主要的数据结构类型：结构化数据、半结构化数据和非结构化数据。随着互联网技术的发展，尤其是云计算等创新技术的应用，这些原本难以收集和利用的数据逐渐变得易于处理，并开始为人类创造更多的价值。下面将详细介绍这三种数据类型的特点及其在现代信息技术中的角色。

1. 结构化数据

结构化数据是指那些可以通过二维表（表格）形式逻辑表达的数据，通常具有严格的格式与长度规范，最常见的是关系型数据库中的行数据。这类数据严格遵循预定义的模式或结构，每一列代表一个属性，每行则表示一条记录。例如，在一个员工信息表中，可能包含姓名、职位、部门等多个字段，每个字段都有明确的数据类型和约束条件。

结构化数据的特点如下：

- 数据以固定的格式存储，便于检索和查询。
- 支持高效的索引机制，能够快速定位特定信息。
- 易于维护数据的一致性和完整性。

结构化数据的应用：

- 广泛应用于金融交易系统、客户关系管理（CRM）、企业资源规划（ERP）等领域。
- 搜索引擎也支持标准的结构化数据标记，使得网站可以更好地展示在搜索结果中。
- 结构化数据因其清晰的组织方式和高效的操作性能，一直是信息技术应用的基础之一。然而，随着数据种类的日益多样化，仅依靠结构化数据已经无法满足所有需求。

2. 半结构化数据

半结构化数据介于结构化数据和非结构化数据之间，它既具有一些结构特征，又保持了一定程度上的灵活性。这类数据通常不遵循固定的关系模型，但仍然包含了关于其自身结构的信息。常见的半结构化数据格式包括JSON、XML、CSV文件等，它们允许数据内部存在嵌套结构，并且可以在不影响整体结构的前提下动态添加新字段。

半结构化数据的特点如下：

- 具有一定的结构框架，但比传统关系数据库更加灵活。
- 能够适应复杂多变的数据形态，如文档、消息队列等。
- 方便扩展，支持增量式更新，无须对整个数据库进行重构。

半结构化数据的优势：

- 提供了更高的灵活性，可以更自然地描述现实世界中的对象及其关系。
- 在处理异构数据源集成时表现出色，适用于跨平台或跨系统的数据交换。
- 半结构化数据的最大优点在于它的灵活性，能够在保持一定组织性的同时，提供足够的自由度来适应不同的应用场景。这对于需要频繁调整数据模型或处理大量非标准化数据的企业来说尤为重要。

3. 非结构化数据

非结构化数据是指那些不适合用传统的二维表结构来表示的数据类型，如文本文件、图像、音频、视频等多媒体内容。这类数据没有统一的格式或结构，因此在存储和分析方面面临着更大的挑战。尽管如此，非结构化数据占据了当今互联网信息总量的重要部分，并且随着"互联网+"战略的推进，其比重还在不断增加。

非结构化数据的特点：

- 数据形式多样，缺乏明确的结构定义。
- 内容丰富，往往蕴含着深层次的意义和价值。
- 需要特殊的工具和技术来进行有效的管理和分析。

非结构化数据的处理技术：

- Web页面信息提取：从HTML网页中抽取有价值的内容，如标题、正文、链接等。
- 结构化处理：包括文本的分词、词性标注、句法分析等步骤，目的是将非结构化的文本转换成结构化的形式。
- 语义处理：涉及实体识别、情感分析、主题建模等内容，旨在理解文本背后的真实含义。
- 文本建模：采用向量空间模型、隐含狄利克雷分配（LDA）等方法构建文本的数据表示。
- 隐私保护：针对社交网络、地理位置等敏感信息进行脱敏处理，确保用户隐私安全。

非结构化数据虽然在管理和分析上存在较大难度，但由于其广泛存在于各种业务场景中，如社交媒体、电子邮件、客户服务对话等，因此对于挖掘潜在商业机会和社会洞察力具有不可替代的作用。近年来，随着机器学习和人工智能技术的进步，非结构化数据的价值正被越来越多的企业所重视，并成为推动数字化转型的关键因素之一。

6.2 大数据的关键技术

当我们谈论"大数据"时，不仅涉及数据本身，还包括与其相关的处理技术。大数据技术是指一套用于采集、存储、分析和应用海量结构化、半结构化及非结构化数据的技术体系。它超越了传统工具的能力，利用先进方法处理大规模数据，从中提取有价值的信息并支持预测性分析。

6.2.1 数据采集

1. 数据采集概述

（1）数据采集的概念

数据采集（Data Collection）是指利用特定装置或软件，从系统外部收集数据并将其输入到系统内部的过程。这一过程是信息处理和数据分析的基础环节，广泛应用于各个领域，如传感器网络、物联网设备（IoT）、社交媒体平台等。摄像头、麦克风等设备都是典型的数据采集工具，它们能够捕捉图像、声音等原始数据供后续分析使用。

在现代信息技术环境中，数据采集不仅限于简单的数据获取，还包括对所收集数据的质量控制、格式转换以及初步处理等内容。随着大数据时代的到来，数据采集技术已经超越了传统定义，成为一种综合性的数据处理能力，涉及海量结构化、半结构化及非结构化数据的高效采集与管理。

（2）数据采集的关键特性

为了确保数据采集的有效性和实用性，以下三点至关重要。

- 全面性：采集的数据量应足够大，以支撑深入的分析需求。例如，在评估App使用情况时，除了记录用户触发行为的时间戳外，还需要收集环境参数、会话详情、用户ID等多维度信息，并统计特定时间段内的活跃人数、使用频率等指标。

- 多维性：数据采集必须具备灵活性，能够根据不同的分析目标自定义采集的内容和方式。对于App使用情况的监测，不仅要关注用户访问哪些功能模块，还要跟踪点击次数、停留时间、启动间隔等多个属性，从而构建更为丰富的用户画像。

- 高效性：高效的采集流程包括技术执行效率、团队协作效能以及数据分析结果的快速实现。这意味着要优化采集工具的选择，配置合理的存储方案，并确保整个过程中各个环节紧密衔接，减少不必要的延迟。

（3）数据采集的主要步骤

一个成功的数据采集项目通常遵循以下四个关键步骤。

- 明确数据需求：首先需深入了解用户的具体需求，确定所需采集的数据类型和字段。这一步骤要求与用户充分沟通，明确其业务目标和技术限制，以便制定科学合理的需求文档。

- 调研数据来源：基于前期确立的需求，进一步探索潜在的数据源，评估各来源的可行性和可靠性。同时，预估预期采集的数据量，并细化具体的采集策略。

● 选择合适的采集工具：根据不同场景的特点，挑选最适合的数据采集工具或软件。例如，针对Web页面内容的抓取，可以选择Apache Nutch或Scrapy这样的爬虫框架；而对于实时流式数据，则可能需要Kafka或Fluentd等解决方案。

● 确定存储方式：依据采集数据的规模和特点，选择适当的存储介质和技术。小批量的数据可以存放在Excel表格中，而大规模的数据集则更适合采用关系型数据库、NoSQL数据库或者分布式文件系统（如Hadoop HDFS等）。正确的存储决策有助于提高数据管理和使用的便捷性。

(4) 数据采集的重要性

数据采集位于数据分析生命周期的重要一环，它通过多种途径获得各种类型的结构化、半结构化及非结构化的海量数据。这些数据来源广泛，包括但不限于传感器数据、社交网络互动、移动互联网活动等。由于采集的数据种类繁杂，因此在进行数据分析之前，必须先对其进行有效的提取、清洗和转换，确保数据质量和一致性。

(5) 传统数据采集的不足

传统数据采集方法存在若干局限性，主要体现在以下几个方面。

● 单一的数据源：传统方法往往依赖于固定的、有限的数据源，难以应对当今复杂多变的数据环境。

● 较小的数据规模：过去的数据采集主要面向相对较小的数据集，通常可以通过关系型数据库或并行数据仓库来处理。然而，随着数据量呈指数级增长，传统的存储和计算架构已无法满足需求。

● 缺乏扩展性：传统并行数据库技术追求高度一致性和容错性，但根据CAP理论（Consistency, Availability, Partition Tolerance），难以同时保证高可用性和良好的扩展性。相比之下，大数据采集需要强大的分布式处理能力，以支持海量数据的实时处理和分析。

2. 大数据采集

(1) 大数据采集过程

大数据采集的核心在于ETL（Extract, Transform, Load），即抽取、转换、加载的过程。这是指将分散在不同源端的数据提取出来，经过清洗、转换等一系列操作后，最终加载到目标端（通常是数据仓库或数据湖）的过程。ETL不仅是数据集成的重要手段，也是挖掘数据潜在价值的关键步骤。

抽取（Extract）：从多个异构的数据源中选择性地提取出有用的数据。这些数据可能是结构化的（如关系数据库中的表），也可能是非结构化的（如文本文件、社交媒体帖子等）。

转换（Transform）：对提取的数据进行必要的清理和格式调整，使其符合目标系统的标准。此阶段还包括去除重复项、填补缺失值、统一日期格式等工作。

加载（Load）：将处理后的数据按照预定的模式加载到目标存储库中，为后续的分析应用做好准备。例如，通过Apache Sqoop工具，可以方便地在关系型数据库和Hadoop生态系统之间传输大量数据。

(2) 大数据采集的方法

● 系统日志采集方法：许多企业的业务平台每天都会生成大量的日志数据，这些日志记录了服务器运行状态、应用程序错误信息等宝贵内容。通过对这些日志数据进行采集、整理和分析，可以帮助企业发现潜在问题，优化服务性能，并为管理层提供决策支持。常用的开源日志采集工具包括Cloudera Flume、Facebook Scribe和Hadoop Chukwa等，它们均采用了分布式架构，能够高效地处理每秒数百MB的日志流量。

● 网络数据采集方法：网络数据采集主要指的是通过网络爬虫或API接口从网站上抓取公开可用的数据。这类方法适用于获取网页内容、社交媒体动态以及其他在线资源。为了保证采集数据的质量和合法性，开发者应当遵守目标网站的服务条款，并尽可能利用官方提供的API接口。常见的网络爬虫框架有Apache Nutch和Scrapy，它们提供了灵活的配置选项，支持深度优先搜索、广度优先搜索等多种算法，可适应不同应用场景下的需求。

● 数据库采集方法：对于那些拥有庞大数据库的企业而言，直接从数据库中读取最新业务记录是一种常见且有效的方式。无论是传统的关系型数据库（如MySQL、Oracle等），还是新兴的NoSQL数据库（如Redis、MongoDB等），都可以作为数据采集的目标。通过建立专门的数据采集系统，企业可以实时监控业务后台服务器的状态变化，并及时更新本地副本，确保数据分析工作的准确性和时效性。

(3) 大数据采集平台

以下是几款广泛应用的大数据采集平台的具体介绍。

Apache Flume：Flume是一款专为日志数据设计的分布式、可靠且高可用的数据采集平台。它架构简单灵活，支持流式数据传输，并配备了丰富的插件用于定制化开发。Flume的可靠性机制允许它在面对网络故障或其他异常情况时自动恢复，确保数据传输的连续性和完整性。此外，Flume还支持多种数据源和目的地之间的无缝对接，如Kafka、HDFS等。

Fluentd：Fluentd是由Treasure Data公司开发的一款开源数据采集框架，以其轻量化和高扩展性著称。它使用JSON格式统一日志数据，便于与其他系统集成。Fluentd的插件生态非常丰富，涵盖了几乎所有的主流数据源和输出端点，使得它可以轻松适配各种复杂的采集场景。更重要的是，Fluentd内置了强大的路由规则引擎，可以根据预设条件智能分发数据，提高了数据流转效率。

Logstash：Logstash是ELK Stack（Elasticsearch，Logstash，Kibana）中的一员，主要用于动态采集、转换和传输各类数据。它支持多种输入源（如Beats、TCP/UDP Socket等）和输出目标（如Elasticsearch、Kafka等），并且可以通过Grok解析器从非结构化文本中提取有价值的信息。Logstash的强大之处在于它的灵活性——不仅可以处理结构化数据，还能对非结构化数据进行预处理，为后续的全文检索和可视化分析打下坚实基础。

Splunk：Splunk是一个专注于机器数据处理的企业级平台，特别擅长处理来自服务器、应用程序和其他IT基础设施的日志和事件数据。它由三大部分组成：Search Head负责数据查询和展示；Indexer负责数据索引和存储；Forwarder负责数据收集、预处理并将数据发送给Indexer。Splunk的独特优势在于其强大的搜索能力和直观的用户界面，使得用户无须编写复杂脚本即可快速定位问题根源，并通过仪表盘形式呈现关键指标。

6.2.2 数据存储

在大数据环境中，数据的采集只是第一步，如何高效、可靠地存储这些海量信息同样至关重要。根据数据是否能够在断电后继续存在，数据存储可以分为持久化存储和非持久化存储两大类。每种存储方式都有其特定的应用场景和技术实现。下面将详细介绍这两种存储类型及其相关的文件系统和数据库系统。

1. 持久化存储

（1）持久化存储的定义与特点

持久化存储是指将数据保存到磁盘或其他非易失性介质中，确保即使在计算机关机或断电的情况下，数据也不会丢失。这种类型的存储适合长期保存重要数据，并且能够提供稳定的数据访问性能。持久化存储是大数据解决方案的核心组成部分，因为它保证了数据的完整性和可靠性，特别是在需要对历史数据进行分析时。

（2）常见持久化存储系统

- Hadoop分布式文件系统（HDFS）：HDFS是专为大规模数据集设计的分布式文件系统，它具有高容错性，能够有效地管理跨多个节点的数据复制和故障恢复。HDFS的设计理念是基于"写一次，读多次"的模式，非常适合用于存储大量的只读或极少更新的数据。

- 分布式非关系数据库系统（如HBase）：HBase是建立在HDFS之上的一种列族

式 NoSQL 数据库，旨在支持随机读写操作。它提供了强大的水平扩展能力，可以轻松应对 PB 级别的数据量。HBase 特别适用于需要快速查询和更新大量半结构化或非结构化数据的应用场景。

● 非关系数据库（如 MongoDB）：MongoDB 是一种文档型 NoSQL 数据库，使用 JSON 风格的 BSON 格式来存储数据。它的灵活性允许开发者根据业务需求动态调整数据模型，而不需要预先定义固定的表结构。MongoDB 支持丰富的查询语言和索引机制，广泛应用于 Web 应用、内容管理系统等领域。

2.非持久化存储

（1）非持久化存储的定义与特点

非持久化存储，也称为内存存储，是指将数据临时保存在计算机的 RAM（随机存取存储器）中。相比磁盘存储，内存存储的速度极快，因为数据可以直接从主存中读取和写入，没有机械运动带来的延迟。然而，非持久化存储的一个显著缺点是数据不具备持久性——一旦计算机断电或重启，所有保存在内存中的数据都将消失不见。因此，这类存储主要用于缓存热数据或作为中间结果的暂存区，以加速应用程序的响应时间和减轻持久化存储的压力。

（2）常见非持久化存储系统

● Redis：Redis 是一个开源的键值对存储系统，除了基本的字符串类型外，还支持多种复杂的数据结构，如列表、集合、有序集合等。它不仅可以用作高性能的内存缓存层，还可以通过持久化选项将数据同步到磁盘上，从而兼具高速度和一定的数据安全性。此外，Redis 提供了丰富的客户端库和支持多种编程语言的 API 接口，方便集成到各种应用环境中。

● Berkeley DB：Berkeley DB 是一款嵌入式的键值数据库管理系统，最初由加州大学伯克利分校开发。它提供了事务处理、并发控制等功能，并且可以在不依赖外部服务器的情况下直接嵌入应用程序中运行。Berkeley DB 的轻量级特性使其成为许多小型项目或需要自定义存储引擎的应用的理想选择。

● Memcached：Memcached 是一种分布式的内存对象缓存系统，旨在提高 Web 应用的加载速度。它通过在网络中的多台服务器之间共享内存资源，实现了高效的缓存命中率。尽管 Memcached 本身并不提供任何形式的持久化功能，但它可以通过与其他持久化存储系统的结合，构建出既快速又可靠的混合存储架构。

3.持久化与非持久化存储相结合

为了充分发挥两者的优势，现代大数据架构通常会采用持久化存储和非持久化存储相结合的方式。例如，在实际应用中，可以将频繁访问的数据放入Redis这样的内存缓存中，以减少对后端数据库的压力；而对于那些需要长期保存或者涉及复杂查询的数据，则选择适当的持久化存储方案，如HDFS或MongoDB等。这样既能保证系统的整体性能，又能确保数据的安全性和可用性。

6.2.3 数据处理

在大数据生态系统中，数据处理技术是实现从原始数据到有价值信息转化的关键环节。根据处理模式的不同，可以将大数据处理技术分为批处理、流处理和混合处理三种类型。此外，根据处理时间特性，还可以进一步划分为离线处理和实时处理。每种处理方式都有其独特的优势和适用场景，下面将详细探讨这些技术及其代表性框架。

1. 批处理

（1）批处理的定义与特点

批处理是指将大量静态数据分解成更小的任务，在分布式计算集群中并行执行，然后将各节点的计算结果汇总以获得最终答案。这种方式适用于需要访问全量记录才能完成的工作。例如，统计总数或平均值时，必须将整个数据集作为一个整体处理，而不能将其视为多条独立记录的集合。批处理的特点是高吞吐量但延迟较高，因为它通常是在所有数据处理完成后才返回结果。

（2）批处理的代表技术：MapReduce

MapReduce是一种面向大数据并行处理的计算模型、框架和平台，旨在解决海量数据集上的复杂计算问题。它的设计灵感来源于函数式编程语言Lisp，并为用户提供了一个简单而强大的抽象层次——只需定义map（）和reduce（）函数即可实现复杂的并行计算逻辑。

MapReduce的特点：

- 自动并行化：将计算任务自动划分成多个子任务，并分发到集群中的各个节点上并行执行。
- 容错机制：当某个节点出现故障时，系统会自动重新调度该节点的任务到其他健康节点上继续执行。
- 资源管理：负责协调集群内的资源分配，确保任务得到公平合理的调度。
- 数据本地性：尽可能地让计算靠近数据所在的位置，减少网络传输开销。
- 作业提交与监控：提供了一套完整的工具链，方便用户提交作业并实时跟踪其进度。

2. 流处理

（1）流处理的定义与特点

流处理是对源源不断且实时到达的数据进行即时处理的一种方式。它具有快速、高效、低延迟等特点，比较适用于对时效性要求较高的应用场景，如网站点击流分析、金融交易监控等。流处理系统通常基于分布式内存架构，能够以毫秒级响应速度处理动态变化的数据流。

（2）流处理代表技术：Apache Flink

Apache Flink是一个开源的、支持事件驱动的分布式流处理引擎，提供了强大的窗口管理和状态管理功能。它不仅支持传统的批处理任务，还特别擅长处理无边界和有界的数据流。Flink提供了丰富的API接口和工具集，使得开发者可以轻松构建复杂的数据处理应用。

Apache Flink的特性：

- 精确一次语义（Exactly-once Semantics）：保证每个事件只被处理一次。
- 高吞吐量与低延迟：可以在大规模数据流上保持高效的处理能力。
- 容错机制：即使发生故障也能保证数据不丢失。

（3）分布式实时计算系统Storm

Storm是由Twitter开源的一个分布式实时大数据处理框架，因其低延迟特性和广泛的适用性而受到业界欢迎。Storm的核心组件包括Nimbus（主节点）、Supervisor（从节点）、Worker（工作进程）以及ZooKeeper（协调服务），共同构成了一个健壮且易于扩展的实时处理环境。

Storm的主要特征：

- 实时性：能够以极低的延迟处理海量数据流，适用于需要立即反应的应用场景。
- 可靠性：确保每一条消息至少被处理一次，并且可以通过配置实现精确一次语义。
- 灵活性：支持多种类型的Topology（拓扑结构），包括但不限于持续计算、分布式RPC调用等。
- 可扩展性：随着业务增长，只需简单添加更多硬件资源即可线性提升系统的处理能力。

3. 混合处理

（1）混合处理的定义与特点

混合处理结合了批处理和流处理的优点，允许同一个框架内同时处理批量数据和流式数据。这种灵活性使得开发者可以根据具体需求选择最合适的处理方式，简化了不同处理逻辑之间的切换。混合处理框架往往具备统一的API接口，方便用户操作不同类型的数据源。

（2）混合处理的代表技术：Apache Spark

Spark采用内存计算模型，极大提升了迭代算法的效率，并支持多种数据处理模式，包括批处理、流处理、SQL查询、机器学习等。Spark的核心概念是弹性分布式数据集（RDD），作为不可变的分布式对象集合，提供了丰富的转换（Transformation）和动作（Action）算子。

Apache Spark的优势：

- 通用性强：既可以处理静态的大规模数据集，也可以处理实时数据流。
- 易用性好：提供了简洁直观的API，便于开发人员快速上手。
- 扩展性佳：可以通过增加集群规模轻松应对更大规模的数据处理任务。

6.2.4 数据挖掘

数据挖掘是从大量数据中自动抽取先前未知但潜在有用的信息的过程。它结合了统计学、机器学习、数据库系统等多个领域的知识和技术，广泛应用于商业智能、科学研究、医疗健康等领域。

1. 数据挖掘的目标

- 发现模式：识别数据中的规律性特征，如频繁项集、关联规则等。
- 预测未来：基于历史数据构建预测模型，帮助预测未来的趋势或行为。
- 描述现状：对现有数据进行总结和概括，提供直观的理解。
- 优化决策：利用挖掘结果指导业务策略调整，提高运营效率。

2. 数据挖掘的主要任务

（1）分类（Classification）

分类是将对象分配到预定义类别中的过程。常见的算法包括决策树、朴素贝叶斯、支持向量机等。分类模型可以用于垃圾邮件过滤、信用评分、疾病诊断等场景。

（2）回归（Regression）

回归分析旨在建立变量之间的数学关系，通常用来预测连续型输出值，如房价预测、销售量预测等。线性回归、岭回归、Lasso回归是常用的回归算法。

（3）聚类（Clustering）

聚类是将相似的对象分组在一起的过程，属于无监督学习的一种形式。K-Means、层次聚类、DBSCAN等算法常用于客户细分、图像分割等领域。

（4）关联规则学习（Association Rule Learning）

关联规则学习寻找数据项之间的相关性，揭示隐藏在交易记录或其他信息载体中的模式。Apriori算法、Eclat算法等被广泛应用于市场篮子分析、推荐系统等。

（5）异常检测（Anomaly Detection）

异常检测用于识别不符合预期模式的数据点或事件，如信用卡欺诈检测、网络入侵检测等。常用的方法包括基于统计的方法、基于距离的方法、基于密度的方法等。

（6）序列模式挖掘（Sequential Pattern Mining）

序列模式挖掘关注于发现时间序列数据中的重复出现的模式，适用于日志分析、用户行为跟踪等场景。PrefixSpan、GSP等算法能够有效地处理此类问题。

3. 数据挖掘的过程

一个典型的数据挖掘项目通常包括以下几个步骤。

- 业务理解：明确业务需求，确定需要解决的问题以及期望达到的目标。
- 数据理解：收集并初步探索数据，了解其结构、质量和分布情况。
- 数据准备：清洗、转换和整合数据，确保数据适合后续的建模工作。
- 建模：选择合适的算法和技术，训练模型并对参数进行调优。
- 评估：使用测试集验证模型性能，评估模型的准确性和可靠性。
- 部署：将模型集成到生产环境中，持续监控其表现并根据反馈进行改进。

4. 数据挖掘的挑战与解决方案

在大数据环境下，数据挖掘面临着诸如处理海量数据、管理多样化的数据类型、满足实时性需求以及应对数据质量问题等挑战。为了克服这些挑战，研究人员和工程师们开发了一系列创新技术和方法。

（1）数据量大

挑战：传统数据挖掘工具难以高效处理TB级甚至PB级的数据集，这不仅增加了计算资源的需求，也使得单机处理变得不切实际。

解决方案：

- 分布式计算框架：如Hadoop和Spark等平台提供了强大的分布式处理能力，能够将任务分配到多个节点上并行执行，极大地提升了处理效率。
- 增量式算法：设计能够在线更新的算法，减少全量重算的需求。这类算法允许系统根据新流入的数据动态调整模型，而不必每次都对整个历史数据进行重新计算。

（2）数据种类繁多

挑战：结构化、半结构化和非结构化数据共存，增加了数据处理的复杂度。不同格式的数据需要不同的解析和存储方式，这对统一管理和分析提出了更高的要求。

解决方案：

- 统一的数据存储格式：采用 Parquet、ORC 等列式存储格式，可以显著提高读取效率，同时支持高效的压缩和编码机制，节省存储空间。
- 多源数据融合技术：利用 ETL（Extract，Transform，Load）工具或流处理引擎实现不同类型数据的整合。这些工具可以帮助用户从各种来源抽取数据，并将其转换为适合分析的形式，最终加载到目标系统中做进一步处理。

（3）实时性要求高

挑战：某些应用场景（如广告投放、金融风控等）需要近乎实时的数据处理和响应。传统的批处理模式无法满足这种低延迟的要求。

解决方案：

- 流处理技术：Flink、Storm 等框架支持低延迟的数据流处理，可以在数据到达的同时立即进行分析，确保及时响应业务需求。
- 内存计算模型：如 Spark 的 RDD（弹性分布式数据集）机制，通过将中间结果保存在内存中，减少了磁盘 I/O 带来的性能瓶颈，从而实现了快速的数据处理。

（4）数据质量参差不齐

挑战：缺失值、噪声、异常值等问题影响了挖掘结果的准确性。低质量的数据可能导致错误的结论，进而误导决策过程。

解决方案：

- 数据预处理技术：采用插补法填补缺失值、平滑滤波去除噪声、离群点检测剔除异常值等手段，确保输入数据的质量。有效的预处理步骤是保证后续分析准确性的基础。
- 鲁棒性算法：选择对数据质量变化不敏感的算法，如随机森林、梯度提升树等。这些算法能够在一定程度上容忍数据中的误差，提供更稳定可靠的预测结果。

6.2.5 数据分析与可视化

数据分析与可视化是大数据处理流程中的关键环节，旨在通过定量和定性方法揭示数据中的模式、趋势和关系，并以直观的形式展示出来。这一过程不仅帮助决策者理解复杂的数据集，还能激发新的洞察力，促进科学发现和商业创新。

1. 数据分析

（1）数据分析的重要性

数据分析是从原始数据中提取有价值信息的过程，它为决策提供了坚实的基础。在大数据背景下，数据分析可以帮助组织：

优化运营：识别效率低下的环节，提出改进建议。

增强客户体验：了解客户需求和偏好，提供个性化服务。

支持战略规划：预测市场趋势，评估风险和机会。

提高竞争力：快速响应变化的环境，保持领先地位。

（2）数据分析的主要类型

描述性分析（Descriptive Analytics）：描述性分析是对过去发生的事件进行总结和概括，回答"发生了什么？"的问题。常用的工具和技术包括统计报表、频率分布图、饼图等。

诊断性分析（Diagnostic Analytics）：诊断性分析试图解释为什么某些现象会发生，通过深入挖掘数据背后的原因来寻找答案。例如，使用相关性和回归分析确定变量之间的关系。

预测性分析（Predictive Analytics）：预测性分析利用历史数据构建模型，预测未来可能发生的情况。机器学习算法如随机森林、梯度提升树等常用于此类任务。

规范性分析（Prescriptive Analytics）：规范性分析不仅预测未来，还建议采取何种行动以达到最佳结果。它结合了优化理论和仿真技术，为企业提供具体的策略指导。

2. 数据可视化

（1）数据可视化的意义

数据可视化是将数据转换成图形或图表形式的艺术和科学，使得非专业人士也能轻松理解复杂的信息。有效的可视化可以：

- 简化沟通：用直观的方式传达复杂的概念，减少误解的可能性。
- 揭示模式：帮助用户迅速发现数据中的规律和异常点。
- 辅助决策：通过视觉提示引导决策者关注重要信息，加快决策速度。
- 激发创意：鼓励探索性的思考方式，可能带来意想不到的新发现。

（2）常见的可视化工具和技术

静态可视化：静态可视化是指创建一次后不再改变的图表或图像。常见的工具包括 Excel、Tableau Public、Google Charts 等。它们适合于简单的报告和演示文稿。

动态可视化：动态可视化允许用户交互式地探究数据，根据不同的参数调整视图。例如，D3.js、Plotly、Power BI 等工具支持实时更新的数据仪表板。

地理空间可视化：地理空间可视化专注于地理位置相关的数据展示，如地图上的热力图、路径追踪等。ArcGIS、QGIS等软件广泛应用于地理信息系统领域。

网络图和关系图：网络图和关系图用于表示实体之间的连接关系，如社交网络分析、蛋白质相互作用研究等。Gephi、Cytoscape等工具擅长处理这类复杂的关系结构。

3.数据分析与可视化的工作流程

一个完整的数据分析与可视化项目通常遵循以下步骤。

- 需求分析：明确业务目标，确定需要解决的问题以及期望达到的效果。
- 数据准备：清洗、转换和整合数据，确保其质量和一致性。
- 探索性数据分析（EDA）：初步探索数据，寻找潜在的模式和趋势。
- 建模与验证：选择合适的算法和技术，训练模型并对参数进行调优，然后使用测试集验证模型性能。
- 可视化设计：根据分析结果选择最合适的图表类型，并精心设计布局以突出重点信息。
- 反馈与迭代：收集用户的反馈意见，不断改进和完善可视化作品。

上述六个阶段的工作流程，每个阶段都有其独特的任务和挑战，但它们相互关联、相辅相成，共同构成了一个完整的循环。

6.3 大数据的应用

大数据技术正在深刻改变各行各业的运作方式，为企业和个人决策提供了前所未有的洞察力支持。

6.3.1 基于大数据的电子商务优化

1.营销策略的优化

为了充分发挥大数据技术的优势，提升电子商务营销效果，需要对现有营销策略进行优化，以提供更优质的营销服务。以下是通过大数据实现这一目标的具体措施：

（1）关注消费者留存率而非单纯点击率

在传统电商营销中，广告或链接的点击率曾被视为关键指标，但随着消费者购物经验的积累，点击率与实际购买行为之间的关联逐渐减弱。现代电商应更加注重消费者的留存率，即用户在初次点击后再次访问店铺的概率。留存率受到用户体验的影响，包括网页停留时间等。利用大数据技术分析这些因素，可以更深入地了解影响消费者购买决策的关键点，从而优化营销策略。商家可以通过分析目标受众特征，评估当前营销策略的有效性，并据此做出调整。

（2）挖掘潜在消费热点

消费者行为具有时间和场景的特性，因此电商平台需按时间单位分析用户活动，例如记录用户在不同功能模块中的停留时间和操作。结合搜索引擎的数据，电商平台可以预测消费者的下一步需求。比如，当白领群体搜索"办公设备"时，平台可针对性地推荐隔音耳机、保暖产品等。这种基于关键词和时间维度的精准营销，能够更好地捕捉消费者的潜在需求，为后续营销活动提供坚实依据。

（3）重视个性化需求

利用大数据分析，电商营销不应采取"一刀切"的方式，而应基于个体数据分析形成宏观视角，重视每个消费者的独特需求。具体而言，营销活动需从消费者实际情况出发，分析其心理状态，避免盲目调整策略。例如，在发现大多数消费者购买保温杯后会选购晾衣架的情况下，不应简单地将两者捆绑销售，而是针对未选购晾衣架的消费者开展个性化营销。这有助于提高营销灵活性，确保信息呈现客观准确，既反映不同类型消费者需求的共性，也照顾到同类消费者间的个性差异，避免误导。

2. 精准营销

精准营销是大数据技术在电子商务领域的另一重要应用，它旨在通过深度分析消费者数据，实现营销资源的最佳配置，提高营销效率和投资回报率（ROI）。以下是精准营销的主要实践方法。

（1）细分市场与定位

客户分群：利用聚类算法（如K-means、层次聚类等），根据用户的年龄、性别、地理位置、购买历史等因素将消费者分为不同的群体。每个群体都有独特的消费习惯和偏好。

定制化内容：针对不同群体设计个性化的广告文案、图片和视频，使营销信息更具吸引力和相关性。

动态定价：根据市场需求变化和竞争对手的价格策略，实时调整商品价格，吸引价格敏感型消费者。

（2）行为路径分析

漏斗分析：构建用户转化漏斗模型，跟踪用户从浏览到下单的全过程，识别各个阶段的流失原因，优化用户体验。

A/B测试：对比不同版本的页面设计、促销活动等，找出最有效的营销方案。

再营销：对于曾经访问过网站但未完成购买的用户，发送提醒邮件或推送通知，引导他们回到网站完成交易。

（3）社交媒体与口碑营销

社交聆听：监控社交媒体上的讨论话题，了解品牌声誉和消费者反馈，及时回应负面评论，维护品牌形象。

影响者合作：与行业内的意见领袖或网红合作，借助他们的影响力推广产品，扩大品牌曝光度。

用户生成内容（UGC）：鼓励用户分享使用体验、评价和照片，增强社区互动性和信任感。

3. 个性化推荐

个性化推荐系统是通过挖掘消费者偏好，增加再购意愿，建立良好信任关系，解决消费者再次购买动力不足的问题。没有个性化推荐系统的支持，消费者可能需要花费更多时间和精力寻找心仪商品，导致购物体验不佳，最终影响复购率。个性化推荐不仅提升了消费者的满意度，也为电商平台带来了更高的转化率，实现了双赢局面。

个性化推荐系统的核心在于利用消费者需求和偏好模型，根据物品的内容属性和消费者的历史评分或操作记录，提取消费者的兴趣点，并据此推荐匹配的商品。该过程分为以下几个步骤。

- 内容特征分析：对于具有明确内容特征的商品（如食品分类等），系统首先解析其成分、类别等信息；对于非结构化数据（如文章等），则将其转化为结构化特征，便于处理。

- 构建偏好模型：基于消费者历史行为，构建个人化的偏好模型，了解他们对不同内容属性的喜好程度。

- 推荐生成：根据偏好模型，筛选出最符合消费者兴趣的商品，并向其推荐。

个性化推荐系统的技术实现依赖于分布式计算平台，主要包括大规模数据存储系统和分布式批处理框架（如MapReduce等）。MapReduce框架将任务分解成多个子任务（Map阶段），并汇总处理结果（Reduce阶段），以键值对形式保存数据，充分利用集群计算资源，提高算法效率和扩展性。

例如，亚马逊通过分析客户的浏览历史和购买记录，亚马逊提供了高度个性化的商品推荐，显著提升了客户的购物体验和复购率。星巴克通过My Starbucks Rewards会员计划收集大量客户数据，用于发送个性化的优惠券和推广信息，成功提高了客户的忠诚度和参与度。

6.3.2 其他大数据应用领域

除了电子商务领域外,大数据技术还在其他多个领域展现出巨大的潜力和价值。

1. 大数据在金融风险管理方面的应用

通过处理和分析海量的结构化与非结构化数据,大数据技术为金融风险管理带来了革命性的变化,使得金融机构能够更精准地评估风险、识别潜在威胁并采取有效的应对措施。以下是大数据在金融风险管理中的一些关键应用:

(1) 信用评分与评估

多源数据分析:传统信用评分模型主要依赖于信用报告中的历史还款记录。而大数据技术允许整合更多类型的外部数据来源,如社交媒体活动、消费习惯、地理位置信息等,从而构建更加全面和准确的个人或企业信用画像。

实时更新:利用流处理技术和分布式计算框架(如 Apache Kafka 和 Spark Streaming 等),可以实现实时更新信用评分,确保最新的财务状况反映在评分结果中。

(2) 欺诈检测与预防

异常行为识别:通过机器学习算法(如随机森林、支持向量机等)对交易模式进行建模,自动检测出偏离正常行为模式的可疑交易。例如,突然出现的大额转账或异地登录都有可能触发警报。

网络分析:构建用户之间的关系图谱,发现团伙作案的可能性。例如,多个账户之间存在频繁的资金往来有可能是洗钱活动的迹象。

身份验证增强:结合生物识别技术(指纹、面部识别)和设备指纹技术,可以提高身份验证的安全性和准确性。

(3) 市场风险预测

宏观经济指标监控:持续跟踪全球范围内的经济数据发布,如 GDP 增长率、失业率、通货膨胀率等,以预测市场波动趋势。

新闻情感分析:利用自然语言处理(NLP)技术分析新闻报道、社交媒体帖子以及论坛讨论,捕捉公众情绪的变化,提前预警可能影响市场的重大事件。

量化投资策略:基于历史价格走势和技术指标,开发复杂的数学模型,进行资产组合优化和风险对冲。

(4) 操作风险管理

内部流程优化:通过收集和分析员工的工作日志、系统操作记录等内部数据,识别潜在的操作风险点,并提出改进建议。

合规性检查:自动化合规性审查流程,确保所有业务活动符合相关法律法规要求。

例如，使用规则引擎验证交易是否违反了反洗钱规定。

（5）流动性风险管理

资金流动监测：建立实时的资金流动监控系统，密切跟踪银行间市场、外汇市场以及其他重要金融市场的流动性状况。

压力测试模拟：利用蒙特卡罗模拟等方法，在不同市场条件下测试机构的抗压能力，制定应急预案。

（6）客户流失预警

客户行为分析：深入分析客户的交易频率、金额、时间等因素，预测哪些客户有较高的流失风险，并采取针对性挽留措施。

满意度调查：定期开展客户满意度调查，结合大数据分析结果，找出影响客户忠诚度的关键因素。

（7）保险风险定价

风险因子挖掘：从投保人提供的个人信息中提取更多维度的风险因子，如职业、健康状况、生活习惯等，以更精细地划分风险等级。

动态保费调整：根据被保险人的实际风险暴露情况，适时调整保费水平，既保障保险公司利益，又公平对待每位客户。

例如，美国运通公司运用大数据分析客户交易数据，开发了一套智能风控系统，显著降低了信用卡欺诈率；中国建设银行通过引入大数据平台，实现了对小微企业贷款申请的快速审批，提高了服务效率和服务质量；英国巴克莱银行利用大数据技术加强了反洗钱（AML）合规工作，成功阻止了多起涉嫌非法资金转移的行为。

2. 大数据在智能供应链管理方面的应用

大数据技术正在重塑供应链管理，通过集成和分析来自多个来源的海量数据，企业可以实现更高的运营效率及透明度，并能获得更好的决策支持。以下是大数据在智能供应链管理中的关键应用领域。

（1）需求预测与规划

精准需求预测：利用机器学习算法（如时间序列分析、回归模型等）结合历史销售数据、市场趋势、社交媒体情绪等多源信息，构建更加准确的需求预测模型。这有助于企业提前准备库存，减少缺货或积压的风险。

动态补货策略：根据实时销售情况和库存水平自动调整补货计划，确保产品供应与市场需求相匹配。

（2）供应链可视化与透明度

端到端可视性：整合供应商、制造商、分销商和零售商的数据，创建一个完整的供应链视图。通过物联网（IoT）设备收集运输过程中的位置、温度、湿度等信息，监控货物状态，提高透明度。

风险预警系统：建立基于规则引擎的风险监测平台，当检测到异常事件（如自然灾害、政治动荡）时及时发出警报，帮助企业快速响应。

（3）物流优化

路径优化：使用地理信息系统（GIS）技术和优化算法确定最佳运输路线，考虑交通状况、天气预报等因素，降低运输成本并缩短交货时间。

车队管理：通过车载传感器跟踪车辆性能、油耗和维护需求，提高车队运营效率，同时保障司机安全。

（4）质量控制与追溯

生产过程监控：部署传感器网络实时采集生产线上的各项参数，利用统计过程控制（SPC）方法监控产品质量，及时发现并纠正偏差。

全程追溯体系：从原材料采购到成品交付，记录每个环节的信息，确保一旦出现问题能够迅速定位原因，并采取措施召回受影响的产品。

（5）供应商评估与选择

绩效评估：基于历史交易记录、交货准时率、产品质量等多个维度对供应商进行综合评价，帮助选择最合适的合作伙伴。

风险管理：分析供应商所在地区的经济稳定性、法律环境等外部因素，评估潜在的合作风险。

（6）库存管理

智能仓储：引入自动化仓库管理系统（WMS），结合RFID标签、条形码扫描等技术实现货物自动识别和分类，提升仓库作业效率。

库存优化：通过数据分析确定最优库存水平，平衡服务水平与库存持有成本之间的关系，避免过度库存或库存不足的情况发生。

（7）客户体验提升

订单履行速度：优化订单处理流程，确保订单能够快速准确地送达客户手中，提高客户满意度。

个性化服务：根据客户的购买历史和偏好提供定制化的产品推荐和服务方案，增强客户忠诚度。

（8）可持续发展

碳足迹计算：追踪整个供应链中产生的温室气体排放，识别减排机会，制定相应的环保策略。

资源高效利用：分析能源消耗模式，寻找节能降耗的方法，促进绿色供应链建设。

例如，沃尔玛通过大数据平台"Marketplace"连接全球供应商，实现了供需信息的实时共享，提高了供应链效率。京东物流利用大数据和AI技术优化配送路线，提升了最后1公里配送的速度和服务质量。西门子开发了名为"MindSphere"的工业物联网平台，用于监控和管理生产设备的状态，减少了停机时间和维修成本。

3. 大数据在客户服务提升方面的应用

大数据技术也在改变着客户服务的方式，通过分析海量的客户交互数据，企业能够更深入地理解客户需求，提供更加个性化和高效的服务，从而显著提升客户满意度和忠诚度。以下是大数据在客户服务提升中的关键应用领域。

（1）情感分析与情绪识别

实时情感监测：利用自然语言处理（NLP）技术和机器学习算法，自动分析客户的文本评论、社交媒体帖子以及客服对话记录，识别客户的情感状态（如满意、不满、愤怒等）。这有助于企业快速响应负面反馈，防止问题升级。

语音情绪分析：通过语音识别和情感检测技术，分析电话客服录音中的语气变化，及时发现潜在的问题或不满情绪，采取适当的措施进行干预。

（2）预测性客户服务

问题预测：基于历史数据构建预测模型，提前预见客户可能遇到的问题或需求，并主动提供解决方案。例如，在设备故障前向用户提供维护建议，或者在客户订购的产品即将用尽时推荐补货。

个性化服务推荐：根据客户的购买历史、浏览行为和其他交互数据，推荐最符合其需求的产品或服务，提高客户体验和转化率。

（3）多渠道整合与统一视图

全渠道支持：整合来自不同渠道（如电话、邮件、社交媒体、在线聊天等）的客户互动数据，为客户提供一致且无缝的服务体验。无论客户通过哪种方式联系企业，都能获得连贯的支持。

360度客户视图：建立全面的客户档案，包含基本信息、交易记录、偏好设置、历史问题及解决情况等。客服人员可以快速获取所有相关信息，提供个性化的服务和支持。

（4）自动化与智能客服

聊天机器人：部署AI驱动的聊天机器人，处理常见问题解答、订单查询、技术支持等简单任务，减轻人工客服的工作负担。聊天机器人可以7×24 h不间断工作，确保即时响应客户需求。

虚拟助手：开发智能虚拟助手，帮助客户自助完成复杂操作，如产品配置、故障排除等。虚拟助手可以根据用户输入逐步引导他们解决问题，提高服务效率。

（5）服务质量监控与改进

绩效评估：通过数据分析工具跟踪客服团队的表现，包括响应时间、解决问题的速度、客户满意度评分等指标。这些数据可以帮助管理层识别培训需求，优化流程，提升整体服务水平。

持续改进循环：定期审查客户服务数据，发现常见的痛点和改进机会。结合客户反馈和技术进步，不断调整和完善服务策略，形成一个持续改进的良性循环。

（6）社区建设与用户生成内容（UGC）

社交聆听：监控社交媒体平台上的讨论，了解品牌声誉和市场动态。积极回应用户的正面评价和批评意见，增强品牌形象和社会责任感。

UGC激励机制：鼓励客户分享使用心得、评价和照片，创建活跃的用户社区。UGC不仅增加了品牌的可信度，还为其他潜在客户提供了宝贵的参考信息。

例如，苹果公司利用Siri等智能助手，为用户提供了便捷的技术支持和问题解答，在增强用户体验的同时减轻了人工客服的压力。乐高创建了一个名为LEGO Ideas的在线社区，鼓励粉丝提交自己的创意设计，如果某个设计获得了足够多的支持票数，乐高可能会将其转化为实际产品并投入市场销售。该平台不仅增强了品牌的互动性和参与感，还激发了消费者的创造力，形成了一个积极健康的用户生成内容生态系统。此外，它也为乐高提供了宝贵的市场洞察，帮助公司更好地满足消费者需求。

拓展阅读

大数据时代，数据安全至关重要。在我国大数据发展过程中，涌现出许多优秀的数据安全卫士。一些科研人员致力于大数据加密算法研究，面对复杂的网络环境和黑客攻击风险，他们潜心钻研，研发出一系列先进的加密技术，保障了国家关键数据和公民个人信息的安全。他们的工作看似默默无闻，却关乎国家和人民的切身利益。在政府部门，大数据被广泛应用于城市治理，工作人员利用大数据分析交通拥堵、环境污染等问题，制定科学解决方案。他们以数据为支撑，为城市发展出谋划策，展现出为人民服务的宗旨意识。学习大数据知识，我们首先要学习这些从业者的敬业精神和责任意识，同时要有能力运用大数据技术为社会创造更多价值。

课后练习

一、选择题

1. 大数据的四大核心特征不包括以下哪一项？（　　）
   A. 海量的数据规模（Volume）　　　　B. 快速的数据流转（Velocity）
   C. 单一的数据类型（Singularity）　　D. 价值密度低（Veracity）

2. 下列哪项不属于结构化数据的特点？（　　）
   A. 能够适应复杂多变的数据形态　　B. 支持高效的索引机制
   C. 数据以固定的格式存储　　　　　D. 易于维护数据的一致性和完整性

3. 在大数据采集过程中，以下哪一项不是数据采集的关键特性？（　　）
   A. 全面性　　　B. 多维性　　　C. 单一性　　　D. 高效性

4. 关于数据挖掘的主要任务，下列哪个选项描述的是"聚类"？（　　）
   A. 将对象分配到预定义类别中
   B. 将相似的对象分组在一起
   C. 建立变量之间的数学关系以预测连续型输出值
   D. 寻找数据项之间的相关性

5. 下列哪一项不属于精准营销的主要实践方法？（　　）
   A. 细分市场与定位　　　　B. 行为路径分析
   C. 社交媒体与口碑营销　　D. 静态定价策略

二、简答题

1. 简述大数据的四大核心特征。
2. 在大数据处理技术中，批处理、流处理和混合处理各有何特点？请分别举例说明它们的应用场景。

模块 7

人工智能

模块导读

人工智能正在迅速改变世界，从自动驾驶到智能家居，AI的应用无处不在。本模块将介绍人工智能的基本概念、发展历程及关键技术，如机器学习、深度学习、强化学习、迁移学习等，并通过案例研究展示AI是如何影响各行各业的。

7.1 人工智能概述

随着科技的飞速发展，人工智能已经成为当今社会的热门话题。它作为一门研究、开发用于模拟、延伸和扩展人的智能的理论、方法、技术及应用系统的新兴技术科学，正逐步渗透到我们生活的方方面面，从智能家居到自动驾驶，从医疗诊断到金融分析，无一不彰显其巨大的潜力和影响力。

7.1.1 人工智能的概念

人工智能（Artificial Intelligence，AI）是计算机科学的一个重要分支，致力于探索、理解和模拟人类智能，并发现其内在规律。它是一种利用计算机技术和方法模拟人类智能行为科学的统称，旨在使机器能够像人类一样思考、学习、推理、感知和行动。人工智能的研究领域广泛，包括机器学习、深度学习、计算机视觉、自然语言处理、知识图谱、机器人技术等，其核心目标在于使机器能够胜任一些通常需要人类智能才能完成的复杂工作。

人工智能通过训练计算机，使其具备类似于人类的自主学习、判断、决策等能力。它促使智能机器能够"听"（如语音识别、机器翻译等）、"看"（如图像识别、文字识别等）、"说"（如语音合成、人机对话等）、"思考"（如人机对弈、定理证明等）、"学习"（如机器学习、知识表示等）以及"行动"（如机器人、自动驾驶汽车等）。这些能力的实现，使得人工智能在多个领域展现出巨大的潜力和价值。

7.1.2 人工智能的发展历程

人工智能经历了从理论探索到实际应用的漫长历程，其间经历了几次起伏，具体发展历程大致分为以下几个关键阶段。

1. 概念的萌芽

人工智能的概念最早可以追溯到20世纪中叶。1950年，英国数学家艾伦·图灵（Alan Turing）发表了《计算机器与智能》一文，提出了著名的"图灵测试"，即通过对话判断计算机是否具备人类智能的标准。同年，图灵还设计了最早的AI程序之一——一个简单的象棋游戏算法。

2. 初期发展与期望

1956年，达特茅斯会议标志着AI作为一个独立学科的正式诞生。在这次会议上，约翰·麦卡锡（John McCarthy）首次提出了"人工智能"这一术语，并与其他科学家共同探讨了如何使机器模拟人类智能的问题。随后几年里，研究者们开发出了能够解决简单问题的程序，如逻辑推理、语言处理等，这激发了公众和政府对AI技术的高度期待。

然而，随着研究深入，人们发现早期AI系统存在诸多局限性，例如缺乏常识知识、难以处理复杂环境下的任务等。这些挑战导致了第一次"AI寒冬"的出现，从20世纪70年代中期开始，资金和支持逐渐减少。

3. 知识工程与专家系统的兴起

进入20世纪80年代，基于规则的知识表示方法得到了广泛应用，尤其是专家系统的成功应用引起了广泛关注。专家系统是一种模仿特定领域内专家决策过程的软件，它利用大量的专业知识来解决问题。例如，在医疗诊断、化学分析等领域，专家系统展现出了强大的能力。这段时间也被称为"第二次AI繁荣"。

但与此同时，专家系统的局限性也开始显现出来：它们通常只能处理非常具体的问题，难以适应新情况；而且构建和维护成本较高。因此，到了20世纪80年代末期，AI再次遭遇挫折，进入了所谓的"第二次AI寒冬"。

4. 机器学习的崛起

随着计算能力的提升以及大量数据的积累，机器学习成为推动AI发展的关键力量。特别是神经网络模型的研究取得了重大突破，包括反向传播算法（Backpropagation Algorithm）的应用，使得深度学习成为可能。此外，支持向量机（SVM）、随机森林等算法也在分类、回归等问题上表现出色。

互联网的发展为AI提供了前所未有的资源和应用场景，搜索引擎、推荐系统等服务背后都有AI技术支持。尽管如此，当时的AI仍然面临着解释性和可扩展性的挑战。

5. 深度学习时代

21世纪初以来，特别是2010年后，深度学习迅速崛起并引领了新一轮AI革命。借助图形处理器（GPU）的强大算力，研究人员可以训练更大规模、更深层次的神经网络，从而在图像识别、语音识别、自然语言处理等多个领域取得显著进展。AlphaGo战胜世界围棋冠军李世石、大规模语言模型如GPT系列和BERT模型的出现等，标志着人工智能进入了一个蓬勃发展的新时代，证明了AI在复杂任务上的潜力。

近年来，AI不仅限于学术界的研究成果展示，还广泛应用于工业界和社会生活的各个方面，如自动驾驶汽车、智能家居、个性化医疗等。同时，AI伦理学、隐私保护等问题也成为社会各界关注的重点。

7.1.3 人工智能的流派

人工智能领域自其诞生以来，就衍生出多个不同的研究方向或流派。这些流派主要根据理论基础、技术方法以及应用目标的不同而有所区分。

1. 符号主义

符号主义，也称为逻辑主义或基于规则的方法，是AI最早的主流之一。该流派认为智能行为可以通过对符号的操作来实现，即通过形式化的语言和逻辑推理模拟人类的认知过程。它强调知识表示和推理机制的重要性，并试图构建能够理解和处理抽象概念的系统。

符号主义的代表性成果：专家系统、Prolog编程语言、自动定理证明。

符号主义的特点：

- 使用明确的规则和逻辑结构。
- 强调知识的显式表达和推理能力。
- 对于特定领域的问题解决效果较好，但在面对不确定性时表现有限。

2. 连接主义

连接主义，通常与神经网络相关联，主张智能来源于大量简单单元之间的相互作用。这种观点受到生物学中大脑神经元网络的启发，认为通过调整单元之间的连接权重可以学习到复杂的模式识别和决策制定能力。

连接主义的代表性成果：深度学习、卷积神经网络（CNN）、循环神经网络（RNN）。

连接主义的特点：

- 基于数据驱动的学习方式。
- 自动从大量样本中提取特征，适用于图像、语音等感知任务。
- 在大规模数据集上表现出色，但解释性较差。

3. 行为主义

行为主义，有时被称为反应式架构或基于代理的方法，关注的是如何设计智能体以适应环境并完成特定任务。这种方法不依赖于内部的心理状态或知识表示，而是直接将感官输入映射到行动输出，形成一种"刺激-反应"的模式。

行为主义的代表性成果：机器人学、强化学习。

行为主义的特点：
- 注重实际操作和物理世界的交互。
- 可以快速响应环境变化，适合动态环境下的任务。
- 不需要预先编码的知识库，更多依赖于学习和适应。

4. 进化计算

进化计算借鉴了自然界中的自然选择和遗传变异原理，用于解决优化问题。它采用了一套模仿生物进化的算法，如遗传算法（GA）、进化策略（ES）等，通过对种群中个体的选择、交叉和变异操作来搜索最优解。

进化计算的代表性成果：遗传算法、粒子群优化（PSO）、差分进化（DE）。

进化计算的特点：
- 适用于复杂非线性问题的全局优化。
- 可以处理多目标优化问题。
- 解决方案不一定是最优解，但往往能找到满意的近似解。

5. 统计学习

统计学习是一种基于概率论和统计学的方法，旨在从未标注的数据中发现潜在规律。这种方法广泛应用于机器学习领域，尤其是在监督学习和无监督学习中。统计学习不仅限于 AI，但它在现代 AI 的发展中扮演了重要角色。

统计学习的代表性成果：支持向量机（SVM）、贝叶斯网络、高斯混合模型（GMM）。

统计学习的特点：
- 重视数据的概率分布和统计特性。
- 提供了坚实的数学基础，便于理论分析。
- 在分类、聚类等任务上有广泛应用。

6. 深度学习

虽然深度学习可以归类于连接主义的一部分，但由于其近年来的巨大影响和发展速度，通常被单独列出。深度学习专注于构建深层神经网络结构，以自动地从海量数据中学习层次化的特征表示。这使得它在图像识别、自然语言处理等领域取得了突破性的进展。

深度学习代表性成果：深度前馈网络（DNN）、卷积神经网络（CNN）、递归神经网络（RNN）及其变体LSTM/GRU。

深度学习的特点：
- 能够处理非常复杂的数据类型和结构。
- 需要大量的训练数据和计算资源。
- 性能优越，但可解释性仍然是一个挑战。

随着时间的推移和技术的进步，不同流派之间也在不断融合。例如，当前很多成功的AI系统结合了多种方法的特点，如使用深度学习进行特征提取，然后用符号主义来进行高级推理。此外，跨学科的合作也日益加深，包括认知科学、心理学、哲学等领域的研究正在为AI提供新的视角和工具。

7.2 人工智能的关键技术

人工智能的核心目标是创建可以执行通常需要人类智能才能完成的任务的系统。为了实现这一目标，人工智能研究者们开发了一系列方法和技术，涵盖感知、推理、学习、规划等多个方面。每一项关键技术不仅代表了特定领域的突破，也推动了整个AI领域的发展。这些技术相互补充，共同构成了一个完整的AI生态系统。

7.2.1 机器学习

机器学习（Machine Learning，ML）是人工智能中最基础且应用最广泛的技术之一，不仅为其他AI技术提供了理论基础和算法支持，还在许多行业中实现了自动化和智能化的应用。

1. 机器学习简介

机器学习是人工智能的一个重要分支，它专注于研究如何使计算机系统能够通过数据自动改进和优化其性能。传统编程方法依赖于明确的规则集来指导计算机完成特定任务，而机器学习则允许计算机从数据中"学习"，从而在没有人类干预的情况下做出预测或决策。简单来说，机器学习就是让计算机系统具备自我调整和优化的能力，以适应不断变化的数据环境。

2.机器学习的工作原理

机器学习的核心在于构建数学模型,这些模型通过分析历史数据来识别模式,并利用这些模式对未来事件进行预测或做出决策。为了确保模型的有效性和准确性,整个过程通常分为以下几个关键步骤。

(1)数据收集

首先需要获取大量的训练数据,这些数据有多种来源,包括但不限于传感器、数据库、用户交互记录、社交媒体平台、日志文件等。不同的应用场景决定了数据的类型和格式,例如结构化数据(如表格形式的数据等)、非结构化数据(如文本、图像、音频和视频等)以及半结构化数据(如JSON或XML格式的数据等)。此外,还需要考虑数据的完整性和一致性,高质量的数据有助于提高模型的准确性和泛化能力。

(2)数据预处理

原始数据往往包含噪声、缺失值和异常值,因此需要进行清洗操作,包括去除重复项、填补缺失值、纠正错误数据等。为了使不同特征具有可比性,通常需要对数值型特征进行标准化(即将特征缩放到均值为0、标准差为1的标准正态分布)或归一化[即缩放到一个特定范围,如(0,1)等]。此外,特征工程是数据预处理中非常重要的一步,涉及从现有数据中提取新的特征或转换现有的特征以更好地捕捉潜在的信息。常见的操作包括特征选择(选择最相关的特征)、特征构造(创建新的特征)和降维技术(如主成分分析PCA、线性判别分析LDA等),用于减少特征维度,同时保留最重要的信息。

(3)模型选择

根据具体任务的需求(如分类、回归、聚类等)以及数据的特点(如连续型、离散型、时间序列等),选择合适的算法。常见的算法类别包括线性模型(如线性回归、逻辑回归等)、树形模型(如决策树、随机森林、梯度提升树GBDT等)、神经网络(如多层感知器MLP、卷积神经网络CNN、递归神经网络RNN等)、支持向量机SVM和支持概率推理的贝叶斯方法(如朴素贝叶斯分类器等)。在选择模型时,除了考虑理论上的适用性外,还应结合实际数据进行初步测试,比较不同模型的表现,选择最适合当前任务的模型。

(4)训练模型

使用训练数据来调整模型参数,使其尽可能准确地拟合数据中的模式。对于监督学习任务,这意味着最小化损失函数,即模型预测值与真实标签之间的差异。常用的优化算法包括梯度下降法、随机梯度下降法等。此外,超参数调优也是关键步骤之一,涉及调整外部超参数(如学习率、批次大小、正则化系数等),可以通过网格搜索、随机搜索或贝叶斯优化等方法找到最佳的超参数组合。为了防止过拟合，可以采用正则化技术（如L1/L2正则化等）、早停法、增加训练数据量或简化模型复杂度等策略。

（5）评估模型

为了客观评估模型性能，通常会划分一部分数据作为验证集，用于调整模型参数和超参数。此外，还可以采用K折交叉验证等技术，通过多次分割数据集来进行更全面的性能评估。根据不同任务类型，选择适当的性能指标来衡量模型的好坏。例如，分类任务的准确率、精确率、召回率、F1分数、AUC-ROC曲线；回归任务的均方误差（MSE）、平均绝对误差（MAE）、R^2得分；聚类任务的轮廓系数、Calinski-Harabasz指数等。通过比较训练集和验证集上的性能差异，判断是否存在过拟合或欠拟合现象。如果训练集上的性能远优于验证集，则可能是过拟合；反之，若两者都表现不佳，则可能是欠拟合。

（6）应用模型

一旦模型经过充分训练和评估，就可以将其部署到生产环境中，应用于实际数据。这可能涉及将模型集成到应用程序中，或通过API提供服务接口。模型部署后并不是一劳永逸的，随着新数据的不断涌入，模型的性能可能会发生变化。因此，需要定期监控模型的表现，并根据实际情况重新训练或调整模型，确保其始终保持良好的预测能力。

3.机器学习的分类

（1）监督学习

监督学习是最常见的一种机器学习形式，它利用一组已知类别的样本（即带有标签的数据）来调整模型的参数，使其能够达到预期的性能。这种方法也被称为监督训练或有教师学习。在监督学习中，每个训练样本不仅包含输入特征（即描述对象的属性或测量值），还附有对应的输出标签或目标值（即我们希望模型预测的结果）。系统通过分析由输入对象和对应的预期输出组成的训练数据集，来构建一个学习模型。该模型旨在捕捉输入与输出之间的映射关系，以便对新的、未见过的实例进行准确预测。

（2）无监督学习

与监督学习不同，无监督学习处理的是没有标签的数据集。在无监督学习中，模型的任务是从输入数据中找出隐藏的结构、模式或相关性，而不是学习如何将输入映射到已知的输出标签。常见的无监督学习方法包括聚类（如K均值聚类、层次聚类等）和降维（如主成分分析PCA、t-SNE等）。聚类方法试图将相似的样本分组到一起，形成聚类，而降维方法则旨在通过减少数据的特征数量来简化数据，同时尽量保留原始数据中的重要信息。无监督学习在数据探索、异常检测、市场细分等领域中有着广泛的应用。

(3) 半监督学习

半监督学习是介于监督学习和无监督学习之间的一种学习方法。它利用少量的标注数据和大量的未标注数据来进行模型训练。这种方法旨在通过结合少量的已知信息和大量未知信息来提高学习效率和准确性。半监督学习通常用于标注数据难以获得或成本高昂的情况，如图像分类、文本分类等。它可以通过多种策略来实现，如自训练（Self-training）、协同训练（Co-training）和半监督聚类等。

(4) 迁移学习

迁移学习是指将一个领域或任务上学到的知识应用于另一个相关领域或任务的技术，它利用在一个任务上学到的知识来帮助改进另一个任务的学习效果。在迁移学习中，模型首先在一个源任务（通常是数据丰富、标注完善的任务）上进行训练，然后将其学到的知识迁移到目标任务（通常是数据稀缺、标注困难的任务）上。这种方法的核心思想是利用源任务和目标任务之间的相似性来加速学习过程，提高模型的泛化能力。迁移学习在图像识别、语音识别、自然语言处理等领域中有着广泛的应用，特别是在处理小数据集或跨领域问题时表现出色。

(5) 强化学习

强化学习是一种让智能体通过与环境交互获得奖励信号，逐步优化行为策略的方法。它强调试错机制，智能体通过不断尝试不同行动并观察其后果来学习最佳决策路径。强化学习的核心是根据累积奖励最大化的原则来调整智能体的行为策略。在强化学习中，模型（通常称为智能体）在一个环境中采取行动，每次动作后，环境会返回给智能体一个即时奖励（或惩罚），智能体根据这些反馈调整自己的行为策略，以期在未来获得更多的累积奖励。强化学习在机器人控制、游戏AI、自动驾驶等领域中有着广泛的应用。它通常涉及复杂的策略优化和决策过程，包括探索与利用之间的权衡、状态表示和动作选择等挑战。

4. 机器学习的常用算法

(1) 回归算法

回归算法是监督学习中的一种重要方法，主要用于预测连续值输出。这类算法试图找到输入特征与目标变量之间的关系，并构建一个数学模型来描述这种关系。最经典的回归算法包括线性回归，它假设输入特征和输出之间存在线性关系；逻辑回归，虽然名字中有"回归"二字，但实际上用于二分类问题。其他常见的回归算法还包括岭回归、Lasso回归、弹性网络等，这些方法通过引入正则化项防止过拟合，提高模型的泛化能力。

(2) 聚类算法

聚类算法属于无监督学习范畴，旨在将数据点分组为多个簇，使得同一簇内的数据点彼此相似，而不同簇之间的差异较大。K均值聚类是最广泛使用的聚类算法之一，它通过迭代优化过程将数据划分为预定义数量的簇。层次聚类则构建了一个树状结构，逐步合并或分裂簇以形成最终的分组。此外，还有基于密度的DBSCAN算法，能够有效处理形状不规则的数据分布。聚类算法广泛应用于客户细分、基因表达数据分析等领域中。

(3) 降维算法

降维算法用于减少数据集的维度，同时尽量保留原始信息的主要特征。这不仅有助于简化问题复杂度，还能消除冗余特征，提高计算效率。主成分分析（PCA）是一种线性降维技术，通过寻找数据方差最大的方向来进行投影；线性判别分析（LDA）则是针对分类任务的降维方法，旨在最大化类间距离并最小化类内距离。非线性降维算法如t-SNE适用于高维数据可视化，能够在保持局部结构的同时降低维度。

(4) 决策树算法

决策树算法是一种基于树形结构的分类和回归方法，每个节点代表一个属性测试，分支表示可能的结果，叶节点则给出最终分类结果或预测值。随机森林（Random Forest）和梯度提升树（Gradient Boosting Trees，GBT）是两种增强版的决策树模型，它们通过集成多棵决策树提高预测性能和鲁棒性。决策树具有易于解释的特点，适合处理离散型和连续型数据，并且对缺失值有一定的容忍度。

(5) 贝叶斯算法

贝叶斯算法基于贝叶斯定理进行概率推理，选择具有最高后验概率的类别作为预测结果。朴素贝叶斯是最简单的贝叶斯分类器之一，假设所有特征之间相互独立，尽管这一假设在实际应用中很少成立，但朴素贝叶斯仍然表现出良好的分类效果，特别是在文本分类、垃圾邮件检测等领域。贝叶斯网络扩展了朴素贝叶斯的思想，允许更复杂的依赖关系建模，适用于因果推断和不确定性管理。

(6) 支持向量机算法

支持向量机（Support Vector Machine Algorithms，SVM）是一种强大的监督学习方法，特别适用于高维空间中的分类和回归问题。SVM的目标是在不同类别的样本之间找到一个最优超平面，使得两类样本的距离最大化。对于非线性可分的情况，可以通过核函数将数据映射到更高维的空间，在那里寻找线性可分的超平面。常见的核函数包括线性核、多项式核、径向基函数（RBF）等。SVM以其出色的泛化能力和处理少量训练样本的能力而闻名。

（7）关联规则算法

关联规则算法专注于从大量交易记录中找出项集之间的频繁共现模式。Apriori算法和FP-Growth算法是两个经典的关联规则挖掘方法，前者通过逐层生成候选集来发现频繁项集，后者则利用压缩后的频繁模式树（FPTree）直接挖掘频繁模式，提高了效率。关联规则通常用于市场篮子分析，帮助企业了解顾客购买行为，制定有效的营销策略。

（8）遗传算法

遗传算法（Genetic Algorithms，GA）模仿自然界中的进化过程，通过选择、交叉、变异等操作生成新的解，适用于解决复杂的全局优化问题。GA从一组初始解开始，每一代都根据适应度函数评估个体的表现，选择优秀的个体进行繁殖，产生下一代种群。这个过程不断重复，直到找到满意的近似解为止。遗传算法具有较强的探索能力，可以跳出局部最优解，广泛应用于组合优化、参数优化等领域。

7.2.2　深度学习

深度学习（Deep Learning，DL）是机器学习的一个分支，它通过构建和训练深层神经网络模型，从数据中学习和提取特征，以实现复杂任务的自动化处理和决策。

1. 深度学习简介

深度学习专注于构建和训练深层神经网络结构，以自动地从海量数据中学习层次化的特征表示。这种技术受到生物大脑神经元网络的启发，旨在通过模拟神经元之间的连接来实现复杂的模式识别和决策制定能力。

2. 深度学习的工作原理

深度学习的原理涉及多个方面，包括神经网络结构、前向传播与反向传播、激活函数、损失函数以及优化算法等。

（1）神经网络结构

神经网络是深度学习算法的基本构建模块，是一种机器学习算法，旨在模拟人脑的行为。它由相互连接的节点（也称为人工神经元）组成，这些节点组织成层次结构。神经网络可以自行学习和改进，无须人的干预，并且可以直接从数据中学习特征，因此更适合处理大型数据集。

在神经网络中，单个神经元是基本的处理单元。每个神经元对输入信号进行加权求和，然后通过一个非线性激活函数产生输出。这个过程模拟了生物神经元对输入刺激的反应机制。神经元的输入通常来自其他神经元的输出，而输出则可能作为其他神经元的输入。

神经网络的结构通常包括输入层、隐藏层和输出层。输入层接收外部信息，隐藏层对输入信息进行非线性变换和特征提取，输出层则产生最终的预测或分类结果。在隐藏层中，神经元之间通过权重和偏置进行连接，形成了复杂的网络结构。此外，神经网络的结构还可以根据具体任务和数据集的特点进行定制。例如，卷积神经网络（CNN）适用于图像处理任务，循环神经网络（RNN）则适用于序列数据处理任务。

多层感知机（Multilayer Perceptron，MLP）是最简单的神经网络类型，由输入层、一个或多个隐藏层和输出层组成。每一层包含若干个神经元，每个神经元接收来自上一层神经元的加权输入，并通过激活函数产生输出传递给下一层。隐藏层的数量决定了网络的"深度"，而更多的隐藏层可以捕捉更复杂的非线性关系。

常见的神经网络模型还有卷积神经网络（CNN）、循环神经网络（RNN）、生成对抗网络（GAN）等。

（2）前向传播与反向传播

前向传播（Forward Propagation，FP）是指从输入层开始，逐层计算各层神经元的输出，直到得到最终预测结果的过程。每一步都涉及加权求和、添加偏置项和应用激活函数的操作。

反向传播（Backpropagation）则是根据预测值与真实值之间的差异（即损失），利用链式法则计算各层梯度，并将这些梯度用于更新网络参数。这个过程使得网络可以在多次迭代中逐步减小损失，优化模型性能。

（3）激活函数

激活函数引入非线性因素，使得神经网络能够处理复杂的非线性问题。常见的激活函数包括：

- Sigmoid：输出范围为（0, 1），适合二分类任务，但存在梯度消失问题。
- ReLU（Rectified Linear Unit）：输出为max（0, x），计算简单且能有效缓解梯度消失问题，广泛应用于各种任务。
- Tanh：输出范围为（-1, 1），相比Sigmoid有更好的数值稳定性。
- Leaky ReLU：改进版ReLU，解决了负区间梯度为零的问题。
- Softmax：用于多分类任务，将输出转换为概率分布形式。

（4）损失函数

损失函数衡量模型预测值与真实值之间的差异，指导优化过程中参数的调整。

均方误差（Mean Squared Error，MSE）：适用于回归任务，计算预测值与真实值差值平方的平均值。

交叉熵损失（Cross-entropy Loss，CEL）：广泛应用于分类任务，尤其是结合Softmax激活函数时效果最佳。二分类任务常用的是二元交叉熵，多分类任务则是多类交叉熵。

（5）优化算法

优化算法负责根据计算出的梯度调整模型参数，以最小化损失函数。常用优化算法包括：

随机梯度下降（Stochastic Gradient Descent，SGD）：每次仅使用一个样本更新参数，速度快但波动大。

Adam（Adaptive Moment Estimation）：结合了SGD的优点和自适应学习率的优势，收敛速度快且稳定。

RMSprop（Root Mean Square Propagation）：通过动态调整学习率来加速收敛，特别适用于稀疏梯度问题。

3.深度学习的分类

深度学习的分类可以从多个角度进行。根据模型的不同，深度学习主要包括前馈神经网络、卷积神经网络、循环神经网络、生成模型、图神经网络以及注意力模型等。

（1）前馈神经网络

前馈神经网络（Feedforward Neural Networks，FNN）是最基础的深度学习模型，其结构由输入层、隐藏层和输出层组成，每层之间全连接。信息在网络中单向传播，从输入层到输出层，没有反馈或循环连接。这种模型适用于处理结构化数据，如表格数据能够完成分类和回归任务等。在实际应用中，前馈神经网络常用于房价预测、信用评分、股票预测等场景。

（2）卷积神经网络

卷积神经网络（Convolutional Neural Networks，CNN）是专为图像处理设计的深度学习模型。它利用卷积层提取图像的局部特征，通过滑动卷积核在图像上进行卷积操作，得到特征图。卷积层后通常会接池化层，用于特征降维和减少计算量。最后，特征图通过全连接层进行分类或回归。卷积神经网络在图像分类、目标检测、图像分割、人脸识别等计算机视觉任务中表现出色。

（3）循环神经网络

循环神经网络（Recurrent Neural Networks，RNN）是处理序列数据的深度学习模型，具有循环结构，能够记住前序输入信息。在RNN中，每个时间步的输出会影响下一时间步的输入，从而能够处理时间上的依赖关系。这种模型适用于语音识别、文本生成、机器翻译等自然语言处理任务，以及时间序列预测等场景。通过引入长短时记忆（LSTM）或门控循环单元（GRU）等变体，RNN能够解决长期依赖问题，提高模型性能。

（4）生成模型

生成模型是一种概率模型，通过学习数据的分布，能够生成新的数据样本。常见的生成模型有生成对抗网络（Generative Adversarial Networks，GAN）、变分自编码器（Variational Autoencoders，VAE）和深度信念网络（Deep Belief Networks，DBN）等。生成模型在图像生成、数据增强、风格迁移等任务中具有广泛应用。例如，GAN通过生成器和判别器的对抗训练，能够生成逼真的图像或视频；VAE则通过学习数据的潜在表示，能够生成具有多样性的新数据样本。

（5）图神经网络

图神经网络（Graph Neural Networks，GNN）是处理图结构数据的深度学习模型，由节点和边组成。GNN通过捕获图的结构信息和节点特征，学习节点的低维嵌入表示，进而用于节点分类、链接预测、图分类等任务。GNN在社交网络分析、推荐系统、知识图谱等领域具有广泛应用。例如，在社交网络分析中，GNN可以用于预测用户的行为或兴趣；在推荐系统中，GNN可以根据用户和产品之间的交互关系进行个性化推荐。

（6）注意力机制

注意力机制（Attention Mechanism，AM）通过赋予模型"关注"特定信息的能力，提高了模型在处理复杂任务时的表现。注意力机制可以分为空间注意力、时间注意力和自注意力等。空间注意力主要应用于计算机视觉领域，关注图像中对任务最为重要的区域；时间注意力则应用于处理时间序列数据的任务，如自然语言处理、视频分析等；自注意力则能够捕捉输入序列中不同部分之间的依赖关系，是Transformer架构的核心组件。注意力模型在自然语言处理、计算机视觉等领域具有广泛应用，如机器翻译、文本摘要、图像分类等。

7.2.3 计算机视觉

1. 计算机视觉简介

计算机视觉是一门研究如何使机器"看"的科学，即让机器能够获取、分析和理解数字图像以及视频中的信息。它实现了对图像、视频等视觉数据的分析、处理、识别和理解，主要目标是实现智能图像处理与分析，包括图像的自动标记、分类、定位、跟踪、检索、重建、增强等操作。计算机视觉的应用非常广泛，涵盖了自动驾驶、医疗影像分析、安防监控、增强现实等多个领域。

2.计算机视觉的工作原理

计算机视觉的核心任务是从图像或视频中提取有意义的信息。这一过程通常包括以下几个步骤。

(1) 数据获取

数据获取是计算机视觉的第一步,通过摄像头或其他传感器捕捉图像或视频。这一过程不仅限于传统的RGB相机,还包括红外线、深度传感器、LiDAR等设备,这些传感器可以提供不同类型的视觉信息。高质量的数据是后续处理和分析的基础,因此在实际应用中,选择合适的传感器并确保其稳定性和准确性至关重要。此外,数据获取还涉及数据的存储和传输,需要考虑带宽、存储容量等因素。

(2) 预处理

预处理阶段旨在对原始图像进行调整,以提高后续处理的效果。具体操作包括尺寸调整(Resize)、色彩校正(Color Correction)、噪声去除(Noise Reduction)等。例如,图像可能需要被缩放到统一的大小以便输入到模型中;色彩校正可以修正由于光照条件引起的偏差;而噪声去除则有助于消除采集过程中引入的随机干扰。预处理还可以包含归一化(Normalization),即将像素值标准化为特定范围,以加速模型训练并改善性能。

(3) 特征提取

特征提取是指使用算法自动识别图像中的关键特征,如边缘、纹理、形状等。在传统方法中,这一步依赖于手工设计的特征描述符,如SIFT(尺度不变特征变换)、HOG(方向梯度直方图)等。然而,现代计算机视觉更多地采用卷积神经网络(CNN)来自动学习层次化的特征表示。CNN通过多层卷积核(Filters)的操作,能够从底层的边缘和角点逐渐构建出高层的语义特征,这一过程无须人工干预,大大提高了特征提取的效率和效果。

(4) 模型训练

模型训练基于标注数据集进行,目的是让模型学会准确地分类、检测或分割图像中的对象。这一阶段涉及选择适当的模型架构(如ResNet、VGG、YOLO等),定义损失函数(Loss Function),以及选择优化算法(如SGD、Adam等)。训练过程中,模型不断调整参数以最小化预测结果与真实标签之间的差异。为了防止过拟合,通常还会采用正则化技术(如Dropout、L2正则化等)和交叉验证策略。最终,经过充分训练的模型可以在新数据上表现出良好的泛化能力。

(5) 推理与决策

推理与决策是指应用训练好的模型对新数据进行预测,并根据结果做出相应决策或行动。在实际部署中，模型接收未经见过的新图像或视频流作为输入，快速输出分类标签、边界框坐标或分割掩码等信息。对于实时性要求较高的应用场景，如自动驾驶或安防监控，推理速度和精度都是关键考量因素。此外，某些系统还结合了其他模块（如规则引擎、专家系统等），将模型预测结果转化为具体的控制指令或用户反馈，从而实现完整的闭环自动化流程。

3.计算机视觉的分类

计算机视觉可以根据不同的任务和应用场景进行分类，主要包括图像分类、目标检测和图像分割等。

（1）图像分类

图像分类（Image Classification）是计算机视觉中最基本的任务之一，它的目标是判断输入图像所属的类别。例如，区分一张图片是猫还是狗，或者判断一张图片是否包含人脸等。图像分类的基本原理是通过对图像的特征进行提取，并将这些特征与预先训练好的模型进行比较，从而判断图像所属的类别。常用的特征提取方法包括传统的手工设计特征和深度学习方法。其中，深度学习方法通过构建深度神经网络，可以自动地从图像中学习到更具有判别性的特征，因此在图像分类任务中取得了显著的效果。

（2）目标检测

目标检测（Object Detection）是计算机视觉中的一个重要任务，它旨在识别图像或视频中的对象，并确定这些对象的位置。目标检测算法通常需要解决两个核心问题：分类（识别物体类别）和定位（确定物体位置）。常见的目标检测算法有CNN、Fast RCNN、Faster RCNN、Mask RCNN、SSD、YOLO系列等。这些算法通过构建深度神经网络来提取图像特征，并利用这些特征进行分类和定位。目标检测在自动驾驶、安防监控等领域具有广泛的应用价值。

（3）图像分割

图像分割（Image Segmentation）是将图像划分为若干个互不重叠的区域，每个区域都具有一定的语义信息。图像分割的目标是将图像中同一物体或同一部分划分到同一个区域中，并使得不同物体或不同部分处于不同的区域中。常见的图像分割方法包括阈值分割、边缘检测、区域生长和基于聚类的分割等。随着深度学习的发展，基于深度学习的图像分割方法如FCN、U-net、SegNet、DeepLab系列等逐渐成为主流。这些方法通过构建深度神经网络来自动提取图像特征，并利用这些特征进行像素级别的分类，从而实现高精度的图像分割。图像分割在医学影像分析、自动驾驶等领域具有广泛的应用前景。

7.2.4 自然语言处理

1.自然语言处理简介

自然语言处理（Natural Language Processing，NLP）是计算机科学领域与人工智能领域中的一个重要方向，它研究的是如何让计算机理解、解释和生成人类的自然语言。NLP结合了语言学、计算机科学、机器学习等多学科的知识，旨在使计算机能够像人类一样处理文本信息，进行语义理解和对话交流。随着深度学习技术的发展，NLP的应用范围不断扩展，涵盖了机器翻译、情感分析、问答系统、聊天机器人等多个方面。

2.自然语言处理的工作原理

自然语言处理的核心任务是通过一系列步骤将非结构化的文本数据转换为结构化信息，并实现对自然语言的理解和生成。这一过程通常包括以下几个关键环节。

（1）文本预处理

文本预处理是自然语言处理的第一步，旨在清洗和准备原始文本数据，以便后续步骤的有效处理。在这一阶段，需要去除噪声元素，如HTML标签、特殊字符或无关符号等，以确保文本的纯净度。此外，标准化文本格式也是关键操作之一，包括统一大小写、规范化缩写词等，以减少不必要的变异性。分词（Tokenization）则是将连续的文本分割成单词、短语或其他有意义的单元，这一步骤对于不同语言可能有不同的实现方式。最后，去除停用词（Stop Words），即那些对语义贡献较小的常见词汇（如"的""是""在"等），可以进一步精简数据量，提高模型效率。

（2）特征提取

特征提取是指将文本转化为数值表示形式，使得计算机能够理解和处理这些信息。常见的方法包括词袋模型（Bag of Words，BoW）、TF-IDF（Term Frequency-Inverse Document Frequency）以及词嵌入（Word Embeddings）。词袋模型简单地统计每个词在文档中出现的频率，而TF-IDF不仅考虑了词频，还通过逆文档频率来衡量一个词在整个语料库中的重要性，从而更好地反映其独特性。更先进的方法是使用词嵌入，如Word2Vec或GloVe等，它们为每个词生成固定长度的向量表示，这些向量捕捉到词语之间的语义关系，并且可以在低维空间中进行有效的数学运算。近年来，基于Transformer架构的预训练语言模型（如BERT等）更是极大地提升了特征表示的能力，为各种NLP任务提供了强有力的支持。

（3）模型构建与训练

模型构建与训练是自然语言处理的核心环节，涉及选择适当的算法或深度学习模型，并利用标注的数据集对其进行训练。根据具体任务的不同，可以选择传统的机器学习算法（如朴素贝叶斯、支持向量机等）或者现代的深度学习框架（如RNN、LSTM、Transformer等）。对于序列建模任务，递归神经网络（RNN）及其变体（如LSTM、GRU等）能够有效地捕捉时间序列中的依赖关系；而对于长距离依赖性和并行化需求较高的任务，则更适合采用Transformer架构。训练过程中，模型通过最小化预测结果与真实标签之间的差异来不断调整参数。为了防止过拟合，通常还会采用正则化技术（如Dropout、L2正则化等）和交叉验证策略。最终，经过充分训练的模型能够在新数据上表现出良好的泛化能力。

（4）推理与应用

推理与应用是指利用训练好的模型执行具体的NLP任务，并根据结果采取相应行动。这一过程涉及模型部署、实时响应以及结果解释等多个方面。例如，在分类任务中，模型接收未经见过的新文本作为输入，快速输出所属类别；而在生成式对话系统中，模型则需要根据上下文生成连贯且有意义的回答。为了保证推理的速度和准确性，通常会对模型进行优化，如剪枝、量化等手段。此外，某些应用场景还要求模型具备一定的可解释性，以便用户理解其决策过程。总之，推理与应用不仅是NLP研究的最终目标，也是连接理论与实践的重要桥梁，推动着智能化服务的发展。

3.自然语言处理的分类

自然语言处理（NLP）涵盖了广泛的子领域和技术，每个领域专注于解决特定类型的语言理解和生成问题。

（1）自然语言理解

自然语言理解（Natural Language Understanding，NLU）专注于解析和解释自然语言的意义，旨在从文本中提取结构化的信息并理解用户的意图。它涉及多个子任务，如句法分析、语义角色标注、命名实体识别（Named Entity Recognition，NER）、关系抽取等。NLU的目标是使计算机能够像人类一样处理和响应自然语言输入，这对于构建智能客服、虚拟助手、问答系统等应用至关重要。现代NLU系统越来越多地依赖于深度学习模型，特别是基于Transformer架构的预训练语言模型（如BERT、RoBERTa等），这些模型在多种语言理解和生成任务上表现出色。此外，NLU还涉及对话管理，即根据上下文维持连贯的对话流，并做出适当的回应。

（2）信息检索

信息检索（Information Retrieval，IR）是指从大量文档集合中查找与用户查询最相关的文档或片段的过程。传统方法基于关键词匹配，通过布尔逻辑运算符来筛选符合条件的文档。然而，随着技术的发展，现代IR系统更多地结合了机器学习和深度学习技术，以提高检索精度和相关性排序。例如，通过引入神经网络模型来计算文档与查询之间的相似度，或者利用预训练的语言模型增强对查询意图的理解。此外，个性化推荐也是IR的一个重要分支，它根据用户的兴趣和历史行为提供定制化的内容推荐。信息检索广泛应用于搜索引擎、推荐系统、数字图书馆等领域中，帮助用户快速找到所需的信息。

（3）机器翻译

机器翻译（Machine Translation，MT）致力于自动将一种语言的文本转换为另一种语言，是跨语言交流的关键技术之一。早期的MT系统主要基于规则或统计方法，但近年来，神经机器翻译（Neural Machine Translation，NMT）逐渐成为主流。NMT采用端到端的深度学习框架，如编码器–解码器架构（Encoder-decoder Architecture），并通过注意力机制（Attention Mechanism）显著提升了翻译质量和流畅度。当前最先进的模型如Transformer及其变体等，能够在保持高准确性的前提下处理长句子和复杂语境。此外，多模态机器翻译也是一个新兴的研究方向，它不仅考虑文本信息，还结合图像、音频等多种媒体形式，进一步增强了翻译的效果。

（4）情感分析

情感分析（Sentiment Analysis）用于判断文本表达的情感倾向，如正面、负面或中立等，是了解公众意见和消费者反馈的重要工具。这种技术可以应用于产品评论、社交媒体帖子等各种类型的文本，帮助企业了解市场动态，优化市场营销策略。情感分析通常分为词汇级别、句子级别和文档级别三个层次，每层都有相应的挑战。最新的研究趋势是利用预训练的语言模型结合特定领域的微调，以获得更好的性能和泛化能力。此外，细粒度情感分析（Fine-grained Sentiment Analysis）也成为热点，它不仅关注整体情感极性，还能识别更细致的情感维度，如愤怒、快乐、悲伤等。这有助于更全面地捕捉文本中的情感特征，为决策提供更有价值的信息。

（5）语音识别

语音识别（Speech Recognition）是将口语转换为书面文字的过程，是实现人机交互的重要技术之一。它涉及声学建模（Acoustic Modeling）、语言建模（Language Modeling）和解码（Decoding）等多个方面。传统的语音识别系统基于隐马尔可夫模型（Hidden Markov Model，HMM）和高斯混合模型（Gaussian Mixture Model，GMM），但现在大多数系统都转向了深度学习方法，如卷积神经网络（CNN）、递归神经网络（RNN）及其变体等。DeepSpeech等开源项目展示了如何使用端到端的深度学习模型直接从音频波形中学习映射到文字，大大简化了开发流程并提高了识别准确性。此外，语音识别技术还在不断进步，包括对抗噪声干扰的能力、支持多种语言以及实时处理大规模语音数据等方面，为智能设备、语音助手等应用提供了坚实的技术支撑。

7.2.5 知识图谱

1. 知识图谱简介

知识图谱（Knowledge Graph，KG）是一种用于表示和组织知识的图形数据结构，它以实体、属性和关系为核心元素，构建了一个语义网络。知识图谱不仅能够表达现实世界中的概念及其相互联系，还能通过推理机制发现隐含的知识，从而为用户提供更深入的理解和洞察。自2012年谷歌推出其知识图谱以来，这一技术已经广泛应用于搜索引擎优化、推荐系统、智能问答等多个领域中。

知识图谱核心组成部分如下：

- 实体：指知识图谱中描述的具体对象或概念，如人名、地名、组织机构等。每个实体都有唯一的标识符，并且可以拥有多个属性。
- 属性：描述实体特征的信息，比如一个人的出生日期、职业等。属性提供了关于实体的详细信息，帮助丰富对实体的理解。
- 关系：连接不同实体之间的逻辑关联，如"工作于""位于"等。关系定义了实体间的交互方式，是知识图谱构建语义网络的关键。

2. 知识图谱的工作原理

知识图谱通过一系列复杂的技术和方法，将现实世界中的实体、属性及其相互关系以图形结构的形式进行表示，并支持高效的查询、推理和扩展。以下是知识图谱工作的主要原理和步骤。

（1）数据获取与预处理

数据获取与预处理是构建知识图谱的第一步，旨在从多种来源收集和整理原始数据。这些数据可以来自结构化数据库、半结构化文件（如XML、JSON等）、非结构化文本（如新闻文章、社交媒体帖子等），甚至是多媒体内容。为了使这些异构数据能够被统一处理，通常需要进行以下操作。

- 数据清洗：去除噪声，纠正错误，填补缺失值。
- 格式转换：将不同格式的数据转换为一致的内部表示形式。
- 标准化：统一术语、单位等，确保数据的一致性。

（2）实体识别与链接

实体识别（Entity Recognition）是指从文本或其他数据源中自动识别出有意义的对象或概念。这一过程可以通过命名实体识别（Named Entity Recognition，NER）技术来实现，NER可以识别并分类诸如人名、地名、组织名等特定类型的实体。对于已识别的实体，下一步是进行实体链接（Entity Linking），即将它们映射到已有知识库中的对应条目，确保每个实体都有唯一的标识符。这一步骤有助于消除歧义，并建立实体间的关联。

（3）关系抽取

关系抽取（Relation Extraction）的目标是从文本中挖掘实体之间的逻辑关联。这通常涉及自然语言处理（NLP）技术和机器学习模型的应用。例如，使用依存句法解析句子结构，或者训练监督式学习算法预测两个实体间的关系类型。深度学习模型，特别是基于Transformer架构的预训练语言模型（如BERT），在关系抽取任务上表现出色，因为它们能够捕捉长距离依赖性和复杂的语义信息。

（4）知识融合

知识融合（Knowledge Fusion）是为了整合来自不同源的数据，解决命名冲突和冗余问题，确保知识的一致性和准确性。当多个数据源提供相同或相似的信息时，必须决定如何合并这些信息，同时保持数据的质量。知识融合可能包括同义词消解、实体对齐、事实验证等多个子任务。此外，还需要考虑时间戳等因素，以保证知识的时效性。

（5）推理与扩展

推理（Inference）是知识图谱的核心能力之一，它允许系统根据现有事实推导出新的知识。逻辑推理可以在规则基础上执行，比如使用Datalog这样的声明性语言定义规则；也可以利用概率图模型（Probabilistic Graphical Models，PGMs）处理不确定性。现代知识图谱还结合了机器学习和深度学习的方法来进行隐含关系的发现和预测，从而扩展知识图谱的覆盖范围。此外，随着新数据的不断流入，知识图谱也需要持续更新和维护。

（6）查询与应用

查询与应用是知识图谱最终服务于用户的环节。用户可以通过简单的关键词搜索、复杂的SPARQL查询语句等方式访问知识图谱中的信息。为了提高用户体验，许多知识图谱平台提供了图形化的界面或自然语言接口，使得普通用户也能轻松地提出问题并获得答案。此外，知识图谱还可以与其他应用程序集成，比如搜索引擎优化、推荐系统、智能问答等，以增强其功能和服务范围。

3.知识图谱的分类

常用的知识图谱主要分为以下四类：事实知识、概念知识、词汇知识和常识知识。每一类都有其独特的特点和应用场景，并在不同的领域中发挥着重要作用。

（1）事实知识

事实知识（Factual Knowledge）是知识图谱中最常见的知识类型，主要用于描述实体的具体属性或关系。例如，在三元组（柏拉图，出生地，雅典）中，"出生地"就是柏拉图的一个属性。然而，并非所有关于实体的事实都能通过简单的属性或关系来表达。有些复杂的关系或描述可能需要更详细的文本说明，如"亚里士多德是西方古典哲学的集大成者"。同样，"柏拉图继承和发展了苏格拉底的哲学思想"这一事实反映了两者之间的深刻联系，但这种关系难以简化为单一的属性或关系。

许多以实体为中心组织的知识图谱都富含事实知识，如DBpedia、Freebase及CN-DBpedia等。这些平台通过结构化的数据形式，使得机器能够理解和处理大量具体而准确的信息。

2.概念知识

概念知识（Conceptual Knowledge）可以进一步细分为两类：一类是实体与概念之间的类属关系，另一类是子概念与父概念之间的层级关系。这种层级体系构成了本体定义的核心部分，是构建知识图谱时模式设计的重要内容。一个概念既可以有多个子概念，也可以属于某个更大的父概念之下，从而形成复杂的分类结构。

典型的概念知识图谱包括YACO、Probase、WikiTaxonomy等。这些系统帮助用户理解不同概念之间的逻辑关联，支持更加精确的知识检索和推理。

（3）词汇知识

词汇知识（Lexical Knowledge）涵盖了实体与词汇之间的关系（如实体的不同称谓、英文名等），以及词汇间的关系（如同义词、反义词、缩略词、上下位词等）。例如，（"Plato"，中文名，柏拉图）、（赵匡胤，庙号，宋太祖）、（妻子，同义，老婆）。跨语言知识库特别关注如何建立实体和概念在不同语言中的对应描述，这对于促进全球信息交流至关重要。

WordNet是一个典型的词汇知识图谱，它不仅提供了丰富的词语语义关联，还促进了自然语言处理任务的发展。由于领域语料通常较为丰富，自动挖掘领域特定词汇并建立其间的语义联系已经成为构建高质量知识图谱的关键步骤之一。

（4）常识知识

常识知识（Commonsense Knowledge）指的是人类通过日常生活积累的经验与普遍接受的事实，这类知识往往不需要明示就能被广泛理解。例如，"鸟有翅膀""鸟能飞""如果X是一个人，则X要么是男人，要么是女人"。尽管每个人都知道这些常识，但由于它们很少显式出现在文本中，因此获取和表示常识知识成为构建知识图谱的一大挑战。此外，常识知识的表征与定义、获取与理解等问题一直是人工智能研究中的瓶颈。

Cyc和ConceptNet是两个著名的常识知识图谱，它们致力于捕捉和表示那些隐含于人类日常交流背后的基本假设和经验法则。

7.3 人工智能的应用

随着计算能力的提升、大数据的积累以及算法的进步，人工智能技术正在迅速渗透到各个行业，其应用范围广泛，影响了人类社会生活的方方面面。

7.3.1 智能机器人

1. 智能机器人简介

机器人是一种高度灵活的自动化机器，它模仿了人类和动物的行为模式，具备感知、规划、动作和协同等能力。从本质上讲，机器人是由人类制造的"智能体"，旨在执行各种任务并适应不同的工作环境。

智能机器人是第三代机器人，代表了机器人技术的最新发展水平。它们不仅具备传统机器人的功能，如搬运材料、零件和工具等操作，还集成了多种传感器和技术，能够在复杂多变的环境中执行任务，并具有自适应、学习和自治的能力。智能机器人是一个在感知、思维和效应方面全面模拟人类的机器系统，它既是人工智能技术的综合试验场，也是考察不同AI领域之间关系的重要平台。

智能机器人的三大核心能力如下：

- 感知环境的能力：智能机器人配备了各种类型的传感器（如视觉、听觉、触觉、温度、湿度等），这些传感器能够收集周围环境的数据，并通过数据融合技术将不同类型的信息整合起来，形成对环境的整体认知。这种能力使得机器人可以识别物体、理解场景并做出相应的反应。

- 执行任务并对环境施加影响的能力：智能机器人拥有灵活的操作臂或移动平台，可以根据任务需求进行精确的动作规划与控制。无论是简单的抓取放置动作还是复杂的装配作业，智能机器人都能高效完成。此外，它们还可以根据实时反馈调整自己的行为，确保任务顺利完成。

- 联系感知与行动的能力：这是智能机器人区别于普通自动化设备的关键所在。通过内置的计算单元和算法模型，智能机器人可以在感知到的变化基础上迅速作出决策，并将指令传递给执行机构。这一过程涉及大量的信息处理、模式识别、路径规划等工作，体现了高度的智能化水平。

2.智能机器人的构造

智能机器人是一个在感知—思维—效应方面全面模拟人的机器系统，外形不一定像人，但可以模拟人的思维。它们具备相当发达的"大脑"，即中央计算机，这种计算机与操作它的人有直接的联系，并可以进行按目的安排的动作。从小型家用清洁机器人到大型工业机器人，它们的设计因应用场景而异，但几乎所有机器人都包含以下几个基本组成部分。

（1）感知系统

传感器：用于获取周围环境的信息，如视觉、听觉、触觉等。这包括但不限于摄像头、激光雷达（LiDAR）、红外线传感器、超声波传感器、力/扭矩传感器等。

数据处理：传感器收集的数据通常需要经过处理和解释，以便机器人能够理解其环境并做出适当的反应。

（2）决策系统

控制算法：基于输入信息决定如何行动。这可以是简单的预编程逻辑或复杂的AI模型，用于路径规划、任务分配、故障诊断等。

人工智能与机器学习：赋予机器人自我学习和优化行为的能力，使其可以根据经验调整自己的策略。

（3）执行系统

驱动装置：如电动机、伺服电机、液压缸等，负责物理移动或操作物体。

机械臂和末端执行器：例如抓手、焊枪或其他工具，具体取决于应用需求。

（4）能源系统

电源管理：确保机器人有持续稳定的能量来源，无论是电池供电还是直接连接到电网。

充电机制：对于移动式机器人，自动返回充电桩的能力是非常重要的功能之一。

（5）通信系统

内部通信：保证各个子系统之间高效的信息交换。

外部通信：实现与外界（如操作员、其他机器人、服务器等）的数据传输。这可能涉及 Wi-Fi、蓝牙、蜂窝网络或是专用无线协议。

（6）用户接口

交互界面：提供人机交互的方式，比如屏幕显示、语音命令、遥控器或者通过手机 APP 进行远程控制。

反馈机制：让用户了解机器人的状态和动作，增强使用的透明度和可控性。

（7）安全系统

紧急停止按钮：在出现意外情况时快速切断电源。

防护措施：设计上考虑避免伤害人类或其他物体的安全特性，比如软性材料的应用、速度限制等。

监控与报警：实时监控运行状况并在必要时发出警告信号。

(8) 导航与定位系统

地图构建与更新：使机器人能够在未知环境中创建地图，并根据环境变化不断更新。

自定位：确定自己相对于已知地标的位置，这对于自主移动至关重要。

3. 智能机器人的核心技术

智能机器人是集成了多种先进技术的复杂系统，其核心能力不仅体现在感知、思考和行动上，还依赖于一系列关键技术的支持。以下是对于智能机器人两项核心技术——定位导航和人机交互的详细介绍。

(1) 定位导航

定位导航（Localization and Navigation）技术是指机器人在未知或部分已知环境中确定自身位置，并规划最优路径到达目标地点的能力。这是实现自主移动机器人不可或缺的功能之一，对于确保机器人能够在动态多变的环境中安全有效地工作至关重要。

定位导航的关键技术如下：

● SLAM（Simultaneous Localization and Mapping）：同步定位与建图技术允许机器人在探索新环境的同时构建地图并确定自己在地图中的位置。SLAM算法结合了激光雷达、摄像头等传感器的数据，通过不断更新环境模型来提高定位精度。

● 路径规划（Path Planning）：基于环境信息，选择从起点到终点的最佳路径。常用的方法包括A*搜索算法、Dijkstra算法以及RRT（快速随机树）等。这些算法考虑了障碍物规避、最短距离、最小能耗等因素。

● 避障（Obstacle Avoidance）：实时检测周围环境中的障碍物，并迅速调整行进路线以避免碰撞。这通常涉及超声波传感器、红外线传感器或深度相机等近距离探测设备的应用。

● 多传感器融合（Sensor Fusion）：为了获得更准确的定位结果，常常需要整合来自不同类型的传感器（如GPS、IMU、视觉传感器等）的信息。通过卡尔曼滤波器或其他数据融合算法，可以有效提升系统的鲁棒性和可靠性。

定位导航技术广泛应用于服务机器人、无人驾驶车辆、无人机等领域。例如，在医院中自动配送药品的服务机器人，用于仓库管理和物流配送的AGV（自动导引车），以及执行危险任务的野外勘探机器人等。

(2) 人机交互

人机交互（Human-robot Interaction，HRI）指的是人类用户与机器人之间进行信息交流的过程。良好的HRI设计可以使机器人更加友好易用，增强用户体验，促进双方之间的协作效率。随着智能机器人应用范围的扩大，如何让机器人更好地理解和响应人类意图成为一个关键的研究课题。

人机交互的关键技术如下：

- 自然语言处理（Natural Language Processing，NLP）：使机器人能够理解人类的语言输入，并生成适当的回应。NLP涵盖了语音识别、语义分析、对话管理等多个方面。现代NLP系统利用深度学习模型（如BERT、GPT系列等）实现了高质量的文本生成和对话维持。
- 语音识别与合成（Speech Recognition and Synthesis）：支持机器人接收口头指令并通过语音输出反馈。先进的语音识别技术可以在嘈杂环境中准确捕捉用户的语音内容，而文本转语音（TTS）则可以让机器人用自然流畅的声音与人交谈。
- 情感计算（Affective Computing）：赋予机器人识别和表达情感的能力，从而建立更深层次的情感联系。这涉及面部表情识别、声音情绪检测以及生成带有情感色彩的反应。
- 手势识别（Gesture Recognition）：通过摄像头或其他感应装置捕捉人体动作，解析出特定的手势含义，使机器人能够响应非言语信号。这项技术特别适用于那些不适合使用语音或触摸界面的场合。
- 多模态交互（Multimodal Interaction）：结合多种感官通道（如视觉、听觉、触觉等）提供更为丰富和直观的交互方式。多模态交互不仅能提高沟通的有效性，还能为特殊需求群体（如视力或听力障碍者等）创造无障碍使用的可能性。

人机交互技术在家庭助手、教育辅导、医疗护理、娱乐陪伴等方面有着广泛的应用。例如，智能家居中的语音控制设备，帮助儿童学习外语的教学机器人，辅助老年人日常生活的陪护机器人，以及提供个性化旅游推荐的导游机器人等。

4. 智能机器人的主要应用领域

智能机器人是人工智能领域的一个重要应用，它们不仅具备机械运动能力，还能通过AI算法进行感知、决策和学习，从而执行复杂的任务，甚至在某些情况下具有自主行为。以下是智能机器人在不同领域中的一些具体应用。

- 制造业：AI机器人可以执行重复性高、危险或需要高精度的任务，如组装、焊接、喷涂和质检等，显著提高生产效率和质量。
- 医疗领域：手术机器人能够辅助医生进行高精度的外科手术，减少患者的创伤和恢复时间；AI可以分析医学图像、病历和基因数据，辅助医生进行疾病诊断；机器人还可以协助病人进行康复训练或提供护理服务。

- 物流与仓储：自动导引车（AGV）和机器人可以在仓库中搬运物品，进行库存管理和订单拣选，提高物流效率。
- 家庭服务：扫地机器人、智能音箱和语音助手等家用机器人可以帮助用户进行家庭清洁、控制家电、播放音乐或提供日常信息，提升生活便利性。
- 陪伴与娱乐：陪伴机器人能够提供情感陪护，与老年人和儿童进行互动；同时，智能机器人还在娱乐领域中逐步增加市场份额。
- 其他领域：智能机器人在教育、金融、农业、安防等领域中也发挥着重要作用。例如，在教育领域中，AI机器人可以根据学生的学习进度和需求提供个性化辅导和练习；在金融领域中，AI机器人则成为投资理财和风险管理的得力助手。

随着技术的不断进步和市场的日益成熟，智能机器人的应用领域将不断扩大。未来，智能机器人将更加智能化、自主化，能够更好地适应各种复杂环境和任务需求。同时，智能机器人与人类之间的交互也将更加自然、便捷，为人类带来更多的便利和创新。

7.3.2 无人驾驶汽车

无人驾驶汽车是人工智能在交通领域的一个重要应用，它利用车载传感器、计算机视觉、机器学习等技术实现车辆的自主驾驶。

1. 无人驾驶汽车的原理

无人驾驶汽车主要依靠车内以计算机系统为主的智能驾驶控制器来实现无人驾驶。它利用车载传感器（如激光雷达、摄像头、毫米波雷达等）感知周围环境信息，并通过计算机视觉、机器学习等技术对感知到的信息进行分析和处理，从而生成最优的行驶路径和操控指令。

2. 无人驾驶汽车的主要技术

无人驾驶汽车依赖于一系列复杂的技术来实现安全可靠的自主驾驶。这些技术涵盖了环境感知、决策规划、控制执行以及车联网通信等多个方面。以下是无人驾驶汽车的一些关键技术及其功能。

（1）环境感知

环境感知是无人驾驶汽车获取周围信息的能力，它决定了车辆能否准确理解其所在环境并作出相应反应。主要技术包括：

- 激光雷达：使用激光脉冲测量距离，生成高分辨率的三维点云图，帮助车辆识别障碍物和其他物体的位置。

- 摄像头：提供视觉信息，用于检测交通标志、车道线、行人等。深度学习算法可以解析图像数据，进行目标分类和跟踪。
- 毫米波雷达：利用无线电波探测远处物体的距离和速度，尤其在恶劣天气条件下表现出色，如雨雪雾天等。
- 超声波传感器：主要用于短距离内的精确测距，如停车辅助系统中判断与附近物体的距离等。
- 多传感器融合：将来自不同传感器的数据整合起来，构建一个更完整、更准确的环境模型，提高系统的鲁棒性和可靠性。

（2）决策规划

决策规划负责根据感知到的信息制定行驶策略，并实时调整以应对变化。主要包括以下几个方面。

- 路径规划：基于地图信息和实时路况，选择从起点到终点的最佳路径。常用方法包括A*搜索算法、Dijkstra算法以及快速随机树（RRT）等。
- 行为决策：模拟人类驾驶员的行为模式，决定何时加速、减速、变道或避让。这通常涉及对交通规则的理解以及与其他道路使用者互动的处理。
- 运动规划：在选定路径的基础上，进一步细化每一时刻的具体动作，确保车辆能够平稳地完成既定任务。运动规划需要考虑加速度限制、转向角度等因素。
- 强化学习：通过奖励机制训练AI模型，使其能够在不断试错的过程中优化驾驶策略，适应各种复杂的交通场景。

（3）控制执行

控制执行确保无人驾驶汽车按照预定轨迹稳定行驶，涉及以下关键技术。

- 纵向控制：负责控制车辆的速度，包括加速、刹车等功能。先进的控制系统可以实现自适应巡航（ACC），保持与前车的安全距离。
- 横向控制：管理车辆的方向盘转动，确保车辆沿正确车道行驶。自动驾驶系统通常采用PID控制器或其他高级算法来实现精准转向。
- 底盘集成控制：协调各个子系统的运作，如制动系统、悬挂系统等，以提升整车的操控性能和稳定性。

（4）车联网（V2X）通信

车联网（Vehicle-to-everything，V2X）是指车辆与其他车辆（V2V）、基础设施（V2I）、行人（V2P）及网络（V2N）之间的信息交换，增强了无人驾驶汽车的安全性和效率。具体应用包括：

- 车车通信（V2V）：不同车辆之间共享位置、速度等信息，提前预警潜在碰撞风险，协同调整行驶状态。
- 车路通信（V2I）：与交通信号灯、路侧单元等基础设施交互，获取实时交通信息，优化行驶路线，减少拥堵。
- 车人通信（V2P）：通过智能手机或其他设备提醒行人注意接近的无人驾驶汽车，保障行人的安全。
- 车网通信（V2N）：连接云端服务器，下载更新的地图数据、软件补丁等，同时上传运行日志供分析使用。

（5）安全与冗余设计

为了保证无人驾驶汽车的安全性，必须采取多种措施。

- 多重冗余系统：关键部件如传感器、计算平台等设置备份，一旦主系统出现故障，备用系统立即接管，确保车辆继续安全行驶。
- 故障检测与隔离：实时监控各子系统的健康状态，及时发现并隔离故障源，防止问题扩散影响整体性能。
- 紧急情况处理：预先设定应急预案，如遇到不可预见的情况时自动停靠路边等待救援，或者切换至手动驾驶模式。

综上所述，无人驾驶汽车的成功依赖于上述多个领域的协同工作，每项技术都在确保车辆的安全性和可靠性方面发挥着不可或缺的作用。

3.无人驾驶汽车的主要应用领域

无人驾驶汽车的应用领域广泛，涵盖了多个行业和场景，以下是其主要应用领域。

（1）私人交通

无人驾驶汽车可以为个人用户提供更加便捷、高效的出行方式。用户只需设定目的地，无人驾驶汽车即可自动规划并执行行驶路线，无须人工操作。这不仅可以提高出行效率，还可以减少驾驶疲劳和交通违规，提升行车安全性。

（2）公共交通

在公共交通领域中，无人驾驶汽车可以应用于公交车、出租车等车型，实现公共交通的自动化和智能化。无人驾驶公交车可以自动按照预设的路线行驶，减少人为因素的干扰，提高公交系统的安全性和可靠性。同时，无人驾驶出租车也可以提供更加灵活、个性化的出行服务，满足用户的多样化需求。

（3）物流运输

无人驾驶汽车在物流运输领域也具有广泛的应用前景。通过无人驾驶技术，可以实现货物的自动装卸、运输和送达，提高物流效率，降低运营成本。此外，无人驾驶技术还可以应用于货运卡车等车型，实现长途运输的自动化和智能化，减少人力成本和运输风险。

（4）农业领域

在农业领域中，无人驾驶汽车可以应用于拖拉机、植保无人机等农业机械上，实现农田的自动化管理和作业。无人驾驶拖拉机可以自动完成耕种、施肥、喷洒等作业，提高农业生产效率和质量。同时，植保无人机也可以利用无人驾驶技术进行精准施药和监测，提高农作物产量和品质。

（5）城市管理和服务

无人驾驶汽车还可以应用于城市管理和服务领域。例如，无人驾驶清洁车可以自动进行城市道路的清扫和保洁工作，提高城市环境卫生水平。此外，无人驾驶巡逻车也可以用于城市安全巡逻和监控，提高城市安全防范能力。

（6）特殊场景应用

除了上述领域外，无人驾驶汽车还可以应用于一些特殊场景。例如，在极端天气或灾害条件下，无人驾驶汽车可以执行救援任务，为受困人员提供及时的救援和物资输送。此外，无人驾驶汽车还可以应用于矿区、港口等特定区域的运输和作业任务，提高生产效率和安全性。

无人驾驶汽车的应用领域广泛且多样化，随着技术的不断进步和市场的日益成熟，其应用场景将不断拓展和深化。

拓展阅读

人工智能领域，以科大讯飞为代表的企业，专注于人工智能语音技术研发，正在迅速崛起。在创业过程中，团队成员一度面临技术瓶颈和来自国外企业的竞争压力，但凭借对技术的热爱和对国家科技发展的使命感，他们锐意进取，不断创新，经过多年努力，其语音识别技术达到国际领先水平，广泛应用于教育、医疗等多个领域，为人们生活带来了极大便利。在智能安防领域，科研人员利用人工智能技术开发智能监控系统，有效提升了社会治安防控能力。这些成就背后，是科研人员的拼搏与付出。学习人工智能，我们要以他们为榜样，强化社会责任感，提升创新能力，用技术推动社会进步，为国家发展贡献力量。

课后练习

一、选择题

1. 关于人工智能（AI）的发展历程，以下哪个陈述是正确的？（　　）

   A. AI的概念首次提出是在20世纪末

   B. 第一次"AI寒冬"发生在20世纪80年代中期

   C. 专家系统的成功应用出现在20世纪80年代，标志着第二次AI繁荣

   D. 深度学习的崛起始于20世纪初

2. 关于机器学习的工作流程，以下哪一项不属于模型训练前的必要步骤？（　　）

   A. 数据收集　　　B. 数据预处理　　　C. 模型选择　　　D. 应用模型

3. 下列哪种神经网络最适合处理图像分类任务？（　　）

   A. 前馈神经网络（FNN）　　　　B. 卷积神经网络（CNN）

   C. 循环神经网络（RNN）　　　　D. 图神经网络（GNN）

4. 下列哪个选项不是计算机视觉的核心任务？（　　）

   A. 数据获取　　　B. 特征提取　　　C. 模型训练　　　D. 自然语言处理

5. 关于智能机器人的核心技术，下列哪一项不是其主要组成部分？（　　）

   A. 定位导航　　　　　　　　　　B. 自然语言处理

   C. 深度学习模型训练平台　　　　D. 多传感器融合

二、简答题

1. 解释机器学习中的监督学习、无监督学习和强化学习的区别。

2. 简述深度学习与传统机器学习的主要区别。

模块 8

信息安全

模块导读

信息安全对于保护个人隐私和企业机密至关重要。在这个模块里，我们将深入探讨信息安全的关键技术。通过对本模块的学习，学生可以学会如何识别潜在的安全风险，实施有效的安全策略，以确保信息系统和数据的安全性。

8.1 信息安全概述

随着信息技术的迅猛发展，信息已成为现代社会的核心资产之一。无论是个人隐私、企业商业秘密还是国家机密，都依赖于信息系统进行存储、处理和传输。然而，信息系统的广泛应用也带来了诸多安全挑战。网络攻击、数据泄露、恶意软件等威胁不断涌现，给社会和个人带来了巨大风险。因此，信息安全作为保障信息及其系统免受各种形式威胁的一个关键手段，其重要性日益凸显。

8.1.1 信息安全的概念

信息安全的概念广泛而复杂，国际上尚未形成一个统一的权威定义。从研究和实践的角度来看，信息安全可以从多个维度进行探讨。它不仅涵盖了信息主权的竞争、各类信息犯罪活动以及信息攻防技术，还涉及保障国家、机构和个人的信息空间、信息载体及信息资源的安全，防止这些资产受到来自内部或外部的各种形式的威胁、侵害和误导。

在中国，信息安全被赋予了极高的重视度，政府出台了一系列法律法规来应对信息技术广泛应用和网络空间快速发展所带来的新风险与挑战。例如，《中华人民共和国网络安全法》《中华人民共和国数据安全法》和《中华人民共和国个人信息保护法》等法律文件，旨在构建全面的信息安全保障体系。同时，《国家信息化发展战略纲要》等政策规划也进一步强调了对数据安全和关键信息基础设施安全防护的重要性，表明网络安全已成为关乎国家安全、社会稳定及民众切身利益的重大战略议题。

8.1.2 信息安全的基本属性

信息安全的核心在于保护信息系统或信息网络中的信息资源免受各种类型的威胁、干扰和破坏，确保信息的安全性。具体而言，信息安全具备以下五个基本属性。

1. 保密性

保密性确保网络信息不会泄露给非授权用户、实体或过程，仅限于授权方使用。它是防止敏感信息外泄的一项关键措施，在可靠性和可用性的基础上进一步增强了网络信息的安全保障。

2. 完整性

完整性保证网络信息在未获得适当授权的情况下不被改变，无论是存储还是传输过程中都保持原始状态，不受删除、修改、伪造等行为的影响。保密性关注防止信息泄露，而完整性则侧重于维护信息的真实性和一致性。

3. 可用性

可用性指的是信息能够被授权实体随时访问并按需使用的特性。即使在系统部分受损或需要降级使用时，仍能为授权用户提供有效的服务。这一属性通常通过计算系统正常运行时间占总工作时间的比例来衡量。

4. 可控性

可控性意味着可以有效地管理谁能够访问信息资源以及他们如何使用这些资源。对于敏感信息资源，必须实施严格的控制措施，防止未经授权的访问、篡改、窃取或恶意传播，从而维持信息系统的安全性。

5. 不可否认性

不可否认性确保信息交换的双方无法否认其发送或接收信息的行为。这有助于确认信息的真实来源，并在网络纠纷或电子商务交易中提供证据支持。传统上，公章、印戳和签名等手段即是为了实现不可否认性，而在数字世界中，则依赖于更先进的技术如数字签名来达成这一目标。

8.1.3 信息安全等级划分

在过去的几十年中，全球多个国家启动了开发和建立各自的信息安全评估准则的工作。信息安全等级保护是一项旨在根据信息及其载体的重要性级别进行分层次保护的重要工作，在中国、美国等多个国家得到了广泛应用和发展。在中国，信息安全等级保护不仅涵盖了涉及该工作的标准、产品、系统和信息等依据等级保护思想而开展的安全活动（广义），还特指信息系统安全等级保护（狭义）。

1. 信息安全等级保护的原则

我国的信息安全等级保护遵循"自主定级、自主保护"的原则，即由信息系统的所有者或管理者根据系统的实际重要性和潜在影响自行确定其安全保护等级，并采取相应的保护措施。这种做法体现了对信息系统在国家安全、经济建设和社会生活中重要性的重视，以及遭到破坏后可能对国家安全、社会秩序、公共利益和个人权益造成危害程度的考量。

2. 信息安全等级的划分

根据《信息安全等级保护管理办法》，我国将信息系统的安全保护等级划分为五个级别，每个级别对应不同的安全要求和技术措施。

（1）第一级：自主保护级

适用于一般性质的信息系统，这些系统的受损仅会对公民、法人和其他组织的合法权益造成损害，但不会影响国家安全、社会秩序或公共利益。因此，这一级别的保护主要依赖于用户自身的安全意识和基本防护手段。

（2）第二级：指导保护级

同样适用于一般性质的信息系统，但当这些系统遭到破坏时，可能会对社会秩序和公共利益造成轻微的影响。此时，除了用户自身的努力外，还需要一定的指导和支持来加大保护力度。

（3）第三级：监督保护级

涉及国家安全、社会秩序和公共利益的重要信息系统被归为此类。如果此类系统受到破坏，将会对上述方面造成显著损害。因此，需要更严格的监督和管理措施来确保其安全性。

（4）第四级：强制保护级

此级别同样针对那些涉及国家安全、社会秩序和公共利益的关键信息系统。一旦这些系统遭到破坏，将会带来严重的后果。所以，政府和相关部门必须实施强有力的控制和保护策略，以防范任何可能的风险。

（5）第五级：专控保护级

这是最高级别的保护，专门用于国家重要领域和部门内的极端重要的信息系统。这类系统的受损会直接威胁到国家安全，因此需要特别定制的安全方案和严格的操作规程来进行最高等级的保护。

分级保护机制可以有效地根据不同信息系统的特点和风险水平，量身定制适当的安全策略和技术措施，为国家和社会提供坚实的信息安全保障。

8.2 网络安全技术

网络安全技术是指一系列旨在保护网络及其资源免受未经授权访问、攻击、泄露、破坏等行为的技术措施。随着信息技术的发展，网络安全已经成为保障个人隐私、企业商业机密和社会稳定的一个关键因素。本节将探讨几种主要的网络安全技术，包括边界防护、身份认证、访问控制，以及网络攻击防范等方面内容。

8.2.1 边界防护技术

边界防护技术是网络安全的第一道防线，它通过设置物理或逻辑屏障来限制对内部网络的访问，从而保护组织的信息资产不被外部威胁所侵害。典型的边界防护手段包括防火墙配置、入侵检测系统、入侵防御系统等。

1. 防火墙技术

防火墙技术是网络边界安全的基础防线，它通过预先定义的安全策略控制进出网络的数据流，允许合法通信并阻止潜在的恶意访问。防火墙技术是构建安全网络环境的第一层防护屏障，可以有效防止未经授权的外部访问和攻击，确保内部网络资源和业务数据的安全。

（1）防火墙简介

防火墙最初被认为是一个建筑名词，指的是修建在房屋之间、院落之间、街区之间用以阻断火灾蔓延的高墙。这里介绍的用于计算机网络安全领域的防火墙则是指设置于网络之间，通过控制网络流量、阻隔危险网络通信以达到保护网络的目的，由硬件设备和软件系统组成的防御系统。就像建筑防火墙阻挡火灾、保护建筑一样，它具有阻挡危险流量、保护网络的功能。从信息保障的角度来看，防火墙是一种保护手段。

防火墙一般都是布置于网络之间的。防火墙最常见的形式是布置于公共网络和企事业单位内部的专用网络之间，用以保护内部专用网络。有时在一个网络内部也可能设置防火墙，用来保护某些特定的设备，但被保护的关键设备的IP地址一般会和其他设备处于不同网段，甚至有类似大防火墙GFW那样的保护整个国家网络的防火墙。其实，只要是有必要，有网络流量的地方都可以设置防火墙。

防火墙保护网络的手段就是控制网络流量。网络上的各种信息都是以数据包的形式传递的，网络防火墙要实现控制流量就是要对途经的各个数据包进行分析，判断危险与否，据此决定是否允许其通过。对数据包说"Yes"或"No"是防火墙的基本工作。不同种类的防火墙查看数据包的不同内容，但是究竟对怎样的数据包内容说"Yes"或"No"，其规则是由用户来设置的。也就是说，防火墙决定数据包是否可以通过，要看用户对防火墙查看的内容制定怎样的规则。

用以保护网络的防火墙会有不同的形式和不同的复杂程度。它可以是单一设备，也可以是一系列相互协作的设备；设备可以是专门的硬件设备，也可以是经过加固，甚至只是普通的通用主机；设备可以选择不同形式的组合，也可采用不同的拓扑结构。

（2）防火墙的功能

防火墙的主要功能有以下几个方面。

提高内网安全性：一道防火墙（作为阻塞点、控制点）能极大地提高内部网络的安全性，并通过过滤不安全的服务而降低风险。由于只有经过精心选择的应用协议才能通过防火墙，因此网络环境变得更加安全。例如，防火墙可以禁止诸如众所周知的不安全的网络文件系统NFS协议进出受保护网络，这样外部的攻击者就不可能利用这些脆弱的协议来攻击内部网络。防火墙同时可以保护网络免受基于路由的攻击，如IP选项中的源路由攻击和Internet控制报文协议ICMP重定向中的重定向路径。防火墙拒绝所有以上类型攻击的报文并通知防火墙管理员。

强化安全策略：通过以防火墙为中心的安全方案配置，能将所有安全措施（如口令、加密、身份认证、审计等）配置在防火墙上。与将网络安全问题分散到各台主机上相比，防火墙的集中安全管理更经济。例如，在网络访问时，动态口令系统和其他的身份认证系统完全可以不必分散在各个主机上，而是集中在防火墙上。

监控审计：如果所有的访问都需经过防火墙，那么防火墙就能记录下这些访问并写入日志，同时也能提供网络使用情况的统计数据。当发生可疑动作时，防火墙能进行适当的报警，并提供网络是否受到监测和攻击的详细信息。另外，收集一个网络的使用和误用情况也是非常重要的，因为可以清楚防火墙是否能够抵挡攻击者的探测和攻击，并且清楚防火墙的控制是否充足。而网络使用情况的统计对网络需求分析和威胁分析等而言也是非常重要的。

阻止内部信息外泄：通过利用防火墙对内部网络的划分，可实现对内部网络重点网段的隔离，从而限制局部重点或敏感网络的安全问题对全局网络造成的影响。再者，隐私是内部网络非常关心的问题，一个内部网络中不太引人注意的细节可能包含了有关安全线索，进而引起外部攻击者的兴趣，甚至因此暴露了内部网络的某些安全漏洞。使用防火墙可以隐蔽这些内部细节，如Finger、域名系统（Domain Name System，

DNS）等服务。Finger显示了主机中所有用户的注册名、真名、最后登录时间和使用Shell类型等，这些信息非常容易被攻击者所获悉。攻击者可以借其知道一个系统使用的频繁程度，以及该系统是否有用户正在连线上网，系统被攻击时是否会引起注意等。防火墙可以阻塞有关内部网络中的DNS信息，如此，一台主机的域名和IP地址就不会轻易被外界所了解了。

隔离故障：由于防火墙具有双向检查功能，也能够将网络中的一个网块（也称网段）与另一个网块隔开，从而限制了局部重点或敏感网络的安全问题对全局网络造成的影响，防止攻击性故障蔓延。

流量控制及统计：流量统计建立在流量控制基础之上，通过对基于IP、服务、时间、协议等的流量进行统计，可以实现与管理界面挂接，并便于流量计费。

流量控制分为基于IP地址的控制和基于用户的控制。基于IP地址的控制是对通过防火墙各个网络接口的流量进行控制；基于用户的控制是通过用户登录来控制每个用户的流量，防止某些应用或用户占用过多的资源，保证重要用户和重要接口的连接。

地址绑定：除了路由器外，防火墙也可以实现MAC地址和IP地址的绑定，MAC地址与IP地址绑定起来，主要用于防止受控（不允许访问外网）的内部用户通过更换IP地址访问外网。这其实是一个可有可无的功能。不过因为它实现起来太容易了，内部只需要两个命令就可以实现，所以绝大多数防火墙都提供了该功能。

网络代理：其实防火墙除了安全作用外，还支持VPN、NAT等网络代理功能，可以利用防火墙实现远程VPN服务端，用来协商远程访问的加密和认证功能。另外，还可以进行内部网络的上网代理，实现网关的功能和反向代理，以及实现DMZ的服务器向外网提供服务的作用。

(3) 防火墙的分类

根据不同的保护机制和工作原理，一般将防火墙分为包过滤防火墙、状态检测防火墙和应用代理防火墙3种。

包过滤防火墙：包过滤防火墙用软件查看所流经的数据包的包头，由此决定整个包的命运。它可能会决定丢弃这个包，可能会接受这个包（让这个包通过），也可能执行其他更复杂的动作。在Linux系统中，包过滤功能是内建于核心的（作为一个核心模块，或者直接内建），同时还有一些可以运用于数据包之上的技巧，不过最常用的依然是查看包头以决定包的命运。包过滤是一种内置于Linux内核路由功能之上的防火墙类型，该防火墙工作在网络层。

状态检测防火墙：状态检测防火墙又称为动态包过滤，是传统包过滤的功能扩展。状态检测防火墙在网络层有一个检查引擎截获数据包并抽取出与应用层状态有关的信息，并以此为依据决定对该连接是接受还是拒绝。这种技术提供了高度安全的解决方案，同时具有较好的适应性和扩展性。

应用代理防火墙：代理防火墙通常也称为应用网关防火墙，代理防火墙可以彻底隔断内网与外网的直接通信，使内网用户对外网的访问变成防火墙对外网的访问，然后再由防火墙转发给内网用户。所有通信都必须经应用层代理软件转发，访问者任何时候都不能与服务器建立直接的TCP连接，应用层的协议会话过程必须符合代理的安全策略要求。

(4) 防火墙的存在形式

根据防火墙的实现方式和所使用的设备，防火墙有以下几种形式。

专业硬件级防火墙：专门的硬件防火墙设备，将防火墙程序做到芯片中，防火墙还拥有专门的寄存器以存放用户规则、连接状态的数据等。无论是防火墙程序还是运行所需的信息都很难被攻击和篡改，在网络攻击面前，防火墙很坚固，有很高的安全性。这是包过滤防火墙和状态检测防火墙一种常见的形式。

网络设备防火墙：路由器一般都可以设置包过滤功能，起到一定的防火墙效果。由于不是专业防火墙设备，实现防火墙功能的程序和需要的一些信息被存放于路由器内存中，这些程序和运行所需信息容易被攻击和篡改。此类防火墙自身的安全性比较差，一般只用于安全防护性要求不高的网络。

主机型防火墙：使用特定硬件、软件（如安全操作系统等）加固的主机负担防火墙工作。防火墙程序和需要的规则等信息都存放于主机内存中，而主机经过加固，不容易受到攻击和篡改，安全性也比较好。由于主机有很好的通用性，此类设备可以承担各种防火墙职能，但一般还是用于程序较为复杂、需要算力较高的应用代理服务防火墙上。

软件防火墙：不采用任何的专门设备，虽然软件自身一般都会采取一些安全措施，但总体来说，操作系统和防火墙软件还是容易被攻击和篡改，导致防御失效。这种形式的防火墙一般只用于单个主机、小规模网络的较低安全要求的应用中。Windows等操作系统自身就带有此类防火墙功能，一些从事网络安全的软件公司也提供这类工具，如天网个人防火墙、瑞星个人防火墙等。

2. 入侵检测系统

入侵检测系统（IDS）是网络实时监控与安全防御的核心环节，充当了检测潜在威胁和异常活动的智能哨兵，在网络防线中提供关键的预警与响应功能。

(1) 入侵检测系统简介

入侵检测，顾名思义是对入侵行为的发觉。它通过针对网络或系统中的若干关键点搜集信息并对其进行分析，从中发现网络或系统中是否有违反安全策略的行为和被攻击的迹象。入侵检测技术是为保证计算机系统和计算机网络系统的安全而设计与配置的一种能够及时发现并报告系统中未经授权的行为或异常现象的技术。

入侵检测是防火墙的合理补充，帮助系统应对网络攻击，扩展了系统管理员的安全管理能力（包括安全审计、监视、进攻识别和响应），提升了信息安全基础结构的完整性。它从计算机网络系统中的若干关键点搜集信息，并分析这些信息，查看网络中是否有违反安全策略的行为和遭到袭击的迹象。入侵检测被认为是防火墙之后的第二道安全闸门，在不影响网络性能的情况下能对网络进行监测，从而提供对内部攻击、外部攻击和误操作的实时保护。入侵检测系统与防火墙在功能上是互补关系，通过合理搭配部署和联动提升网络安全级别。

入侵检测系统（Intrusion Detection System，IDS）是进行入侵检测的软件与硬件的组合，是一种动态的安全检测技术，能够实时监控网络流量和系统活动，通过对异常行为、已知攻击模式和未知威胁的分析识别潜在的安全事件，及时发现并报告可能存在的安全漏洞或攻击行为，为防御措施的制定和响应时间的缩短提供关键信息支持。与其他网络安全设备不同，入侵检测系统是一种积极主动的安全防护技术。

IDS最早出现在1980年4月。20世纪80年代中期，IDS逐渐发展成为入侵检测专家系统。20世纪90年代，IDS分化为基于网络的IDS和基于主机的IDS，而后又出现分布式IDS。目前，IDS发展迅速，已经出现IDS完全取代防火墙的趋势。

一个好的入侵检测系统不但可以帮助系统管理员时刻了解网络系统（包括程序、文件和硬件设备等）的任何改变，还能为网络安全策略的制定提供指南。更为重要的是，它的管理及配置很简单，即使非专业人员也能非常容易地操作，从而实现网络安全。而且，入侵检测的规模还应根据网络威胁、系统构造和安全需求的改变而改变。入侵检测系统在发现入侵后，会及时做出响应，包括切断网络连接、记录事件和报警等。

（2）入侵检测系统的功能

入侵检测系统的主要功能有以下几点。

实时检测：监控和分析用户和系统活动，实时地监测、分析网络中所有数据包；发现并实时处理所捕获的数据包，识别网络数据流的特征，并与已知攻击的特征库进行匹配，以确定攻击类型。

安全审计：对系统记录的网络事件进行统计分析；发现异常现象；找出所需要的证据，判断系统的安全状态。

主动响应：主动切断连接或与防火墙联动，调用其他程序处理。

评估统计：评估关键系统和数据文件的完整性，统计分析异常活动模式。

（3）入侵检测技术的分类

入侵检测按技术可分为特征检测和异常检测。

特征检测：特征检测是收集非正常操作的行为特征，建立相关的特征库，当检测到用户或系统的行为与库中的记录相匹配时，系统就认为这种行为是入侵。特征检测可以将已有的入侵方法检查出来，但对新的入侵方法无能为力。特征检测的难点是如何设计模式将既能够表达入侵现象又不会将正常的活动包含进来，采取的主要方法是模式匹配。

异常检测：异常检测是总结正常操作应该具有的特征，建立主体正常活动的活动简档，当用户活动状况与活动简档相比，有重大偏离时即被认为该活动可能是入侵行为。异常检测的技术难点在于如何建立活动简档及如何设计统计算法，才能不把正常的操作作为入侵行为或忽略了真正的入侵行为。常用方法是概率统计。

按监测对象又可分为基于主机的入侵检测和基于网络的入侵检测。

基于主机的入侵检测：基于主机的入侵检测系统主要用于保护运行关键应用的服务器或被重点检测的主机。主要是对该主机的网络实时连接及系统审计日志进行智能分析和判断。如果其中的主体活动十分可疑（特征或违反统计规律），入侵检测系统就会采取相应措施。

基于网络的入侵检测：基于网络的入侵检测是大多数入侵检测厂商采用的产品形式，通过捕获和分析网络包来探测攻击。基于网络的入侵检测可以在网段或交换机上进行监听，检测对连接在网段上的多个主机有影响的网络通信，从而保护那些主机。

（4）入侵检测过程

一个典型的入侵检测过程分为三个主要步骤：信息收集、数据分析以及响应与报警。

信息收集：这是入侵检测的第一步，涉及在信息系统的关键点上收集各种类型的信息作为IDS的输入数据。具体来说，信息收集主要包括主机和网络日志文件、目录和文件中的不期望改变、程序执行中的不期望行为、物理形式的入侵信息等。

数据分析：数据分析构成了IDS的核心功能，它负责处理从不同来源获取的数据，并通过多种技术识别出潜在的入侵行为。常见的数据分析方法包括异常发现技术、模式发现技术（特征检测）、混合检测。此外，一个强大的入侵特征库对于提高检测效率至关重要，它包含了一系列用于判别通信信息种类的样板数据。

响应与报警：一旦检测到可疑活动，IDS需要采取适当的措施予以应对。现代IDS通常支持主动响应和被动响应两种模式。主动响应指自动采取行动阻止攻击进展，比如中断连接、调整防火墙规则或者启动额外的日志记录；被动响应指仅限于记录事件并向管理员发送警报，而不直接干预正在进行的攻击。报警的内容和方式应当依据组织的具体需求定制，确保既能及时通知相关人员又能避免不必要的干扰。

3.入侵防御系统

入侵防御系统（Intrusion Prevention System，IPS）是在IDS的基础上更进一步，不仅能够检测到潜在的入侵行为，还能主动采取行动阻止这些攻击。IPS对于提升网络系统的安全性具有直接且显著的意义，它能够在威胁到达目标之前就将其拦截，从而降低数据泄露、服务中断等风险，并增强整体网络安全架构的主动性与韧性。

（1）入侵防御系统简介

入侵防御是一种安全机制，通过分析网络流量，检测入侵（包括缓冲区溢出攻击、木马、蠕虫等），并通过一定的响应方式，实时地中止入侵行为，保护企业信息系统和网络架构免受侵害。

（2）入侵防御系统的优势

入侵防御是一种既能发现又能阻止入侵行为的新安全防御技术。通过检测发现网络入侵后，能自动丢弃入侵报文或者阻断攻击源，从根本上避免攻击行为。入侵防御的主要优势有如下几点。

实时阻断攻击：设备采用直路方式部署在网络中，能够在检测到入侵时，实时对入侵活动和攻击性网络流量进行拦截，将对网络的入侵降到最低。

深层防护：新型的攻击都隐藏在TCP/IP协议的应用层里，入侵防御能检测报文应用层的内容，还可以对网络数据流重组进行协议分析和检测，并根据攻击类型、策略等确定应该被拦截的流量。

全方位防护：入侵防御可以提供针对蠕虫、病毒、木马、僵尸网络、间谍软件、广告软件、CGI（Common Gateway Interface）攻击、跨站脚本攻击、注入攻击、目录遍历、信息泄露、远程文件包含攻击、溢出攻击、代码执行、拒绝服务、扫描工具等攻击的防护措施，全方位防御各种攻击，保护网络安全。

内外兼防：入侵防御不但可以防止来自于企业外部的攻击，还可以防止发自于企业内部的攻击。系统对经过的流量都可以进行检测，既可以对服务器进行防护，也可以对客户端进行防护。

不断升级，精准防护：入侵防御特征库会持续更新，以保持最高水平的安全性。可以从升级中心定期升级设备的特征库，以保持入侵防御的持续有效性。

（3）入侵防御系统的工作原理

入侵防御系统的核心作用是在网络边界实施主动防护，通过对网络流量进行实时分析和深度检测，有效拦截各类已知和未知的安全威胁，从而保护网络系统的安全。其工作原理主要包括以下几个核心步骤。

步骤1：实时监控与数据重组。

IPS系统嵌入在网络流量中，对进出网络的数据包进行实时监测和捕获。它能够监听并分析通过网络传输的所有流量。IPS首先对网络中的数据包进行处理，包括IP分片报文的重组和TCP流的重组，确保应用层数据的完整性与连续性。这种机制有助于检测那些试图通过分片或利用协议漏洞逃避检测的攻击行为。

步骤2：协议识别与解析。

通过对报文内容进行深度分析，IPS能够识别多种常见的应用层协议，如HTTP、FTP、SMTP等。在识别出特定协议后，IPS进一步按照该协议的具体结构进行细致解析，并提取出报文的关键特征信息。相比仅基于IP地址和端口号的传统防火墙，这一能力显著提高了对隐藏于复杂网络流量中应用层攻击行为的检测率。

步骤3：特征匹配。

IPS将解析后的报文特征与预定义的安全策略签名库进行对比匹配。这些签名包含了已知威胁和攻击模式的特征描述。当报文特征与签名库中的某条规则相匹配时，即意味着可能发现了潜在的攻击活动。

步骤4：实时响应。

在发现匹配成功的签名后，IPS会根据管理员预先配置的动作策略对可疑或恶意报文进行相应的处理，如丢弃报文、阻断连接、记录事件或者通知管理员等。响应处理过程是IPS实现主动防御的核心环节，它确保了攻击行为被及时阻止并记录，从而保护了网络系统的安全运行。

步骤5：智能学习与自适应策略。

高级的IPS可以采用机器学习等技术，通过持续学习网络流量的行为模式，自动生成或优化防御策略。同时，入侵防御系统可以根据组织的安全政策和风险等级动态调整其防护措施。

入侵防御系统通过监控、解析、分析和实时响应等手段，在网络层面提供了一道主动防御屏障，防止未经授权的访问和恶意活动影响目标网络或系统。

8.2.2 身份认证技术

身份认证技术用于检测信息发布主体的合法性，以及控制合法用户获取相应的权限。

1.身份认证技术概述

身份认证技术是在计算机网络中确认操作者身份的有效解决方法。计算机网络世界中的一切信息（包括用户的身份信息）都是用一组特定的数据来表示的，计算机只能识别用户的数字身份,所有对用户的授权也是针对用户数字身份的授权。为了保证以数字身份进行操作的操作者就是这个数字身份的合法拥有者,即保证操作者的物理身份与数字身份相对应,身份认证技术应运而生。作为防护网络资产的第一道关口,身份认证起着举足轻重的作用。

信息系统中的一切活动都是由访问行为引起的。为了系统的安全,需要对访问进行管制约束。访问涉及两个方面:主体(通常指用户)和客体(也称资源,即数据)。身份认证是指对于主体合法性的认证;访问控制是指对于主体的访问行为进行授权的过程。如果认为一个信息系统有一个入口,则身份认证就是在信息系统的入口进行的身份检查;而访问控制则规定访问者进入系统以后可以对哪些资源分别进行什么样的访问操作。

2. 常用的身份认证方法

在现实生活中,最常用的身份认证方法主要有以下几种。

(1) 基于生物特征的身份认证技术

基于生物特征的认证方法在近几年非常流行,包括指纹认证、虹膜认证、面部特征以及声音特征的认证等,其他特征还包括笔迹、视网膜、DNA等。基于生物特征识别和其他身份识别技术各有优势,在实际应用中可以互补,以提升身份认证的准确性,提高信息的安全性。

(2) 基于信任物体的身份认证技术

基于信任物体的身份认证首先需要确保信任物体和受信者的关系,物体也要被受信者妥善保存,因为系统通过信任物体完成认证并提供权限,而并不直接对受信者进行身份认证,因此一旦物体被非受信者获取,整个身份认证体系就将形同虚设。不过相对于生物特征,基于信任物体的身份认证更加灵活。另外,信任物体的验证需要专业的设备和机构才能进行。当前主要的信任物体包括信用卡、IC卡、印章、证件以及USB Key等。

(3) 基于信息秘密的身份认证技术

基于受信者个人秘密,如密码、识别号、密钥等,仅仅为受信者及系统所知晓,不依赖于自身特征,可以在任意场景中使用,对认证设备要求也比较低,并且容易被窃取及伪造。所以,现在复合型信息秘密的身份认证体系还要求提供手机验证码。

3. 基于口令的身份认证技术

(1) 基于静态口令的身份认证

静态口令是使用频率最高的一种认证技术,平时使用的密码就是静态口令的一种,其主要特点是简单、高效、易实现，但缺点也显而易见，即容易被记录、破解、易被忘记等。

(2) 基于动态口令的身份认证

动态口令也称一次性口令，是最安全的口令。它是根据专门的算法生成一个不可预测的随机数字组合，每个密码只能使用一次，目前被广泛运用在网银、网游、电信运营商、电子商务等应用领域中。动态口令有如下优势：提供给最终用户安全访问企业核心信息的手段；降低与密码相关的IT管理费用；是一种无须记忆的复杂密码，降低了遗忘密码的概率。

8.2.3 访问控制技术

访问控制技术是指防止对任何资源进行未授权的访问，从而使计算机系统在合法的范围内使用；是通过识别用户身份赋予其相应的权限，通过不同的权限来限制用户对某些信息项的访问，或限制对某些控制功能的使用的一种技术。访问控制通常用于系统管理员控制用户对服务器、目录、文件等网络资源的访问。

1. 访问控制模型

一般的安全模型都可以用一种称为格的数学表达式来表示。格是一种定义在集合SC上的偏序关系，并且满足SC中任意两个元素都有最大下界和最小上界的条件。在一种多级安全策略模型中，SC表示有限的安全类集合，其中每个安全类可用一个二元组(A,C)来表示，A表示权力级别，C表示类别集合。权力级别共分成4级：0级：普通级；1级：秘密级；2级：机密级；3级：绝密级。

访问控制模型基于对操作系统结构的抽象，并建立在安全域基础上。一个安全域中的实体被分成两种：主动的主体和被动的客体。以主体为行，以客体为列，构成一个访问矩阵，矩阵的元素是主体对客体的访问模式，如读、写、执行等。某一时刻的访问矩阵定义了系统当前的保护状态，依据一定的规则，访问矩阵可以从一个保护状态迁移到另一个状态。访问控制模型只规定系统状态的迁移必须依据的规则，但没有规定具体的规则是什么，因此，访问控制模型拥有较大的灵活性。访问控制模型主要有Graham Lampson模型、UCLA模型、Take-Grant模型、Bell&LaPadula模型等，其中影响较大的是Bell&LaPadula模型。

2. 信息流模型

访问控制模型描述了主体对客体访问权的安全策略，主要应用于文件、进程之类的"大"客体。而信息流模型描述了客体之间信息传递的安全策略，直接应用于程序变量之类的"小"客体，它可以精确地描述程序中的隐通道，比访问控制模型的精确度要高。

信息流模型也是基于格的模型，为信息流引入一组安全类集合，定义安全信息流通过程序时的检验和确认机制。一个信息流模型由5部分组成。

（1）客体集合。表示信息的存放位置，如文件、程序、变量以及位等。

（2）进程集合。表示与信息流相关的活跃实体。

（3）安全类集合。对应于互不相关的、离散的信息类。

（4）一个辅助交互的类复合操作符。用于确定在两类信息上的任何二进制操作所生成的信息。

（5）一个流关系。用于确定在任何一对安全类之间信息是否能从一个安全类流向另一个安全类。

在一定的假设条件下，安全类集合、流关系和类复合操作符构成一个格，指定了模型系统的安全信息流的意义，使客体之间的信息流不违背指定的流关系。信息流模型的形式化描述比有限状态机更详细，可以表示程序中信息的细节。

访问控制模型和信息流模型是最主要的两类安全模型，分别代表了两种安全策略：访问控制策略指定了主体对客体的访问权限，信息流策略指定了客体所能包含的信息类别以及客体之间的关系。信息流模型可以分析程序中的合法通道和存储通道，但不能防止程序中的隐秘时间通道。

3.信息完整性模型

信息完整性是信息安全的重要组成部分，是指防止信息在处理和传输过程中被篡改或被破坏。信息完整性模型主要面向商业应用，而访问控制模型和信息流模型侧重于军事领域，它们在描述方法上有很大的不同。

信息完整性模型是用于描述信息完整性的形式化模型，主要适用于商业计算机安全环境。信息完整性模型主要有Biba模型、Clark-Wilson模型等，其中，Biba模型由于过于复杂，没有得到实际应用；Clark-Wilson模型侧重于商业领域，能够在面向对象系统中应用，具有较大的灵活性。

Clark-Wilson模型采用了两个基本方法来保证信息的安全，一个是合式交易方法，另一个是职责分离方法。

合式交易方法提供了一种保证应用完整性的机制，其目的是不让用户随意地修改数据。它如同手工记账系统，要修改一个账目记录，则必须在支出和转入两个科目上都要做出修改，这种交易才是"合式"的，而不能只改变支出或转入科目，否则账目将无法平衡，出现错误。

职责分离方法提供一种保证数据一致性的机制，其目的是保证数据对象与它所代表的现实世界对象相对应，而计算机本身并不能直接保证这种外部的一致性。最基本的职责分离规则是不允许创建或检查某一合式交易的人再来执行它。这样，在一次合式交易中至少有两个人参与才能改变数据，防止欺诈行为。

因此，Clark-Wilson模型有两类规则：强制规则和确认规则。

(1) 强制规则

定义了与应用无关的安全功能，共有4条。

E1：用户只能通过事务过程间接地操作可信数据。

E2：用户只有被明确地授权后才能执行操作。

E3：用户的确认必须经过验证。

E4：只有安全官员（管理者）才能改变授权。

(2) 确认规则

定义了与具体应用相关的安全功能，也有4条。

C1：可信数据必须经过与真实世界一致性表达的检验。

C2：程序以合式交易的形式执行操作。

C3：系统必须支持职责分离。

C4：由操作检验输入、接收或者拒绝。

Clark-Wilson模型通过这些规则定义了一个完整性策略系统，给出了在商业数据处理系统中实现完整性的基本方法，同时也展示了商业应用系统对信息安全的特定需求。

8.2.4 网络攻击防范技术

网络攻击防范技术对网络安全至关重要，它能有效保护用户隐私、确保交易安全、维护企业信誉、符合法规要求并促进业务发展。

1. 恶意软件防护

恶意软件是计算机病毒、蠕虫、特洛伊木马、间谍软件等多种有害程序的统称。

(1) 计算机病毒防护

计算机病毒是一种具有自我复制能力的恶意软件，其独特之处在于能够将自身代码嵌入到合法程序或文档中，形成所谓的"宿主程序"或"宿主文档"。当宿主程序被执行或文档被打开时，附着在其上的计算机病毒随之激活并开始执行恶意行为。病毒的传播途径多样，包括但不限于通过文件共享、电子邮件附件、网络下载、移动存储介质的交换，甚至社交网络和即时通信软件分享的链接等方式。

一旦计算机病毒进入受害者的计算机系统，它可能会执行一系列恶意操作，如删除或篡改重要文件、破坏系统功能，导致系统瘫痪或不稳定，窃取敏感信息，植入其他恶意软件，或者占用大量系统资源，严重影响计算机性能。

病毒的传播通常需要用户进行某种形式的操作，如打开受感染的文件或点击恶意链接等。计算机病毒防护技术主要包括以下几种。

- 实时监控：安装具有实时监控功能的防病毒软件，它可以持续监视文件系统活动，拦截试图执行的恶意代码。
- 定期扫描：定期全盘扫描计算机，查找潜在的病毒感染。
- 启发式检测：利用智能算法识别未知或新型病毒的行为模式。
- 更新病毒库：防病毒软件厂商会定期发布病毒定义更新，确保软件能够识别最新的病毒变种。
- 操作系统与应用补丁：保持系统和应用程序的最新状态，减少病毒利用漏洞传播的机会。

（2）蠕虫防护

蠕虫是一种具有高度独立性和自我复制能力的恶意程序，与计算机病毒的主要区别在于，蠕虫无须依赖宿主程序或文件载体即可在网络中快速自主扩散。它能够在互联网上自我复制并通过网络直接传播，利用网络中存在的漏洞、操作系统缺陷或用户误操作（如点击恶意链接、下载未经验证的软件等）入侵目标计算机系统。

蠕虫病毒一旦在网络中启动，能够迅速蔓延至大量互联的计算机，无须通过文件共享或电子邮件附件等媒介进行间接传播。这种独立传播的能力使得蠕虫能够在短时间内覆盖大面积的网络，对网络带宽造成极大的压力，严重时甚至会导致网络拥堵乃至瘫痪。

不仅如此，蠕虫在入侵计算机后，除了占用系统资源、减缓网络速度之外，还可能实施各种恶意行为，例如破坏系统文件、篡改数据、挖掘加密货币、建立僵尸网络等，从而对受感染计算机的稳定性和安全性造成严重威胁。

蠕虫防护技术包括以下几种。

- 网络防护：配置防火墙规则，限制不必要的网络端口和服务，防止蠕虫通过网络传播。
- 邮件过滤：对邮件系统进行安全加固，检查并隔离带有蠕虫附件或链接的邮件。
- 入侵检测系统（IDS/IPS）：监测网络流量，识别蠕虫特有的传播行为并加以阻断。
- 即时响应：发现蠕虫后立即隔离受感染设备，同时更新防病毒软件策略以抵御新出现的蠕虫变种。

（3）特洛伊木马防护

特洛伊木马是一种极具欺骗性的恶意软件，它巧妙地将自己的代码隐藏在看似正常、无害的应用程序内部，如实用工具、游戏、商业软件或其他合法软件中，以此迷惑并诱骗用户下载和安装。这种伪装策略使其能够轻易绕过用户的常规安全警惕，让用户在不知情的情况下自愿将其引入自己的计算机系统。

一旦用户运行了被特洛伊木马感染的程序，恶意代码便会悄然启动，在后台静默执行一系列未经授权的操作。这些操作可能包括但不限于：窃取用户的个人敏感信息，如银行账号、密码、通信录等；远程控制受感染的计算机，使之成为僵尸网络的一员，参与分布式拒绝服务攻击或从事其他非法活动；在受害计算机上秘密安装额外的恶意软件，扩大攻击面和危害程度。

特洛伊木马的防护措施如下：

- 用户教育：提高用户对不明来源软件的警惕性，只从官方或信誉良好的渠道下载软件。
- 安全软件：安装具有特洛伊木马查杀能力的安全软件，对下载的文件进行扫描。
- 行为分析：通过对进程行为的监控，识别木马试图隐藏其活动或控制系统的异常行为。
- 权限管理：严格限制用户账户权限，减少木马成功安装后所能造成的损害。

（4）间谍软件防护

间谍软件是一种特殊类型的恶意软件，其设计初衷是为了隐蔽地监视和收集用户的网络活动数据及个人信息，其中包括但不限于用户的浏览历史记录、登录凭证、私人通信内容、地理位置信息等各种敏感数据。这种恶意软件以其高度隐匿性著称，往往通过多种途径潜入用户的计算机系统，对用户隐私和数据安全构成严重威胁。

间谍软件的传播方式多种多样，既可以伪装成实用工具、优化软件甚至是安全防护程序，诱骗用户下载安装；也可能通过软件捆绑安装的方式，藏身于免费软件或盗版软件之中，当用户安装这些程序时，间谍软件也随之进驻用户计算机。此外，间谍软件还能利用网页脚本、恶意广告、驱动下载等形式，悄无声息地在用户浏览网页时侵入系统。

防护间谍软件的方法如下：

- 反间谍软件工具：专门针对间谍软件开发的安全软件，能够检测和清除各种间谍软件组件。
- 浏览器插件管控：禁用或限制可疑的浏览器插件，尤其是那些可能侵犯用户隐私的插件。
- 隐私设置：加强浏览器和其他应用程序的隐私设置，限制网站跟踪和Cookie的使用。

- 定期清理：定期检查和清理计算机中的临时文件、cookies以及其他可能含有间谍软件痕迹的部分。

2. DDoS攻击防护

DDoS（分布式拒绝服务）攻击是一种极具破坏性的网络攻击手段，它并不直接植入或传播计算机病毒，而是通过大规模集结并操控多台计算机（通常是受到黑客控制的"僵尸网络"成员）同时向目标系统发送海量请求，故意耗尽目标的网络带宽、处理器资源或内存，从而使目标服务器因无法处理合法请求而陷入瘫痪，丧失正常服务功能。

（1）DDoS攻击的三级架构

DDoS攻击依托于一个多层级的攻击架构，每一层都有其独特的角色和功能。

- 攻击者层：攻击者通常使用任意一台联网主机作为攻击主控台，它可以是任何具备网络连接能力的设备，包括但不限于普通的PC、服务器，甚至是移动便携设备。攻击者通过主控台全程操控整个攻击过程，向其控制下的主控端发送攻击指令。
- 主控端层：主控端由攻击者非法侵入并掌控的一系列主机组成，这些主机搭载了特定的攻击控制程序，能够接收和执行攻击者发来的命令。主控端主机的核心任务是指挥和调度更大规模的攻击资源——代理端主机。
- 代理端层：代理端主机是DDoS攻击的执行主体，它们同样被攻击者通过利用网络中的安全漏洞入侵并控制。在这些主机上运行着攻击器程序，按照主控端的指令，向指定的受害者主机发送大量的请求或数据包，从而发起实际的攻击。

（2）DDoS攻击的步骤

攻击者发起DDoS攻击的完整过程如下：

首先，攻击者在网络中寻找并利用存在安全漏洞的主机，成功入侵并获取控制权。

然后，在这些受控主机上部署攻击程序，分化为主控端和代理端，构建攻击网络。

最后，各层级主机各负其责，在攻击者的遥控指挥下，代理端主机集中火力向目标主机或网络发起攻击。

由于攻击者通过幕后操控，巧妙地隐藏了真实身份，并通过层层递进的方式分散攻击来源，使得监控系统很难直接追踪到攻击源头，这也加大了防范和对抗DDoS攻击的难度。

（3）DDoS攻击的防护

针对DDoS攻击，可采取的防护策略有如下几个方面。

- 流量检测与清洗：实施实时流量监控，通过先进的流量分析技术，如深度包检测（Deep Packet Inspection，DPI）识别并区分正常流量和恶意攻击流量。部署DDoS

防护设备或云防护服务，对异常流量进行清洗，过滤掉恶意攻击流量，确保合法流量能够顺利到达目标服务器。

- 带宽冗余与智能调度：提升网络带宽，预留充足的带宽资源以应对突发的大规模流量攻击。利用负载均衡技术，将流量分散到多个数据中心或服务器集群，通过地理分散和智能调度，有效缓解单个节点受到攻击时的压力。
- 黑/白名单与IP封禁：构建动态的黑白名单系统，对频繁发起异常请求的IP地址进行暂时或永久封禁。当检测到明显的DDoS攻击时，通过配置网络设备，将攻击流量导向黑洞路由，阻止其进一步影响目标系统。
- 深度防御与应急预案：建立多层次、立体化的防御体系，包括网络边缘防护、应用层防护、用户认证防护等。制定详尽的应急预案，包括预警机制、紧急响应团队、沟通协调机制、业务连续性计划和灾难恢复策略。
- 安全加固与用户认证：对系统和服务进行安全加固，及时更新系统补丁，关闭不必要的网络服务，减少攻击入口。强化用户认证机制，采用多因素认证等手段，降低僵尸网络控制合法设备并用于发起DDoS攻击的可能性。

通过上述防护策略的实施，不仅能有效抵御DDoS攻击，维持网络服务的稳定运行，而且还能在很大程度上改善整体网络安全状况，减少因系统瘫痪而引发的其他安全隐患，间接提高对计算机病毒、恶意软件等其他网络安全威胁的防范能力。同时，DDoS防护工作的不断完善也有助于提升企业的风险管理水平和用户信任度，为电子商务、在线服务等业务提供坚实的安全屏障。

3.安全漏洞管理

安全漏洞的产生是多因素交织的结果，涉及软件开发的各个环节，彻底消除所有漏洞几乎是不可能的，因此，持续的漏洞管理、安全更新和防御体系建设显得尤为必要。网络安全漏洞管理是网络安全防护中的重要组成部分。

安全漏洞的类型可以按其对受害主机的危险程度分成A、B、C、D四个等级。

D级漏洞：允许远程用户获取信息，虽不直接造成危害，但可能被用于攻击前期的信息收集。

C级漏洞：允许拒绝服务，可能导致合法用户无法访问系统资源。

B级漏洞：允许本地用户非法访问，可能使本地用户权限提升，对系统造成威胁。

A级漏洞：允许远程用户未经授权访问，是最具破坏性的，可能使攻击者完全控制目标系统。

安全漏洞扫描技术是为使系统管理员能够及时了解系统中存在的安全漏洞，并采取相应防范措施，从而降低系统的安全风险而发展起来的一种安全技术。

(1) 安全漏洞扫描技术的原理

安全漏洞扫描技术通过自动化的工具对局域网、Web服务器、操作系统、系统服务以及防火墙进行全面的安全检查，识别不安全的网络服务、可能导致缓冲溢出攻击或拒绝服务攻击的操作系统漏洞，以及主机系统中是否存在恶意监听程序等问题，同时还会检查防火墙是否存在安全漏洞和配置错误。

网络安全扫描技术能够自动探测远程或本地主机的安全弱点，通过查询TCP/IP端口并对目标主机的响应进行记录和分析，收集关于服务运行状态、用户权限、匿名登录支持等相关信息。早期的安全扫描程序主要针对UNIX系统开发，随着TCP/IP协议在各平台的广泛应用，现今几乎在所有操作系统上都有对应的扫描工具，极大地推动了互联网安全防护水平的提升。

(2) 安全漏洞扫描技术的实施策略

在具体实施安全漏洞扫描时，通常采用两种策略：被动式扫描和主动式扫描。被动式扫描主要关注系统本身的配置问题，如弱口令、不恰当的权限设定等；而主动式扫描则通过模拟攻击行为，观察系统响应，以揭示潜在的安全漏洞。

(3) 安全漏洞扫描技术的检测手段

安全漏洞扫描技术包含了基于应用、主机、目标和网络等多方面的检测手段。基于应用的检测侧重于对软件包设置的审查，查找安全漏洞；基于主机的检测则关注内核、文件属性、系统补丁等方面，以精准定位系统漏洞，但因其与平台紧密相关，升级和维护较为复杂；基于目标的检测通过循环处理系统属性和文件属性，利用消息摘要算法进行安全性验证；基于网络的检测则通过模拟攻击行为，针对已知漏洞进行检验，发现可能存在的安全问题，尽管此类方法能够跨平台检测漏洞，但可能对网络性能造成一定影响。

(4) 安全漏洞扫描技术的实施方法

在安全漏洞扫描的具体方法上，涵盖了多种技术，比如TCP Connect扫描、TCP SYN扫描、TCP FIN扫描等传统扫描技术，以及针对特定网络环境和漏洞特点的UDP ICMP端口不可达扫描、UDP recvfrom（）和write（）扫描、分片扫描、FTP跳转扫描等。此外，还有ICMP扫描技术，用于快速探测网络中活动主机的数量。

除了扫描方法外，模拟攻击方法也是漏洞检测的一种重要手段，包括IP欺骗、缓冲区溢出攻击、DDoS攻击和口令攻击等。IP欺骗通过伪造IP地址实现对系统权限的冒充；缓冲区溢出攻击利用程序对输入数据长度缺乏有效验证的漏洞，执行非授权指令或获取系统控制权；DDoS攻击通过大量傀儡机协同发起攻击，消耗系统资源直至瘫痪；口令攻击则是通过破解用户账户口令，进而获取系统访问权限。

在实际应用中，安全漏洞扫描系统通常结合使用多种扫描和模拟攻击方法，首先运用扫描方法获取目标系统的基础信息，然后根据这些信息执行相应的模拟攻击方法，深入挖掘并验证系统中的安全漏洞。此外，为了有效防御安全威胁，应采取一系列安全防范措施，如及时更新系统补丁、加强口令复杂性和备份机制、合理配置网络服务、监测系统物理环境和网络状态，并借助防火墙等安全设备过滤恶意流量，确保网络安全的稳定和可控。

8.3 数据安全技术

数据安全技术专注于保护静态和动态数据的安全性，确保信息在其生命周期内始终受到适当的保护。随着大数据时代的来临，数据的价值日益凸显，同时也面临着更多的安全挑战。有效的数据安全技术能够帮助企业维护客户信任、遵守法律法规，并减少因数据泄露造成的经济损失。本节将深入讨论数据加密、完整性保护、数字签名及数字证书这四种关键数据安全技术。

8.3.1 数据加密技术

数据加密技术的应用面非常广，如常见的支付加密、网页加密、客户端的登录验证等。

1. 数据加密技术原理

加密技术是通过加密算法将原始的、可读的信息（明文）转换成看似随机且无法直接解读的形式（密文），只有拥有正确密钥的接收方才能将密文还原为原始信息。在这种情况下即使信息被截获并阅读，这则信息也是毫无利用价值的。实现这种转化的算法标准，据不完全统计，到现在为止已经有200多种。

就像以前战争时期的电报人员，所有的数据内容都在公共频道中传输，别人也能截获，但必须有那本密码本，才能读懂电报内容。当然，现在的加密算法更复杂，且有很多防范措施。

无论是从安全性角度或者恶意角度出发，人们总会对各种加密算法的安全性进行研究并尝试破解。已知的算法总会被研究出漏洞或不安全的地方，这也是推动算法更替和升级的原因。随着加密技术的发展，数据的非法破解已经越来越难。复杂的密钥及算法增加了破解时间，也就增加了破解的成本，当破解成本达到非常高的程度时，就可以认为该加密是非常安全的。

2. 数据加密技术的常见术语

密码学技术中经常用到的一些术语及其解释如下：

明文：指待加密的信息，用 P 或 M 表示。明文可以是文本文件、图形、数字化存储的语音流或数字化视频图像的比特流等。

密文：指明文经过加密处理后的形式，用 C 表示。

加密：指用某种方法伪装消息以隐藏明文内容的过程。

加密算法：指将明文变换为密文的变换函数，通常用 E 表示。

解密：指把密文转换为明文的过程。

解密算法：指将密文变换为明文的变换函数，通常用 D 表示。

密码分析：指截获密文者试图通过分析截获的密文从而推断出原来的明文或密钥的过程。

被动攻击：对一个保密系统采取截获密文并对其进行分析和攻击。这种攻击对密文没有破坏作用。

主动攻击：指攻击者非法侵入一个密码系统，采用伪造、修改、删除等手段向系统注入假消息进行欺骗。这种攻击对密文具有破坏作用。

密码系统：指用于加密和解密的系统。加密时，系统输入明文和加密密钥，加密变换后，输出密文；解密时，系统输入密文和解密密钥，解密变换后，输出明文。

3. 常用的加密算法及其原理

（1）DES 算法

DES 算法是对称加密算法，它是一种分组密码算法，使用 64 位密钥中的 56 位，将 64 位的明文转换为 64 位的密文，在 64 位密钥中除了包含 56 位的密钥位，剩下的 8 位是奇偶校验位。在 DES 算法中，只使用了标准的算术和逻辑运算，其加密和解密速度很快，并且易于实现硬件化和芯片化。

DES 算法的运算过程如下：DES 算法对 64 位的明文分组进行加密操作，首先通过一个初始置换（IP），将 64 位明文分组分成左半部分和右半部分，各为 32 位；然后进行 16 轮完全相同的运算，这些运算称为函数 f，在运算过程中，数据和密钥结合，经过 16 轮运算后，通过一个初始置换的逆置换（IP^{-1}），将左半部分和右半部分合在一起，得到一个 64 位的密文（见图 8-1）。

每一轮的运算步骤如下：

步骤 1 进行密钥置换，通过移动密钥位，从 56 位密钥中选出 48 位密钥。

步骤2 进行f函数运算。

（1）通过一个扩展置换（也称E置换）将数据的右半部分扩展成48位。

（2）通过一个异或操作与48位密钥结合，得到一个48位数据。

（3）通过8个S-盒代换将48位数据变换成32位数据。

（4）对32位数据进行一次直接置换（也称P-盒置换）。

步骤3 通过一个异或操作将函数f的输出与左半部分结合，其结果为新的右半部分；而原来的右半部分成为新的左半部分。

每一轮运算的数学表达式为：

$$\begin{cases} R_i = L_{i-1} \oplus f(L_{i-1}, K_i) \\ L_i = R_{i-1} \end{cases}$$

其中，L_i和R_i分别为第i轮迭代的左半部分和右半部分，K_i为第i轮48位密钥。

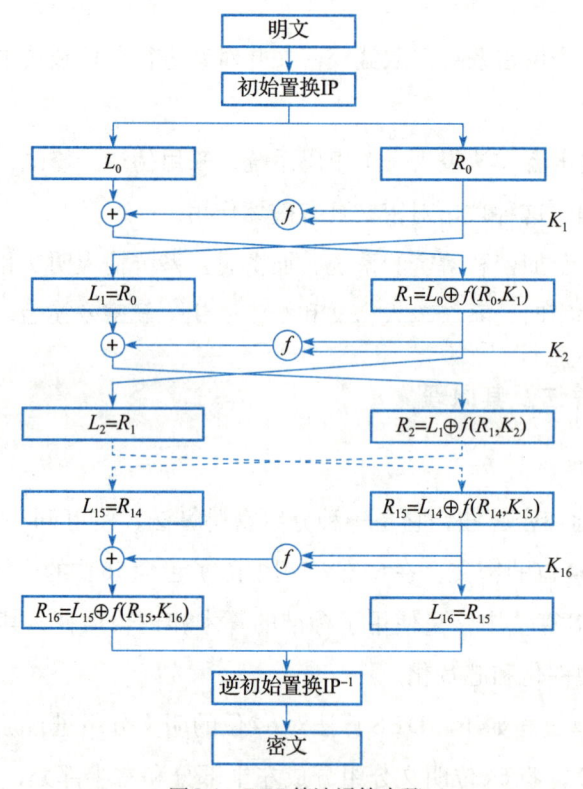

图8-1 DES算法运算步骤

DES算法含有以下3种安全隐患。

密钥太短：DES的初始密钥实际长度只有56位，批评者担心这个密钥长度不足以抵抗穷举搜索攻击，穷举搜索攻击破解密钥最多尝试的次数为256次，不可能不具备足够的安全性。1998年前只有DES破译机的理论设计，1998年后出现实用化的DES破译机。

DES的半公开性：DES算法中的8个S-盒替换表的设计标准（指详细准则）自DES公布以来仍未公开，替换表中的数据是否存在某种依存关系，用户无法确认。

DES迭代次数偏少：DES算法的16轮迭代次数被认为偏少，在以后的DES改进算法中，都不同程度地提高了迭代次数。

2. 3DES算法

为了提高DES算法的安全性，人们还提出了一些DES变形算法，其中三重DES算法（简称3DES）是经常使用的一种DES变形算法。

在3DES中，使用2个或3个密钥对一个分组进行3次加密。在使用2个密钥的情况下，第1次使用密钥K_1，第2次使用密钥K_2。在使用3个密钥的情况下，第1次使用密钥K_1，第2次使用密钥K_2，第3次再使用密钥K_3（见图8-2）。

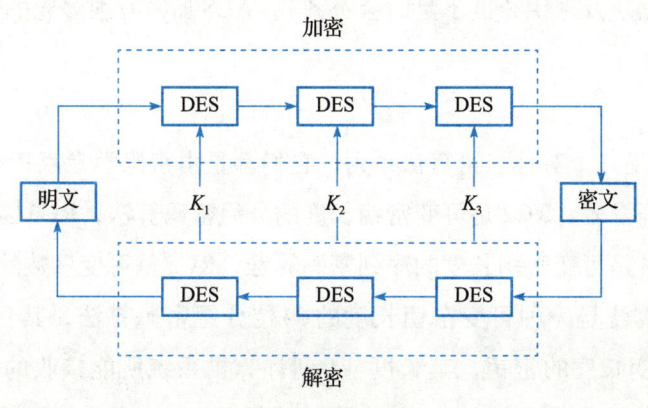

图8-2　3DES算法

3DES算法的优点是：经过3DES加密的密文需要2112次穷举搜索才能破译，而不是256次。可见3DES算法进一步加强了DES的安全性，在一些高安全性的应用系统，大都将3DES算法作为一种可选的数据加密算法。

3DES算法的缺点是：处理速度相对较慢，因为3DES共需要迭代48次，同时密钥长度也增加了，计算时间明显增加；3DES算法的明文分组大小不变，仍为64位，加密的效率不高。

除了3DES外，还有2DES、4DES等几种形式。但实际中，一般采用的是3DES方案。

3. AES算法

AES是一种区块加密标准，这个标准用来替代原先的DES，已被广泛使用。经过5年的甄选流程，高级加密标准于2001年11月26日发布，并在2002年5月26日成为有效标准。2006年，AES已然成为对称密钥加密中流行的算法之一。

AES的基本要求是采用对称分组密码体制，密钥长度可以为128、192或256位，分组长度为128位，算法应易于各种硬件和软件实现。1998年开始AES第1轮分析、测试和征集，共产生了15个候选算法。1999年3月完成了第2轮AES2的分析、测试。2000年10月2日，宣布选中比利时密码学家Joan Daemen和Vincent Rijmen提出的一种密码算法Rijndael作为AES的算法。

在应用方面，尽管DES在安全上是脆弱的，但由于快速DES芯片的大量生产，使DES仍能暂时继续使用，为提高安全强度，通常使用独立密钥的三级DES。但是DES迟早要被AES代替。尽管流密码体制较分组密码在理论上成熟且安全，但未被列入下一代加密标准。

AES加密数据块分组长度必须为128位，密钥长度可以是128、192、256位中的任意一个（如果数据块及密钥长度不足时会补齐）。AES加密有很多轮的重复和变换。

4. RC算法

RC密码算法是一个对称加密算法系列，它们都是由密码学专家Ron Rivest设计的。其中，RC1未公开发表，RC2是可变密钥长度的分组密码算法，RC3因在开发过程中被攻破而放弃，RC4是可变密钥长度的序列密码算法，RC5是可变参数的分组密码算法。

其中，RC2算法是一种可变密钥长度的64位分组密码算法，其目标是取代DES。该算法将接收可变长度的密钥，其长度从0到计算机系统所能接收的最大长度的字符串，并且加密速度与密钥长度无关。该密钥被预处理成128字节的相关密钥表，有效的不同密钥数目为2^{1024}。由于RC2没有正式公布，其算法细节不得而知。

5. RSA算法

RSA算法是非对称加密算法，以3位发明人Rivest、Shamir和Adleman的名字命名。它是第一个比较完善的公钥密码算法，既可用于加密数据，又可用于数字签名，并且比较容易理解和实现。RSA算法经受住了多年的密码分析的攻击，具有较高的安全性和可信度。

RSA使用2个密钥，1个公开密钥，1个私有密钥。如用其中的一个加密，则可用另一个解密，密钥长度从40～2 048位块变化，加密时也把明文分成块，块的大小可变，但不能超过密钥的长度，RSA算法把每一块明文转化为与密钥长度相同的密文块。密钥越长，加密效果越好，但加密解密的成本也越高，所以要在安全性与性能之间折中考虑。

RSA算法研制的最初理念与目标是努力使联网安全可靠，旨在解决DES算法密钥利用公开信道传输分发的难题。实际结果不但很好地解决了这个难题，还可利用RSA完成对电文的数字签名以对抗电文的否认与抵赖。同时还可以利用数字签名较容易发现攻击者对电文的非法篡改，以保护数据信息的完整性。

RSA的安全性依赖于大数分解的难度，其公开密钥和私人密钥是一对大素数的函数。从一个公开密钥和密文中恢复出明文的难度等价于分解两个大素数之积的难度。该算法经受了多年深入的密码分析，虽然分析者不能证明RSA的安全性，但也没有证明RSA的不安全，表明该算法的可信度还是比较高的。

目前，很多种加密技术采用了RSA算法，如PGP加密系统，它是一个工具软件，向认证中心（Certificate Authorities，CA）注册后就可以用它对文件进行加密解密或数字签名，PGP所采用的就是RSA算法。由此可以看出，RSA有很好的应用前景，是迄今理论上最为成熟完善的一种公钥密码体制。

6. ECC算法

ECC（Elliptic Curve Cryptography，椭圆曲线密码学）是一种基于椭圆曲线数学原理的非对称加密算法。相比于传统的RSA等加密方法，ECC在保证安全强度的前提下提供了更高效、密钥长度更短的优点。

ECC的核心概念是利用了椭圆曲线上的点加法运算以及离散对数问题的困难性。在一个定义在有限域上的椭圆曲线上，给定一个基点G和一个私钥k，很容易计算出公钥K，即K = k*G，这里的"*"表示椭圆曲线上的点加法操作。然而，即便知道G、K和曲线参数，从K推算出k也是非常困难的，这一难题就是椭圆曲线离散对数问题（ECDLP）。

CC的基本操作是，在密钥生成阶段，用户选取一条特定参数的椭圆曲线和基点G，然后随机选择一个私钥k，并计算对应的公钥K=k*G。加密时，使用接收方的公钥K以及某种协议实现加密；解密则利用私钥k完成解密操作。

8.3.2　数据完整性保护机制

数据的传输除了保证正确性以外，还要确保数据的安全性和完整性，防止被恶意篡改。

1. 数据完整性保护的内容

数据完整性保护主要针对的是非法篡改，常见的非法篡改包括以下几种。

内容篡改：包括对报文内容的插入、删除、改变等。

序列篡改：包括对报文序列的插入、删除、错序等。

时间篡改：包括对报文进行延迟或回放等。

2. 消息认证

消息认证也称报文鉴别，是用于验证所收到的消息确实来自真正的发送方，并未被篡改。

检测传输和存储的消息（报文）有无受到完整性攻击的手段，包括消息内容认证、消息的序列认证和操作时间认证等，其核心是消息（报文）的内容认证。消息序列认证的一般办法是给发送的报文加一个序列号，接收方通过检查序列号鉴别报文传送的序列有没有被破坏。消息的操作时间认证也称数据的实时性保护，通常可以采用时间戳或询问-应答机制进行确认。

从功能上看，一个消息认证系统分为两个层次：下层是认证函数，上层是认证协议。关于认证协议在后面讨论，这里主要讨论认证函数。认证函数的功能是能够由报文生成一个鉴别码，也叫作报文摘要。

3. 报文摘要

为了验证电子文件的完整性，可以采用某种算法从该文件中计算出一个报文摘要，由此摘要来鉴别此报文是否被非法修改过。一个报文与该报文产生的报文摘要是配对的。发送方从要发送的报文数据中按照某种约定的算法计算出报文摘要，再用自己的私有密钥将报文摘要加密，然后附在报文后部一起传输。加密后的报文摘要也称为"报文验证码MAC"。接收方从收到的报文中按照约定的算法计算出报文摘要，再利用发送方的公开密钥将收到的加密摘要解密，将两者进行对照，就可检验出该报文是否被篡改过。因为收到的加密摘要是用发送方的私有密钥加密的，接收方只有用发送方的公开密钥解密才能得到正确的摘要，伪造者如果篡改了报文就不可能生成与原报文相同的报文摘要。在此过程中即实现了对发送文件的"数字签名"，它包含两个目的：一是验证报文发送者的真实性；二是验证报文传输后是否出错或被篡改。关于数字签名技术，将在下一节重点讲解。

4. Hash算法

Hash算法（Hash Algorithm）也称为信息标记算法，可以提供数据完整性方面的判断依据。

（1）Hash简介

Hash，一般翻译为散列、杂凑，或音译为哈希，它是把任意长度的输入（又叫作预映射pre-image）通过散列算法转换成固定长度的输出，该输出就是散列值。这种转换是一种压缩映射，散列值的空间通常远小于输入的空间，不同的输入可能会散列成相同的输出，所以不可能从散列值来确定唯一的输入值。简单地说，Hash算法就是一种将任意长度的消息压缩到某一固定长度的消息摘要的函数。

Hash算法将任意长度的二进制值映射为固定长度的较小二进制值，这个小的二进制值称为Hash值。Hash值是一段数据唯一且极其紧凑的数值表示形式。如果对一段明文使用Hash算法，而且哪怕只更改该段落的一个字母，Hash值都会生成不同的值。要找到Hash值为同一个值的两个不同的输入，在计算操作层面是不可能的，所以数据的生成值可以检验数据的完整性。

Hash算法可以将一个数据转换为一个标志，这个标志和源数据的每一个字节都有十分紧密的关系。Hash算法还具有一个特点，就是很难找到逆向规律。

Hash算法也被称为散列算法，它是一个广义的算法。Hash算法虽然被称为算法，但实际上它更像是一种思想。Hash算法没有一个固定的公式，只要符合散列思想的算法都可以被称为是Hash算法。

使用Hash算法可以提高存储空间的利用率，还可以提高数据的查询效率，也可以用于数字签名保障数据传递的安全性，因此Hash算法被广泛地应用在互联网应用中。

（2）Hash算法的特性

Hash算法用一条信息输入，输出一个固定长度的数字，称为标记。Hash算法具备以下3个特性。

- 不可能以信息标记为依据推导出输入信息的内容。
- 不可能人为控制某个消息与某个标记的对应关系（必须用Hash算法得到）。
- 要想找到具有同样标记的信息在计算操作方面是行不通的。

（3）散列函数的特性

所有散列函数都有一个基本特性：如果两个散列值是不相同的（根据同一函数），那么这两个散列值的原始输入也是不相同的。这个特性使散列函数具有确定性的结果。但另一方面，散列函数的输入和输出不是一一对应的，如果两个散列值相同，两个输入值很可能是相同的，但无法确定二者一定相等（可能出现Hash碰撞）。输入一些数据计算出散列值，然后部分改变输入值，一个具有强混淆特性的散列函数会生成一个完全不同的散列值。

典型的散列函数都有无限定义域。例如，任意长度的字节字符串和有限的值域，再如固定长度的比特串等。在某些情况下，散列函数可以设计成具有相同大小的定义域和值域间的一一对应。一一对应的散列函数也称为排列。可逆性可以通过使用一系列的对于输入值的可逆"混合"运算而得到。

（4）Hash 函数的计算

根据获取 Hash 值的计算方法，Hash 函数通常使用以下 4 种方法获取到 Hash 值。

- 余数法：先预估整个哈希表中的表项目的数目大小，然后用这个预估值作为除数去除每个原始值，得到商和余数，用余数作为哈希值。这种方法产生冲突的可能性相当大，因此任何搜索算法都应该能够判断冲突是否发生并提出取代算法。
- 折叠法：这种方法是针对原始值为数字的情况，将原始值分为若干部分，然后将各部分叠加，得到的最后 4 位数字（或者取其他位数的数字也可以）作为 Hash 值。
- 基数转换法：当原始值是数字时，可以将原始值的数制基数转为一个不同的数字。例如，可以将十进制的原始值转为十六进制的 Hash 值。为了使 Hash 值的长度相同，可以省略高位数字。
- 数据重排法：这种方法只是简单地将原始值中的数据打乱排序。例如，可以将第 3~6 位的数字逆序排列，然后利用重排后的数字作为 Hash 值。

（5）常见的 Hash 应用及算法

Hash 算法与加密算法共同使用可加强数据通信的安全性。采用这一技术的应用有数字签名、数字证书、网上交易、终端的安全连接、安全的电子邮件系统、PGP 加密软件等。

Hash 算法是用来生成一些数据片段（如消息或会话项等）的 Hash 值的算法。使用好的 Hash 算法，在输入数据中所做的更改就可以更改结果 Hash 值中的所有位。因此，Hash 算法对于检测数据对象（如消息等）中的修改很有用。此外，一个好的 Hash 算法会避免人为创建多个可以得到相同哈希值的数据，起码不能通过计算得到。典型的 Hash 算法有 MD5 算法和 SHA 算法。

8.3.3 数字签名技术

数字签名又称电子加密，可以区分真实数据与伪造或被篡改过的数据，这对于网络数据传输是极其重要的。数字签名一般要采用一种称为摘要的技术，摘要技术主要是采用前面介绍的 Hash 函数。

1. 数字签名技术简介

所谓数字签名，就是附加在数据单元上的一些数据，或是对数据单元所做的密码变换。这种数据或变换允许数据单元的接收者用来确认数据单元的来源和数据单元的完整性并保护数据，防止被人（如接收者等）伪造。它是对电子形式的消息进行签名的一种方法，一个签名消息能在一个通信网络中传输。基于公钥密码体制和私钥密码体制都可以获得数字签名，目前主要是基于公钥密码体制的数字签名，包括普通数字签名和特殊数字签名。数字签名的主要功能是保证信息传输的完整性、发送者的身份认证、防止交易中否认的发生。

数字签名机制作为保障网络信息安全的手段之一，可以解决伪造、否认、冒充和篡改的问题。数字签名的目的之一就是在网络环境中代替传统的手工签字与印章，有着十分重要的作用。

数字签名技术具有以下几种功能。

- 防冒充：私有密钥只有签名者自己知道，所以其他人不可能构造出正确的数字签名。
- 可鉴别身份：由于传统的手工签名一般是双方直接见面的，身份自然一清二楚。但在网络环境中，接收方必须能够鉴别发送方宣称的身份。
- 防篡改：假如要签署一份200页的合同，传统的手工签字是仅仅在合同末尾签名，还是对每一页都签名？如果仅在合同末尾签名，对方会不会偷换其中的几页？而对于数字签名，签名与原有文件已经形成了一个合成的整体数据，不可能被篡改，从而保证了数据的完整性。
- 防重放：在日常生活中，A向B借了钱，同时写了一张借条给B，当A还钱的时候，肯定要向B索回借条撕毁，不然，会担心B再次利用借条要求A还钱。在数字签名中，如果采用了对签名报文添加流水号、时间戳等技术，就可以防止重放攻击。
- 防否认：如前所述，数字签名可以鉴别身份，不可能被冒充伪造，因此，只要保护好签名的报文，就是保存好手工签署的文本合同，也就是保存了证据，签名者就无法否认。但如果接收者确已收到对方的签名报文，却否认收到呢？要防止接收者否认，在数字签名机制中，要求接收者返回一个自己的签名表示收到报文，发给对方或者第三方或者引入第三方机制。如此操作，双方均无法否认。
- 机密性（保密性）：手工签字的文件（如同文本等）是不具保密性的，文件一旦丢失，其中的信息就极可能泄露。数字签名可以加密签名消息的Hash值，但不必对消息本身进行加密。当然，如果签名的报文不要求机密性，也可以不用加密。

2.数字签名技术的原理

数字签名技术从原理上可以分为基于共享密钥的数字签名和基于公开密钥的数字签名两种。

（1）基于共享密钥的数字签名

基于共享密钥的身份验证是指服务器端和用户共同拥有一个或一组密码，当用户需要进行身份验证时，用户通过输入或通过保管有密码的设备提交由用户和服务器共同拥有的密码，服务器在收到用户提交的密码后，检查用户所提交的密码是否与服务

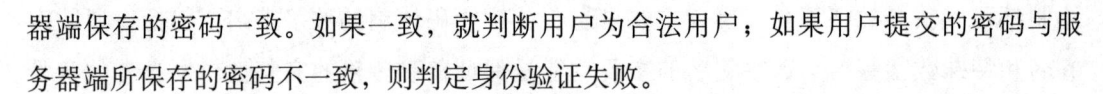

器端保存的密码一致。如果一致，就判断用户为合法用户；如果用户提交的密码与服务器端所保存的密码不一致，则判定身份验证失败。

使用基于共享密钥的身份验证的服务有很多，如绝大多数的网络接入服务、绝大多数的BBS等。

(2) 基于公开密钥的数字签名

基于公开密钥的数字签名是不对称加密算法的典型应用。数字签名的应用过程是数据源发送方使用自己的私钥对数据校验和其他与数据内容有关的变量进行加密处理，完成对数据的合法"签名"；数据接收方则利用对方的公钥解读收到的"数字签名"，并将解读结果用于对数据完整性的检验，以确认签名的合法性。数字签名技术是在网络虚拟环境中确认身份的重要技术，完全可以代替现实中的"亲笔签字"，在技术和法律上有保障。在公钥与私钥管理方面，数字签名应用与加密邮件PGP技术正好相反。在数字签名应用中，发送者的公钥可以很方便地得到，但他的私钥则需要严格保密。

数字签名技术是将摘要信息用发送者的私钥加密，与原文一起发送给接收者。接收者只有用发送的公钥才能解密被加密的摘要信息，然后用Hash函数对收到的原文生成一个摘要信息，与解密的摘要信息对比。如果相同，则说明收到的信息是完整的，在传输过程中没有被修改，否则说明信息被修改过，因此数字签名能够验证信息的完整性。

3. 对报文的数字签名

虽然报文认证码MAC可以提供对报文的完整性和身份认证，但是它不能取代发送者对报文的数字签名。当发送方向接收方发送一个文件时，为了证明此文件是自己发送的，而不是冒名顶替者发的，就需要在文件上进行数字签名。

通常在传统的纸质文件上签名时，签名与文件成为一个整体，而不是分离的两个文件。但是，对电子文件进行数字签名时，电子文件和数字签名是两个不同的文件报文和签名。接收方收到这两个文件后，使用数字签名来判断电子文件是否来自真实的发送者。

对传统的文件签名时，一个签名可以针对很多不同的文件。但是，对数字文件的签名是一对一的，每个报文有一个签名，同一签发者对不同报文的数字签名要求是不同的。另外，数字签名也应当与时间戳联系起来，这是为了防止重复使用同一个数字签名。例如，小李签发了一个报文给小张，让他付一笔钱给小刘，如果小刘收到钱后，又获得了小李的报文和数字签名，他就可再次用它向小张要求重复付一次款。加上时间戳后，就可防止同一个文件及签名的重复冒用。

数字签名使用一对非对称密钥：一个公开密钥和一个私有密钥。发送方使用自己的私有密钥和一个签名算法对文件签名,任何人利用发送方的公开密钥和签名算法都可以验证此签名是发送方的。例如,微软发行的软件产品中都有自己的数字签名,供用户进行验证。数字签名不能使用对称密钥。

数字签名可以用两种方式:一是对整个报文签名;二是只对报文摘要签名。对整个报文签名,就是发送方使用自己的私有密钥将整个报文加密,接收方使用发送方的公开密钥进行解密,获得整个报文,这种签名运算量太大。对报文摘要签名,运算量较小。

4.数字签名标准DSS

基于有限域上的离散对数问题制定了数字签名标准DSS。该标准定义了用于通过安全Hash算法来生成数字签名的算法,以用于电子文档的身份验证。DSS仅提供数字签名函数,而没有提供任何加密或密钥交换策略。

(1) 发送方

在DSS方法中,从消息中生成Hash值,然后将以下输入提供给签名函数:Hash值、为该特定签名生成的随机数"k"、发送者的私钥〔即PR(a)〕、全局公钥〔用于通信原理的一组参数,即PU(g)〕。这些对函数的输入将提供包含两个部分的输出签名s和r。因此,将与签名串联在一起的原始消息发送给接收者。

(2) 接收方

在接收方,对发送方进行验证,生成已发送消息的Hash值。有一个验证函数,它需要以下输入:接收方生成的Hash值、签名组件s和r、发送者的公钥、全局公钥。将验证函数的输出与签名组件r进行比较。如果发送的签名有效,则两个值都将匹配,因为只有发送者借助其私钥才能生成有效的签名。

8.3.4 数字证书技术

在验证数字签名时需要合法的公钥,那么怎么才能知道自己得到的公钥是否合法呢?可以将公钥当作消息,对它加上数字签名,像这样对公钥施加数字签名所得到的就是公钥证书。

1.数字证书技术简介

数字证书是一种权威性的电子文档,指在互联网通信中标志通信各方身份信息的一个数字认证,人们可以在网上用它来识别对方的身份,其作用类似于司机的驾驶执照或日常生活中的身份证。因此,数字证书又称为数字标识。数字证书对网络用户在

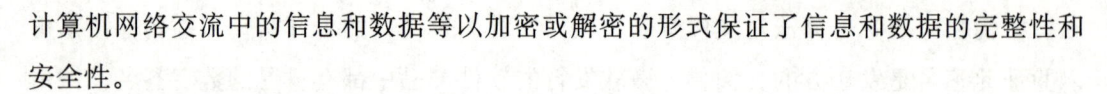

计算机网络交流中的信息和数据等以加密或解密的形式保证了信息和数据的完整性和安全性。

数字证书的特征有以下几点。

- 安全性：用户申请证书时会有两份不同的证书，分别用于工作用计算机以及用于验证用户的信息交互。若所使用的计算机不同，用户就需重新获取用于验证用户所使用的计算机的证书，而无法进行备份，这样即使他人窃取了证书，也无法获取用户的账户信息，从而保护了用户的账户信息。
- 唯一性：数字证书依用户身份不同给予其相应的访问权限，若换计算机进行账户登录，而用户无证书备份，此时他是无法进行操作的，只能查看账户信息。数字证书就犹如"钥匙"一般，所谓"一把钥匙只能开一把锁"，就是其唯一性的体现。
- 便利性：用户可即时申请、开通并使用数字证书，且可依用户需求选择相应的数字证书保障技术。用户不需要掌握加密技术或原理，就能够直接通过数字证书进行安全防护，十分便捷高效。

数字证书是由CA发行的，在数字证书认证的过程中，CA作为权威的、公正的、可信赖的第三方，其作用是至关重要的。证书认证中心是证书的签发机构，它是公钥基础设施（Public Key Infrastructure，PKI）的核心，CA是负责签发证书、认证证书、管理已颁发证书的机关。CA拥有一个证书（内含公钥和私钥）。网上的公众用户通过验证CA的签字从而信任CA，任何人都可以得到CA的证书（含公钥），用以验证它所签发的证书。

2. 数字证书技术的原理

数字证书必须具有唯一性和可靠性。为了达到这一目的，需要采用很多技术来实现。通常数字证书采用公钥体制，即利用一对互相匹配的密钥进行加密、解密。每个用户自己设定一个特定的，仅为本人所有的私钥，用它进行解密和签名；同时设定一个公钥并由本人公开，为一组用户所共享，用于加密和验证签名。当发送一份保密文件时，发送方使用接收方的公钥对数据加密，而接收方则使用自己的私钥解密，这样信息就可以安全无误地到达目的地。通过数字的手段保证加密过程是一个不可逆过程，即只有用私有密钥才能解密。公开密钥技术解决了密钥发布的管理问题，用户可以公开其公钥，而保留其私钥。

数字证书的使用过程为：用户首先向CA申请一份数字证书，申请过程中会生成他的公钥/私钥对。公钥被发送给CA，CA生成证书，并用自己的私钥签发，同时向用户发送一份副本。用户用数字证书把文件加上签名，然后把原始文件同签名一起发送给自己的同事。同事从CA查到该用户的数字证书，用证书中的公钥对签名进行验证。

拓展阅读

信息安全是国家发展的重要保障，无数信息安全工作者在幕后默默守护。网络空间中，黑客攻击、网络诈骗等威胁层出不穷，我国的信息安全专家们时刻保持警惕，研发出先进的安全防护技术。同时，他们针对网络病毒、恶意软件，不断更新防护策略，保护着国家关键信息基础设施的安全。在企业层面，信息安全专员为着企业数据安全制定了严格制度，并定期进行安全培训和演练。他们深知信息安全一旦出现问题，将会给企业带来巨大损失。在日常生活中，一些志愿者积极宣传信息安全知识，提醒民众增强防范意识。上述信息安全守护者，无论身在何种岗位，皆以维护信息安全为最高己任。学习信息安全知识，我们一定要传承他们的敬业精神，增强信息安全意识，提升信息安全保障本领，为构建安全环境贡献力量。

课后练习

一、选择题

1. 信息安全的五个基本属性中，哪一个确保了信息不会泄露给非授权用户？（　　）

　　A. 完整性　　　　　　　　B. 可用性
　　C. 保密性　　　　　　　　D. 不可否认性

2. 在我国的信息安全等级保护体系中，哪一个级别适用于那些一旦遭到破坏将会对国家安全、社会秩序和公共利益造成显著损害的重要信息系统？（　　）

　　A. 第一级：自主保护级　　　B. 第三级：监督保护级
　　C. 第四级：强制保护级　　　D. 第五级：专控保护级

3. 下列哪一项不是信息安全的基本属性？（　　）

　　A. 保密性　　　　　　　　B. 完整性
　　C. 可用性　　　　　　　　D. 灵活性

4. 以下哪项不是防火墙的主要功能？（　　）

　　A. 提高内网安全性　　　　B. 强化安全策略
　　C. 提供网络速度优化　　　D. 阻止内部信息外泄

5. 身份认证技术的主要目的是什么？(   )

   A. 提高网络传输速度

   B. 确定信息发布的内容准确性

   C. 检测信息发布主体的合法性及控制用户权限

   D. 防止病毒入侵计算机系统

二、简答题

1. 解释数据加密技术中的对称加密与非对称加密的主要区别。
2. 简述数字签名的工作原理及其在保证信息安全方面的作用。

模块 9

区块链

模块导读

区块链以其去中心化、不可篡改的特点而闻名，正在重塑金融、供应链管理等多个行业形态。它不仅提供了一种全新的数据存储和价值转移方式，还通过密码学保证了数据的安全性和透明度。本模块将详细介绍区块链的概念、特征、发展历程及其分类，并深入探讨其系统架构与关键技术。此外，还将分析区块链在不同领域中的应用场景，帮助读者全面理解这一前沿技术的潜力和挑战。

9.1 区块链概述

区块链技术作为近年来备受瞩目的新兴技术之一，其出现和发展不仅改变了人们对数据记录和传输的传统认知，还为众多行业带来了前所未有的变革机遇。

9.1.1 区块链的概念

1. 定义与本质

区块链本质上是一种去中心化的分布式账本技术，它通过网络中的多个节点共同维护一个共享数据库。这个数据库由一系列按照时间顺序链接起来的数据块（区块）构成，每个区块都包含了前一区块的加密哈希值、时间戳以及交易数据等信息。这种结构确保了数据的公开透明、不可伪造、可追溯和集体维护特性。从物理层面来看，区块链系统是由众多虚拟节点（Node）组成的点对点（Peer-to-Peer，P2P）网络结构。每个节点不仅参与数据的传输，还保存着整个或部分区块链副本。

2. 技术组成

（1）节点与网络结构

区块链系统由很多虚拟节点组成，这些节点通过网络技术相互连接，形成了点对点（P2P）的网络结构。每个节点都保存了区块链系统的部分甚至所有数据，确保了即使某些节点失效，整个系统仍然可以正常运作。节点之间的两两相连，保证了数据的一致性和可靠性。

（2）区块与链式结构

每个节点中保存的区块链数据是由一个个区块（Block）组成的。每个区块中存储了一次交易的账本数据，也可能包含一些其他元数据。无数区块通过计算机密码学技术相互链接起来，形成一个虚拟的链条，相互依赖，缺一不可。当创建新区块时，必须参考前一个区块的信息来生成自己的区块信息，从而将所有的区块链接起来，组成完整的区块链。

（3）创世区块

区块链刚创建时，只有唯一一个区块，也称为"创世区块"（Genesis Block）。随着更多交易的发生，新的区块不断被添加到链上，每个新区块都需要参考前一个区块的信息，以确保链条的连续性和完整性。

9.1.2 区块链的特征

区块链的核心特征如下：
- 去中心化：没有单一的控制中心，所有参与者共同维护账本的一致性和完整性。这减少了单点故障的风险，并提高了系统的弹性和安全性。
- 防篡改：由于采用了复杂的加密算法，一旦数据被记录在区块链中，就几乎不可能被修改或删除。任何试图篡改数据的行为都会被网络中的其他节点检测到并拒绝。
- 可追溯：所有的交易记录都可以沿着区块链进行追踪，增强了系统的透明度。这对于审计、合规性检查等方面具有重要意义。
- 智能合约：允许在满足特定条件时自动执行预定义的操作，进一步提升了效率和可靠性。智能合约是区块链技术的一个重要组成部分，它们可以在无须第三方干预的情况下实现合同条款的自动化执行。
- 共识机制：为了确保所有节点对区块链状态达成一致意见，区块链使用了各种共识算法，如工作量证明（Proof of Work，PoW）、权益证明（Proof of Stake，PoS）等。这些机制保证了即使在网络中有恶意节点存在的情况下，也能维持系统的稳定运行。

9.1.3 区块链的发展

区块链的发展经历了以下三个主要阶段。
- 区块链1.0：始于2008年中本聪发表《比特币：一种点对点的电子现金系统》白皮书，阐述了比特币的产生模式，并首次提出了区块链概念。2009年1月3日，比特币的创始区块被挖出，开启了数字货币应用的新时代。此后，零币（Zerocoin）、门罗币（Monero）等数字货币陆续流通，标志着区块链1.0时代的到来。
- 区块链2.0：2014年，Vitalik Buterin发布了《以太坊：下一代智能合约和去中心化应用平台》白皮书，提出了以太坊平台。以太坊引入了图灵完备的智能合约代码，使得开发者可以在平台上构建更加复杂的应用程序和服务，开启了区块链2.0时代。
- 区块链3.0：展望未来，区块链将超越金融领域，深入到社会生活的各个方面，构建一个全面的价值互联网。在这个阶段，区块链将致力于解决更广泛的问题，包括但不限于供应链管理、医疗健康、版权保护等领域，最终实现信用社会的愿景。

9.1.4 区块链的分类

根据不同的应用场景和权限设置,区块链可以分为公有链(Public Blockchain)、联盟链(Consortium Blockchain)和私有链(Private Blockchain)。此外,根据链接类型的不同,还可以进一步划分为单链和多链结构。以下是这三种主要类型的详细介绍。

1. 公有链

公有链是指世界上任何个体或团体都可以发送交易,并且这些交易能够获得该区块链的有效确认。任何人都可以参与其共识过程,成为网络的一部分。公有链是最早出现也是应用最为广泛的区块链形式。

公有链的特点:

- 开源性:公有链通常基于开源软件构建,这意味着系统的运作规则完全公开透明,任何人都可以查看和验证代码。
- 匿名性:节点之间无须彼此信任,所有参与者也无须公开身份信息。这种特性保护了用户的隐私,使得每个人都能在不暴露个人信息的情况下进行安全交易。
- 广泛的应用场景:由于其开放性和去中心化的特点,公有链非常适合用于需要高度透明度和公众参与的场合,如加密货币(比特币、以太坊等)和其他公共账本应用等。

2. 联盟链

联盟链是由特定组织群体内部指定多个预选节点作为记账人构成的区块链系统。每个区块的生成由所有预选节点共同决定,其他接入节点虽然可以参与交易,但并不涉及记账过程。联盟链本质上实现了托管记账的分布式处理方式,预选节点的数量及如何选择记账者成为该类区块链的关键因素之一。

联盟链的特点:

- 有限的参与度:只有经过授权的实体才能加入联盟链,普通用户可以通过开放API进行限定查询,但不能直接参与到记账活动中。
- 适合机构间的合作:联盟链主要用于机构间的交易、结算或清算等B2B场景。例如,银行间支付结算系统就可以采用联盟链的形式,将各成员银行的网关节点设为记账节点,提高效率并降低成本。
- 风险控制:相较于完全开放的公有链,联盟链通过限制参与者的范围来降低潜在的安全风险,同时也便于监管。

3. 私有链

私有链是一种仅限于特定组织或个人使用的区块链，记账权限集中在少数几个实体手中，读取权限也可以根据需求进行不同程度的限制。尽管私有链使用了区块链的技术框架，但在某些方面更接近传统的分布式存储方案。

私有链的特点：

- 高效与低成本：由于不需要复杂的共识机制，私有链上的交易速度更快，成本更低，同时提供了更高的隐私保护水平。
- 灵活性：管理者可以根据具体业务需求定制私有链的功能和规则，甚至修改底层代码以适应特定的应用场景。
- 潜在的风险：然而，正因为私有链的高度集中管理，它更容易受到内部操作的影响，比如价格操控或代码更改，因此存在较大的治理风险。

9.1.5 区块链的系统架构

区块链系统由多个层次组成，每个层次负责完成特定的核心功能。这些层次相互配合，共同实现去中心化的信任机制。区块链系统主要分为六个层次：数据层、网络层、共识层、激励层、合约层和应用层（见图9-1）。

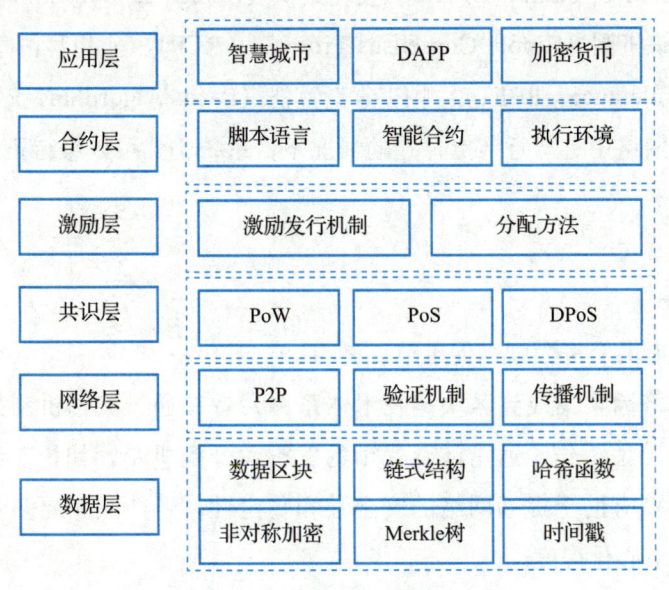

应用层	智慧城市	DAPP	加密货币
合约层	脚本语言	智能合约	执行环境
激励层	激励发行机制		分配方法
共识层	PoW	PoS	DPoS
网络层	P2P	验证机制	传播机制
数据层	数据区块	链式结构	哈希函数
	非对称加密	Merkle树	时间戳

图9-1 区块链的系统架构

1. 数据层

数据层用于描述区块链技术的物理形式。

数据层是区块链的基础，它封装了底层的数据区块以及相关的数据加密技术和时间戳等基础算法。在区块链网络中，每个节点既是信息的接收者也是生产者，所有节点共同维护一个共享的账本。数据层确保了数据的完整性、一致性和不可篡改性，为整个系统的安全性提供了保障。

2. 网络层

网络层用于实现区块链网络中节点之间的信息交流。

网络层负责实现区块链网络中节点间的信息交换，主要包括分布式组网机制、数据传播机制和数据验证机制。通过P2P（点对点）网络结构，网络层确保了信息能够高效、安全地在网络中的各个节点之间传递，并且支持新节点的加入和旧节点的离开，保证了网络的弹性和可靠性。

3. 共识层

共识层用于让高度分散的节点达成一致意见。

共识层是区块链系统的核心之一，它封装了多种共识算法，用于让高度分散的节点在去中心化的系统中高效地针对区块数据的有效性达成一致意见。常见的共识算法包括：工作量证明（Proof of Work，PoW）、权益证明（Proof of Stake，PoS）、股份授权证明（Delegated Proof of Stake，DPoS）、投注共识（Delegated Byzantine Fault Tolerance，dBFT）、瑞波共识机制（Ripple Consensus Protocol，RCP）、实用拜占庭容错（Practical Byzantine Fault Tolerance，PBFT）、帕克索斯算法（Paxos Algorithm，PA）。这些共识机制确保了即使在网络中有恶意节点存在的情况下，系统仍然可以维持正常运作并保持数据的一致性。

4. 激励层

激励层用于提供经济激励以促进节点参与。

激励层将经济因素集成到区块链技术体系中，旨在通过奖励机制鼓励节点积极参与区块链的安全验证工作，通常涉及代币的发行和分配机制，如挖矿奖励、交易费用等。激励措施不仅有助于提高网络的安全性和稳定性，还能吸引更多参与者加入，从而增强系统的去中心化程度。

5. 合约层

合约层用于封装智能合约和其他算法。

合约层主要封装了各种脚本代码、算法机制及智能合约，这是区块链可编程特性的基础。智能合约是一种自动执行合同条款的计算机协议，可以根据预设条件自动触发交易或操作。通过引入合约层，区块链不仅可以处理简单的价值转移，还可以支持复杂的应用逻辑和服务，极大地扩展了其应用场景。

6. 应用层

应用层用于封装各种应用场景和案例。

应用层是区块链技术与实际业务需求相结合的桥梁，它封装了区块链的各种应用场景和案例。类似于计算机操作系统上的应用程序、互联网浏览器上的门户网站、搜索引擎或手机端上的应用程序，应用层使得区块链技术能够广泛应用于金融、供应链管理、医疗健康等多个领域，为企业和个人用户提供便捷的服务接口。

区块链的系统架构是一个多层次、多维度的技术框架，各层之间紧密协作，共同构建了一个安全、透明、高效的去中心化平台。

9.2 区块链的关键技术

区块链技术之所以能够在众多领域得到广泛应用，离不开其背后的关键技术支撑。这些关键技术共同构成了区块链技术的核心，确保了区块链系统的稳定、安全和高效运行。

9.2.1 共识算法

1. 工作量证明（PoW）

拜占庭将军问题是分布式计算领域中的一个经典问题，由 Leslie Lamport 等人于 1982 年首次提出。该问题描述了当存在不可信成员时，如何达成一致意见的挑战。具体来说，在东罗马帝国（拜占庭）的背景下，多个将军需要通过信使传递信息来协调攻击计划，但其中可能存在叛徒发送错误消息，为了确保忠诚的将军能够达成一致且正确的行动计划，必须设计一种协议满足以下两个条件。

- 一致性条件：所有忠诚的将军最终都能达成一致。
- 正确性条件：少数叛徒不能强迫忠诚的将军采取错误行动。

比特币的工作量证明（Proof of Work，PoW）机制提供了一种概率性的解决方案来应对拜占庭将军问题。当诚实节点的总算力超过50%，并且每轮区块同步生成的概率较低时，诚实节点达成一致的可能性很高。从数学角度看，随着连续区块数量增加，两条不同链上最后一个区块不相同的概率呈指数级下降。

工作量证明机制旨在防止拒绝服务攻击和其他滥用资源的行为。PoW要求用户完成一项计算任务以获得服务或资源访问权限，而验证者可以快速确认此任务是否已完成。其核心特征在于计算不对称性——即对证明方而言是困难的，但对验证方来说却是简单易行的。

在比特币系统中，PoW机制每约10分钟生成一个新区块，矿工们竞相解决复杂的数学难题以争取记账权及相应的比特币奖励。成功的矿工会将新创建的区块同步给网络中的其他节点，从而保证了区块链账本的一致性和安全性。具体流程包括：

● 用户发起coinbase交易，并与其他待打包交易一起组成列表，使用Merkle树算法生成Merkle根哈希值。

● 检查是否达到调整难度值的时间点（通常是每2 016个区块），如果达到，则调整难度值以维持大约每10分钟生成一个区块的速度。

● 将版本号、前一区块哈希值、Merkle根哈希值、时间戳、难度目标和随机数（Nonce）打包成区块头作为输入。

● 不断尝试不同的随机数，并对变更后的区块头执行双重SHA256哈希运算，直到找到小于当前目标难度值的结果为止。

● 完成PoW后，广播新区块至全网，其他节点验证无误后将其添加到本地区块链副本中。

然而，PoW并不适用于私有链和联盟链，因此催生了许多替代方案，如权益证明（Proof of Stake，PoS）等。

2. 权益证明（PoS）

PoS是由数字货币爱好者Quantum Mechanic首次提出的。

在PoW共识机制中，由于在比特币挖矿过程中，大量节点为了竞争记账权造成算力和资源浪费及共识结算周期长，PoS将算力资源替换为资产证明来获得记账权，即持有特定币数量最多和相应持有时间最长的节点拥有记账权。相比于PoW中大量节点竞争记账权导致的算力浪费，PoS机制减少了能源消耗并缩短了共识结算周期。

目前，PoS尚处于不断优化的过程中，点点币（Peercoin）、未来币（Nextcoin，NXT）等都是采用PoS机制实现的。

（1）点点币

作为首个采用PoS机制的虚拟货币，它结合了PoW和PoS两种共识方式。早期发行阶段依赖PoW，之后逐渐过渡到PoS。点点币引入了"币龄"的概念，即根据持有时间和数量确定记账权的概率，以此减少中心化倾向。为了防止"双花"攻击，点点币还引入了去中心化的Checkpoint广播机制。

（2）未来币

一次性生成10亿个币，采用SHA256和Curve25519签名机制。每个区块的产生取决于hit值（基于上一区块数据计算得出）、全网难度基准目标值以及账户余额和时间间隔。NXT系统预先确定了下一个区块的锻造优先级，若最高优先级节点未能及时生产区块，则由次高优先级节点接手，避免了分叉现象。

3. 委托权益证明（DPoS）

委托权益证明（Delegated Proof of Stake，DPoS）是由比特股（BitShares）引入的一种改进型共识机制，旨在解决PoW中的资源浪费问题以及PoS中的权益集中风险。DPoS模仿公司董事会制度，通过权益投票选出有限数量的信任节点（见证人）来负责区块生产和参数配置。每个持币人都可以根据自己的持股比例投票选举见证人，得票最多的前N名成为正式见证人。见证人们按顺序轮流生产区块，并在每次生产前验证前一个区块的有效性。如果某个见证人未能按时生产区块，则跳过该见证人继续下一环节。这种机制不仅提高了效率，也增强了系统的分散性和灵活性。

此外，还有其他重要的共识算法，例如Paxos、实用拜占庭容错（Practical Byzantine Fault Tolerance，PBFT）和Raft等，它们各自针对不同的应用场景提供了独特的解决方案。

9.2.2 智能合约

1. 智能合约概述

（1）智能合约的概念

智能合约（Smart Contract）的概念由Nick Szabo于1994年首次提出，旨在以信息化方式传播、验证或执行合同的计算机协议。其核心目的是通过自动化处理来满足常见的合同条件，如支付条款、留置权、机密性及强制执行等，最大限度地减少对可信第三方的依赖。2003年，Mark S.Miller和Marc Stiegler将智能合约定义为用程序代码编写的合约，条款由程序自动执行。2015年，以太坊创始人Vitalik Buterin进一步阐述，认为智能合约是一个运行在安全环境下的计算机程序,能够直接控制数字资产。工业和信息化部中国电子技术标准化研究院则将其定义为:一种以数字形式定义并能自动执行条款的合约。

本质上,智能合约是一段程序,它实现了传统合约的自动化处理,可以接收和储存价值,并根据预设规则向外发送信息和价值。这种程序不仅能够自我执行和自我验证,还能够在区块链上提供一个透明且不可篡改的操作环境,从而达到降低合约欺诈损失、减少仲裁和强制执行成本的目的。

(2) 智能合约的架构

智能合约的体系架构主要由以下几个部分组成。

- 值和状态:智能合约具有值(Value)和状态(State)两个基本属性。
- 触发场景和响应规则:合约中预置了If...Then和What...If语句,用于设定合约条款的触发条件和响应逻辑。
- 部署过程:智能合约经多方共同协定、签署后,随用户发起的交易提交给区块链网络,经过P2P网络传播、矿工验证后存储在特定区块中。
- 执行机制:合约通过沙箱执行环境(如以太坊虚拟机EVM等)创建或执行代码,依据外部数据源(预言机)和世界状态的信息判断是否满足触发条件,并严格执行相应规则,更新世界状态。

(3) 智能合约的生命周期

智能合约的生命周期包括以下三个阶段。

- 制定阶段:参与者作为区块链上的合法用户,根据需求编写承诺并数字化,使用私钥签名确保合约的完整性和有效性,然后将合约发送至区块链网络。
- 部署阶段:合约通过P2P网络传播到每个节点,共识节点打包进区块后广播至整个网络,所有节点验证一致性。
- 执行阶段:合约定期检查状态,将满足条件的事务推送至待验证队列,通过多轮验证达成共识后执行,最终标记为"完成"或"进行中"。

(4) 智能合约的应用

智能合约因其自动执行特性节省了大量人工成本,去中心化特性使得合约部署和执行免受外界因素干扰,结合形式化的编程语言创造了公平可信的安全执行环境。区块链的共识机制确保交易和事务需经大多数节点验证确认,有效解决了信任问题;而区块链的不可篡改性则保障了合约一旦建立便不可更改,从源头避免违约行为的发生。因此,智能合约广泛应用于贸易金融、抵押贷款、保险、医学研究、股票、供应链管理等多个领域中。

2. 以太坊智能合约

（1）以太坊智能合约架构

以太坊（Ethereum）是开源的区块链平台，支持用户创建和发布基于共识的去中心化应用。它引入了图灵完备的虚拟机（EVM）来运行智能合约，允许开发者根据实际需求定制合约功能。以太坊账户分为外部账户和合约账户两种类型，其中合约账户保存在区块链上，包含合约代码和数据的集合。合约账户的部署和操作由外部账户或既存合约账户控制，地址生成基于创建者账户地址及交易 nonce。

以太坊的智能合约以 EVM 字节码形式存储，组织结构为 Patricia Hash Tree，支持账户间发送交易或信息，在 Gas 上限内进行计算。所有账户按照 RLP 编码值构建世界状态树，形成区块头的一部分。

Solidity 是以太坊上最流行的智能合约开发语言，语法类似于 JavaScript，支持面向对象编程特性。Solidity 合约需要通过编译器转换成二进制形式才能在 EVM 上执行，用户可以通过 web3.js JavaScript API 调用已部署的合约。

（2）以太坊智能合约的安全性

以太坊智能合约由于图灵完备性带来的复杂性，面临诸多安全性挑战。为此，以太坊引入了多种安全措施。

- EVM 安全设计：EVM 架构高度简化，限制了系统资源访问，仅允许与以太坊状态相关的操作。
- 防范无限循环攻击：采用 Gas 机制限制代码执行的最大步数，防止恶意代码消耗过多资源。
- 合约脚本安全性：引入审计、标准化工作，强类型编程语言，以及形式化验证技术，提高智能合约的安全性。

尽管如此，智能合约仍可能存在漏洞，如 the DAO 事件揭示了代码层、调用层和逻辑层的安全隐患等。为了应对这些问题，以太坊提供了引入审计和标准化、使用强类型语言提前检查代码问题，以及引入形式化验证技术等解决方案。

3. 超级账本链码

（1）超级账本链码的架构

超级账本（Hyperledger）是由 Linux 基金会发起的企业级分布式账本项目，旨在推动联盟链的发展，满足商业应用场景的需求。超级账本支持类似于以太坊智能合约的自动化合约脚本，称为链码（Chaincode）。链码嵌入交易中，所有验证节点在确认交易时必须执行，执行环境为定制化的安全沙箱（Docker），持久化状态存储在世界状态中。

超级账本的数据架构遵循以下设计原则。

- 区块链超级账本上的数据应涵盖商业网络生态圈企业间相关业务逻辑产生和所需使用的数据的全生命周期。这些数据在区块链上被视为主数据。
- 在商业网络中，与其他企业无关的数据应仅存储在传统数据库系统中。
- 传统数据库系统可以保留区块链超级账本数据的备份，但这些备份应为只读，以避免数据不一致性问题。若需修改，必须解决数据一致性问题。
- 在应用程序及数据迁移过程中，应针对每个案例进行单独分析。

链码可以根据调用者的权限分为公开链码、机密链码和访问受控链码三类。

- 公开链码：通过公开交易部署，可被网络中的任意用户调用。
- 机密链码：通过机密交易部署，仅能被网络中指定的验证成员调用。
- 访问受控链码：通过内置令牌的加密交易部署，仅能被持有对应令牌的成员调用（即使这些成员不是验证者）。

链码的主要操作类型包括部署、调用和查询。

- 部署链码：通过交易部署新的链码。
- 调用链码：通过交易调用已部署的链码，也可以在链码中调用其他链码。调用操作可以修改链码中的变量信息。
- 查询链码：通过交易查询已部署的链码，也可以在链码中查询其他链码。但查询操作不能修改链码中的变量信息。

链码的执行流程涉及虚拟机的创建与加载、反向链接接收消息以完成调用等功能。超级账本的数据架构遵循特定准则，确保企业间共享的数据能在区块链上实现全生命周期管理，同时保留本地备份以维护数据的一致性和可靠性。

（2）超级账本链码的安全性

作为联盟链的一个独特实例，超级账本的目标不同于公有链，旨在构建以企业为核心的高可信计算环境。为实现这一目标，超级账本专门设计了MSP（Membership Service Provider）机制，以识别和管理区块链网络中不同机构成员的身份。

在超级账本体系中，交易被明确划分为以下两类。

- 普通交易（Non-Confidential Transaction）：此类交易的原始数据以明文形式存储于账本中，任何合法的超级账本用户均可查阅详细的交易信息。
- 秘密交易（Confidential Transaction）：在数据被写入账本并持久保存时，交易发起者的身份信息会被替换，交易内容也会被加密。因此，仅交易发起者、平台监管者及审计者有权查看此类交易信息。

此外，在交易过程中，超级账本采用了以下两种证书机制。

- E-cert（Enrollment-Cert）：一种由注册证书颁发机构（ECA）颁发的长期有效

电子证书。

- T-cert（Short-Term Cert）：一种由交易认证中心（TCA）颁发的短期有效电子证书，每个秘密交易均需使用T-cert。T-cert的持有者信息仅交易认证中心和审计者知晓，使得用户能够以匿名方式参与系统交易。

同时，超级账本默认启用TLS安全传输渠道，并采用TLS-cert证书保障区块链网络中各节点间通道的安全性，该证书由TLSCA颁发。

超级账本链码通过进程间隔离技术，将代码进程隔离于系统之外，并通过socket实现远程调用。链码采用先进的容器技术自动打包并生成Docker镜像。作为运行在独立容器内的程序，链码与外部无任何I/O通信，且不能直接操作账本，仅能通过被动的gRPC通信与背书节点交互，与区块链网络及账本数据完全隔离。链码编写完成后，需通过Package命令将其打包为符合Chaincode Deployment Spec（CDS）规范的可部署安装包。CDS规范中的关键信息是智能合约拥有者的共同签名，用于明确链码所有权，并检测和验证链码的真实性和完整性。

此外，超级账本链码无法直接修改区块链账本数据，而是在执行后返回一个ReadWriteSet对象，包含链码执行产生的Key-Value集合。其中，Write Set为需写入账本的数据集。记账节点会对ReadWriteSet的数据进行版本检查，以确保数据的准确性，避免产生脏数据。

9.3 区块链的应用

区块链技术以其独特的优势，不仅改变了金融领域的传统模式，还推动了其他众多行业的创新发展，在多个领域展现出了广泛的应用前景。

9.3.1 比特币

比特币是区块链技术的第一个也是最成功的应用案例。区块链技术是比特币的底层技术和基础架构。2008年，中本聪提出比特币的概念，并在2009年正式推出了比特币网络，而区块链作为其核心技术被一同引入。因此，在比特币被发明之前，世界上并不存在区块链这种技术。

虽然比特币是基于区块链技术构建的，但区块链的应用远不止于此。随着时间的推移，区块链已经从比特币的概念中分离出来，成为一个独立的研究领域和技术方向，越来越多的行业开始探索如何利用区块链来改善自己的业务流程，如金融、供应链管理、医疗保健等。

比特币（Bitcoin）是目前规模最大、影响范围最广的非许可链开源项目。它为用户提供了一种去中心化的兑换和转账服务，其价值流通媒介是由账本确定的交易数据——比特币本身支撑。为了确保账本的稳定性和数据的权威性，比特币网络设计了奖励机制，以此激励节点共同维护区块链的正常运行。

比特币系统由三个主要组成部分构成：用户（通过钱包管理密钥）、交易（每一笔交易都会被广播到整个比特币网络）和矿工（负责挖矿和记账）。接下来将详细探讨这些组件及其运作方式。

1. 区块链分叉

分叉是指在区块链上同一高度出现多个区块的现象。当区块链系统需要修复漏洞、扩展功能或调整结构时，必须在全网节点的配合下进行升级。由于分布在全球各地的节点不可能同时完成升级，因此会发生分叉现象。

- 软分叉：旧节点仍然能够验证并接收新节点产生的数据区块。尽管旧节点可能无法根据新的升级协议识别新节点产生的数据，但它们不会拒绝新节点，使得网络可以同时兼容向前和向后的区块链。这种类型的分叉允许系统平稳过渡。

- 硬分叉：旧节点不接收新节点产生的数据和区块。此时网络只能向后兼容区块链，导致新旧节点认可的区块不一致，从而分出两条链。为了保持兼容性，必须强制要求所有节点进行升级。

2. 比特币网络

（1）比特币节点

每个比特币节点都根据需求选择性地执行路由、保存完整区块链、挖矿和钱包等功能。

- 钱包功能：这里的"钱包"指的是钱包软件，而非地址加私钥本身。钱包的主要任务包括收集与钱包中地址相关的未花费交易输出（Unspent Transaction Output，UTXO），统计地址余额，构建和发送交易等。

- 挖矿功能：挖矿节点首先收集待处理的交易，然后参与算力竞争以找到满足条件的随机数，生成新区块，并获得出块奖励和交易费用。

- 保存完整区块链功能：并非所有比特币节点都会下载完整的最新区块链，因为区块链数据量庞大。只有全节点会保存完整的区块链副本。

- 路由功能：所有节点都有义务帮助其他节点验证和扩散交易，查找其他节点，并维持整个网络的连接。这是所有类型节点的基本功能。

根据功能的不同，比特币网络中的节点主要分为两种：全节点和轻节点。全节点具备所有功能，能够独立校验所有交易；而轻节点则依赖于全节点来获取必要的交易数据，主要用于资源有限的移动设备。

(2) 矿池

矿池是一种由多台矿机联合起来进行挖矿的方法，通过合作产生区块，然后按照各矿机贡献的算力公平分配区块奖励。常见的矿池收益结算模式包括按算力支付和按挖矿份额支付。

● 按算力支付：根据用户实际提交的有效算力，每天给予稳定的收益。资金从矿池现有余额中支付，无须等待区块被挖出或确认。

● 按挖矿份额支付：成功挖到区块后，矿池根据各个矿机贡献的份额数量来分配收益。这种方式可能会有一定的滞后性，特别是对于新加入矿池的矿机而言。

(3) 挖矿

挖矿是指参与维护比特币网络的节点通过竞争生成区块获取一定量加密货币的过程。比特币采用的是工作量证明（Proof of Work，PoW）共识机制，矿工需要消耗大量计算资源来解决复杂的数学难题，率先解决问题的矿工获得记账权，即将交易记录打包成新区块，并获得相应的比特币奖励和交易费作为激励。

比特币最小单位为聪（Satoshi），即 0.000 000 01 BTC。每 10 分钟会产生一个不超过 1 MB 大小的新区块，最初每个区块的奖励是 50 个比特币，在每 21 万个区块后，区块奖励减半。预计每 4 年时间，区块发行的比特币奖励将减半一次。当比特币进行到第 33 次减半时，每个区块的奖励将降至 1 聪以下，网络便会停止产生新币。此时，比特币总量将达到约 2 100 万个。

3. 比特币地址和钱包

(1) 比特币地址

比特币地址是由公钥经过两次哈希及编码运算后生成的字符串，用于接收比特币。具体过程如下：首先以公钥 K 为输入，计算其 SHA256 哈希值，并以此哈希值为输入计算 RIPEMD160 哈希值，得到一个 160 位的值，再通过 Base58 Check 编码转换成人类可读的形式。Base58 Check 编码具有压缩数据、易读性和错误检测的特点，版本前缀表明了数据格式，如比特币地址通常以数字"1"开头。

虽然比特币地址本身是匿名的，但在实际应用中，地址的匿名性并不能得到有效保证。攻击者可以通过监听设备上的交易，追踪交易的 IP 地址，并对交易地址进行关联分析，推测出交易之间的关系。

(2) 比特币钱包

比特币钱包是保管私钥的软件工具，私钥决定了比特币的所有权。一旦私钥丢失或被盗，对应的比特币也将无法找回。因此，保护私钥的安全至关重要。按照私钥的存储方式，比特币钱包可以分为冷钱包和热钱包两大类。

- 冷钱包：指私钥不联网的钱包，通常依靠物理设备（如不联网的计算机、硬件钱包等）确保私钥的安全。虽然避免了黑客攻击的风险，但也存在物理安全问题，如设备丢失或损坏。
- 热钱包：指互联网能够访问到私钥的钱包，方便日常使用。为了提高安全性，建议在不同平台设置不同密码，并启用二次认证。热钱包还可进一步细分为重钱包、轻钱包和在线钱包，根据与区块链交互的方式和同步机制有所不同。

(3) 比特币交易

比特币交易是指将一个地址的比特币转移到另一个地址的过程。创建交易时，需要提供交易双方的地址、发送方的公钥及数字签名。交易请求随后会被广播到整个比特币网络，矿工会将一段时间内接收到的交易打包进候选区块，并参与挖矿竞赛。第一个成功解决数学难题的矿工会将新区块广播给全网，其他节点验证无误后将其添加到本地数据库中，并继续挖掘下一个区块。

交易费作为一种激励机制，鼓励矿工优先处理高费率的交易。虽然交易费不是强制性的，但它会影响交易的处理优先级。一般情况下，交易会在几秒钟内发出，并在大约10分钟内接受审核。在这段时间内，交易仍可撤销，因此在接受大额交易时，建议等待至少6次确认以确保交易不可逆转。

9.3.2 区块链在其他领域的应用

1. 金融领域

区块链技术天然具备金融属性，在国际汇兑、信用证、股权登记和证券交易所等方面，区块链展现出巨大的潜在应用价值。例如，在支付结算方面，通过区块链分布式账本体系，市场上的多个参与者共同维护并实时同步一份总账，大幅缩短了支付、清算、结算的时间——从现在的两三天减少到几分钟内完成。这不仅降低了跨行、跨境交易的复杂性和成本，还利用底层加密技术确保了账本的安全性和透明度，便于监管部门追踪链上交易，快速定位高风险资金流向。

证券发行与交易方面，区块链简化了传统股票发行流程。传统股票发行流程长、成本高且环节复杂，而区块链技术能够弱化承销机构的作用，帮助各方建立快速、准确的信息交互共享通道。发行人可以通过智能合约自行办理发行，监管部门统一审查核对，投资者也能绕过中介机构直接操作，提升了效率并降低了成本。

在数字票据和供应链金融方面，区块链有效解决了中小型企业融资难题。目前，供应链金融难以惠及产业链上游的中小型企业，因为它们通常与核心企业没有直接贸易往来，金融机构也难以评估其信用资质。基于区块链技术，可以建立联盟链网络，涵盖核心企业、上下游供应商和金融机构等。核心企业发放应收账款凭证给供应商，票据数字化上链后可在供应商之间流转，每一级供应商均可凭数字票据证明实现对应额度的融资，从而缓解中小企业的融资困境。

2. 供应链领域

物流行业作为支撑国民经济和社会发展的基础性行业，其创新与应用已上升为国家战略。

面对物流链条长、环节多所带来的协同难、追溯难、征信难和融资难等问题，区块链技术提供了创造信任的新模式。它通过分布式、不可篡改和可追溯的技术特性，为解决这些痛点提供了有效的解决方案。

当前，我国区块链技术在物流行业的应用主要集中在四大方向：流程优化、物流征信、物流追踪和物流金融。

- 流程优化：通过区块链和电子签名技术，不仅可以实现无纸化签收，还可以依靠智能合约自动完成对账，提高对账过程的智能化和可信度。
- 物流征信：将服务评分、配送时效、权威机构背书等可信交易数据上链，实现信用数据的共享和验证，增强消费者对物流服务的信任。
- 物流追踪：包括跨境物流、商品追溯、危化品运输等方面，实现产品从生产、加工、运输、销售全流程的透明化。
- 物流金融：通过征信评级、账款查询、资产评估等方式，帮助金融机构完善中小企业画像，解决融资难题，并让监管机构参与其中，规避金融风险。

"物流+区块链技术应用联盟"的成员如京东物流、中国邮政、中远海运、中外运等企业，在区块链技术应用方面进行了大量探索。例如，中远海运使用区块链解决跨境物流问题，中外运将区块链融入智慧物流建设，京东物流联合福佑卡车打造快运对账区块链解决方案，成为用技术解决物流对账业务的典型案例。区块链与物联网、大数据、人工智能等技术的结合，推动建立了多方信任的智能物流生态系统，促进了整个物流行业的转型升级。

3. 政务领域

区块链技术使数据流动更加高效，大幅精简办事流程。政府部门可以通过区块链的分布式技术集中在一个链上,所有办事流程交付给智能合约,办事人只需在一个部门提供身份认证及电子签章,智能合约即可自动处理并流转后续审批和签章程序。这一机制实现了"一次认证,全程通办",极大地提高了行政效率。

区块链发票是国内最早落地的应用之一。税务部门推出的"税链"平台,使得税务部门、开票方和受票方通过独一无二的数字身份加入网络,真正实现了"交易即开票""开票即报销"。秒级开票、分钟级报销入账,不仅降低了税收征管成本,还有效解决了数据篡改、一票多报、偷税漏税等问题。

扶贫是另一个重要的落地应用。利用区块链技术的公开透明、可溯源和不可篡改等特性,可以实现扶贫资金的透明使用、精准投放和高效管理,确保每一分钱都用在刀刃上,增强了扶贫工作的公信力和效果。

拓展阅读

区块链技术在我国的探索与应用,凝聚着众多科技工作者的智慧与心血。在一些公益项目中,区块链技术被应用于确保捐赠资金流向的透明。技术人员精心设计区块链平台,将每一笔捐赠资金的来源、去向记录在链上,让公众能够实时监督,提升了公益事业的公信力。在金融领域,区块链技术助力跨境支付等业务,提升了交易速度,降低了交易成本。面对技术难题,研发人员不断优化区块链算法,为金融创新提供了有力支撑。他们以科技创新推动行业变革,促进了国民经济发展。学习区块链知识,我们首先要学习这些从业者的社会责任感和创业精神,同时努力钻研专业知识,不断提升操作技能,将区块链技术应用于更广泛领域,从而为社会发展注入新的活力,为国家发展贡献更多力量。

课后练习

一、选择题

1.下列哪一项不是区块链的核心特征?(　　)

　A.去中心化　　　B.防篡改　　　C.可追溯　　　D.中心化控制

2. 在区块链系统架构中，哪个层次负责确保节点之间高效且安全的信息交换？
（　　）

  A. 数据层   B. 网络层   C. 共识层   D. 激励层

3. 在区块链技术中，哪种共识算法通过资产证明而非算力竞争来决定记账权？
（　　）

  A. 工作量证明   B. 权益证明   C. 委托权益证明   D. 实用拜占庭容错

4. 智能合约执行时，以太坊采用什么机制来防止恶意代码无限循环，从而避免资源被过度消耗？（　　）

  A. 智能合约审计   B. 使用强类型编程语言

  C. Gas机制   D. EVM安全设计

5. 下列哪一项不是区块链技术在政务领域应用的例子？（　　）

  A. 区块链发票   B. 扶贫资金管理

  C. 数字票据   D. 智能合约简化办事流程

二、简答题

1. 简要描述区块链的定义与本质，并说明它如何确保数据的安全性和不可篡改性。

2. 工作量证明（PoW）和权益证明（PoS）是两种常见的区块链共识算法，请分别解释这两种算法的基本原理，并指出它们的主要区别。

参考答案

模块 1

一、选择题

1. B 2. C 3. C 4. B 5. C

二、简答题

略

模块 2

一、选择题

1. D 2. D 3. C 4. B 5. B

二、简答题

略

模块 3

一、选择题

1. D 2. E 3. C 4. D 5. C

二、简答题

略

模块 4

一、选择题

1. D 2. A 3. B 4. D 5. C

二、简答题

略

模块 5

一、选择题

1. C 2. B 3. D 4. D 5. C

二、简答题

略

模块 6

一、选择题

1. C 2. A 3. C 4. B 5. D

二、简答题

略

模块 7

一、选择题

1. C 2. D 3. B 4. D 5. C

二、简答题

略

模块 8

一、选择题

1. C 2. B 3. D 4. C 5. C

二、简答题

略

模块 9

一、选择题

1. D 2. B 3. B 4. C 5. C

二、简答题

略

参考文献

[1] 朱月秀. 现代通信技术[M]. 3版. 北京：电子工业出版社，2010.

[2] 孙青华. 现代通信技术及应用[M]. 3版. 北京：人民邮电出版社，2014.

[3] 贾民力，张海燕. 物联网技术导论[M]. 北京：北京希望电子出版社，2017.

[4] 薛志东. 大数据技术基础[M]. 北京：人民邮电出版社，2018.

[5] 赵璇，陈新华，梁婷婷. 云计算应用技术[M]. 北京：北京希望电子出版社，2019.

[6] 莫宏伟. 人工智能导论[M]. 北京：人民邮电出版社，2020.

[7] 游新娥，谢完成. 新一代信息技术基础[M]. 北京：电子工业出版社，2020.

[8] 胡云冰，何桂兰，陈潇潇，等. 人工智能导论[M]. 北京：电子工业出版社，2021.

[9] 刘湘生，于苏丰. 区块链[M]. 南京：南京大学出版社，2021.

[10] 李铮，黄源，蒋文豪. 人工智能导论[M]. 北京：人民邮电出版社，2021.

[11] 胡钢. 信息技术：拓展模块[M]. 北京：人民邮电出版社，2022.

[12] 陈守森，王作鹏，耿晓燕. 新一代信息技术导论[M]. 北京：清华大学出版社，2022.

[13] 丁华. 信息安全技术与应用[M]. 北京：北京希望电子出版社，2023.

[14] 黄源，龙颖，吴文灵. 大数据导论[M]. 北京：人民邮电出版社，2023.

[15] 张丹阳. 信息技术：拓展模块[M]. 北京：人民邮电出版社，2023.

[16] 陈琼. 新一代信息技术导论[M]. 北京：高等教育出版社，2024.

[17] 杨竹青. 新一代信息技术导论：微课版[M]. 2版. 北京：人民邮电出版社，2024.

[18] 陈国良，肖甫. 新一代信息技术[M]. 北京：电子工业出版社，2024.

[19] 龚启军，刘胜久. 新一代信息技术导论：微课版[M]. 北京：人民邮电出版社，2024.